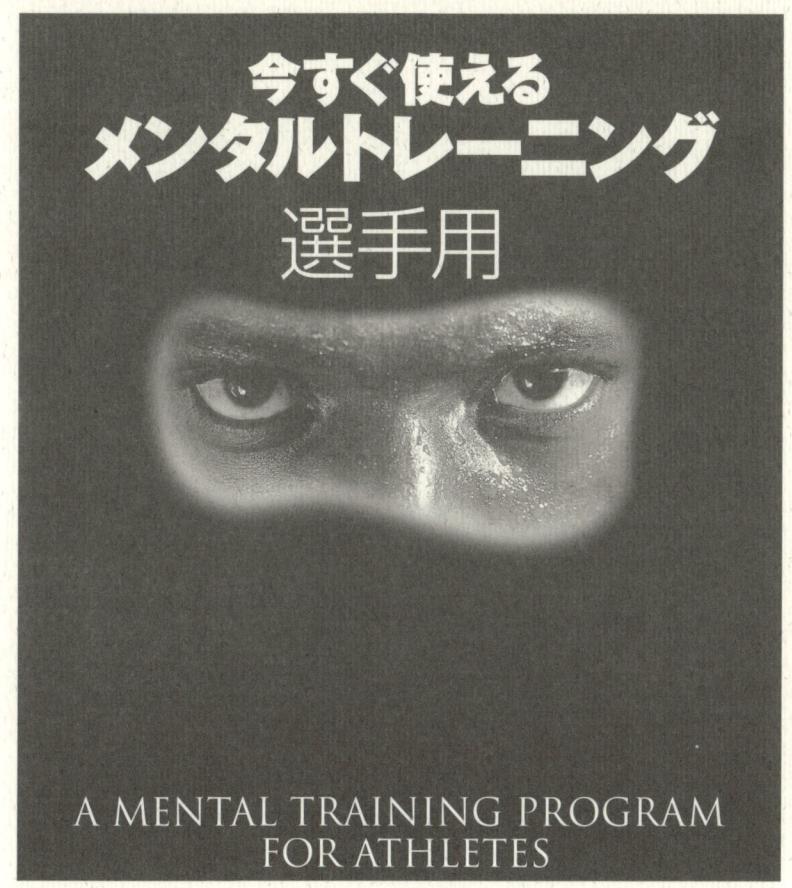

# 今すぐ使える
# メンタルトレーニング
## 選手用

A MENTAL TRAINING PROGRAM FOR ATHLETES

高妻容一

ベースボール・マガジン社

# はじめに

　スポーツを始めた選手たちが、うまくなりたいとか試合で勝ちたいと考えるのは自然な成り行きかもしれません。このように**競技力向上を目的**とした選手たちを、私は今までスポーツ心理学（特に応用スポーツ心理学におけるメンタルトレーニングや心理的サポート）という観点からお手伝いし、彼らは数々のすばらしい成功をおさめてくれました。

> 　この本を書いた目的は、もっと試合で勝ちたい！　うまくなりたい！　強くなりたい！　速くなりたい！　試合で実力を発揮したい！　一流選手になりたい！　オリンピックで金メダルを取りたい！　プロになりたい！　トップレベルのプロ選手になりたい！　などの目的を達成する（成功する）お手伝いをしたいという気持ちからです。

　スポーツにおいて、自分の目標を達成する（成功する）選手は、ほとんどが向上心を持ち、練習だけでなく何事にも前向きかつ積極的で、競技力向上を目指してひたむきな努力をしています。彼らの素質や才能を見るとき、私はメンタル面にも素質や才能があると考えました。しかも、それは持って生まれたものではなく、本人の考え方や環境などから影響を受け、同時に「メンタル面を強化」することで開花するものでした。そこで、スポーツ選手が本来持っている考え方（やる気）を生かしながら、「メンタル面を強化」することで彼らの目標を達成させてあげたい、メンタル面の才能や素質を伸ばしてあげたいと考えるようになったのです。

　私は現在、スポーツ心理学者（大学や大学院でスポーツ心理学を専攻し、大学で教鞭をとりながら研究し、現場で実践する者。また日本スポーツ心理学会認定のメンタルトレーニング指導士の資格保持者）として多くの選手のメンタル面強化に関わり、試合で実力を発揮できるよう心理的なサポートをしています。大学の体育学部で「スポーツ心理学」、「体育心理学」、「コーチ

ング心理学」、「メンタルトレーニング」などを指導すると同時に、大学のクラブや学外のチームのお手伝いもしています。これまで26年にわたり大学、大学院、米国留学、海外研修などでスポーツ心理学を学んできました。中でもスポーツの現場で選手、監督、チームをサポートできる学問として「応用スポーツ心理学」に強い興味を持ち、競技力向上を目的としたメンタルトレーニングや心理的サポートを専門として研究や実践を積んできました。本書は、私がスポーツ心理学と関わり、学んできたこの26年間の集大成だと考えています。

1995年に出版した書籍『明日から使えるメンタルトレーニング』（ベースボール・マガジン社）は、数万人という選手やコーチの方々に読んでいただきました。また、メンタルトレーニング初級編のプログラムとして多くの選手たちに実践してもらい、数多くの成功事例を報告いただきました。今回、その前書を『コーチ用』『選手用』の2冊に分けて出版することになり、『選手用』にあたる本書では、選手がすぐにでもメンタルトレーニングを始められ、練習や試合の現場で応用できるようにまとめました。

メンタル面の重要性をできるだけ簡単に、すぐ実行できるように紹介していきます。囲みの内容は大切なキーポイントですから、この中を読むだけでもアウトラインはつかめるし、本書を何度も読み直すときに役に立つと思います。本書自体が選手用のメンタルトレーニング・プログラムになっているので、ステップに従って順番に実践していけば、間違いなくメンタル面の強化が図れるでしょう。

---

この本は、実践する本です。読むだけの本ではないことを認識しておいてください。この本の内容を毎日の練習に取り入れてみましょう。

---

あとはチャレンジのみ！　とにかくやってみましょう。**体験することから、あなたのメンタル面強化が始まります。**

> **監督・コーチ・指導者の皆さんへ**
> 　本書は『選手用』のメンタルトレーニング・プログラム（初級編）です。選手に本書のプログラムを実践させながら、『コーチ用』を併用して指導に生かしていただければと思います。『選手用』は選手の教科書として、『コーチ用』は指導者の方々の参考書として、メンタル面強化をどんどんやってほしいというのが私の願いです。

　なお、2000年には日本スポーツ心理学会が「メンタルトレーニング指導士・指導士補」という資格制度を作りました。私もこの資格を取り、日本スポーツ心理学会認定のメンタルトレーニング指導士としても活動しています。また、東海大学体育学部の授業やスポーツ教育センターの講習、そしてメンタルトレーニング・応用スポーツ心理学研究会を通して、メンタル面強化の専門家育成のシステムを作りました。本書を専門家になりたい人への教科書としても活用してもらえれば幸いです。

　この本のタイトル「今すぐ使える」は、試合ですぐに使えて効果が出るという意味ではありません。メンタルトレーニングは、やればすぐに結果が出る魔法のテクニックではないのです。この本は、毎日やるメンタル面強化のトレーニングが今すぐ始められるように内容をまとめました。さあ、読み進めながら、メンタルトレーニングを「今すぐ」スタートしましょう！

2002年9月<br>
高妻容一

# contents

はじめに………**1**

## 第1章 スポーツの現場………**9**
現場でメンタル面強化はされている?…………**11**
現場におけるメンタル面の重要性…………**11**

## 第2章 メンタル面を強化するには………**15**
私の疑問、あなたの疑問…………**15**
メンタル面強化の2つの方法…………**18**

## 第3章 メンタルトレーニングとは何か………**20**
メンタルトレーニングという言葉の意味…………**21**
なぜメンタルトレーニングが生まれたか…………**27**

## 第4章 メンタルトレーニング実践プログラムのスタート………**33**
**ステップ1** スポーツ心理テストを使用した自己分析…………**33**
心理的競技能力診断検査(DIPCA.3)…………**34**
体協競技意欲検査(TSMI)…………**37**

心理的コンディション診断テスト（PCI）……**39**

ステップ2 **質問に答える形式の自己分析**……**44**

## 第5章 メンタルトレーニングをやる理由……**48**

ステップ3 **メンタルトレーニングの目的や効果を理解する**……**48**

## 第6章 やる気を高める実践プログラム……**53**

ステップ4 **目標設定**……**53**
  1. 目標設定（結果目標）……**55**
  2. 目標設定（プロセス目標）……**57**
  3. 自分のスポーツ人生物語作成……**59**
  4. 目標を達成するためのプラン作成（今年）……**61**
  5. 目標を達成するためのプラン作成（今週）……**63**
  6. 練習日誌をつける（練習の予習・復習）……**65**

## 第7章 姿勢、呼吸、音楽を用いたトレーニング……**69**

ステップ5 **姿勢で気持ちをチェックし、セルフコントロールへ**……**69**

ステップ6 **自分の心拍数や脈拍を確認しよう**……**71**

ステップ7 **呼吸法の確認とコントロール**……**72**

ステップ8 **音楽の利用**……**78**

# 第8章 気持ちをコントロールするためのトレーニング………85

## ステップ9 リラクゼーション………85
　リラクゼーションの方法………88
　リラクゼーションのトレーニング………89

## ステップ10 サイキングアップ………103

## ステップ11 理想的な心理状態
　　　（フロー、ゾーン、火事場の馬鹿力）………107
　選手のフロー体験例………111

## ステップ12 イメージトレーニング
　　　（ビジュアライゼーション）………122
　イメージトレーニングの練習方法………122
　イメージトレーニング用のビデオを作成しよう……130
　イメージトレーニングの実践例………132

## ステップ13 集中力（コンセントレーション・フォーカス）…134
　集中力のトレーニング例………135
　集中力の理論的な考え方………139
　ウォーミングアップに集中力の
　トレーニングを入れる方法………141

## ステップ14 ポジティブシンキング（プラス思考）………143
　野球を例にした実戦場面の想定………154
　プラス思考になるための50の質問………158

## ステップ15 セルフトーク………164

## ステップ16 サイキアウト………169

# 第9章 心理的スキルを毎日の生活や練習で活用する…173

**ステップ17** セルフ・コンディショニング（自己調整）………173

# 第10章 試合のための心理的準備………179

**ステップ18** 試合に応用するテクニック………187

# 第11章 現場でのメンタルトレーニングと心理的サポート例………195

東海大学サッカー部の実践例………**195**
関東大学選抜サッカーチームの実践例………**199**
青山学院大学サッカー部の実践例………**200**
学生サッカー日本代表チームの実践例………**200**
柔道ナショナルチームの実践例………**201**
その他の競技の実践例………**202**
段階的プログラム例………**204**

# 第12章 まとめ メンタルトレーニングを実施しよう………207

**紹介** メンタルトレーニングを学びたい人へ………**217**

参考文献………**232**

**付録** 選手のためのメンタルトレーニング書き込み用紙

ブックデザイン／神田昇和
本文イラスト／山口正児

# 第1章

# スポーツの現場

　スポーツの現場で、多くの選手やコーチが次のようなことを言うのをよく聞きます。

> なぜ、負けたのかわからない。
> 俺たちが負けるわけないのに。
> どうしてあんな相手に負けたのか？
> 負ける理由がない。

　しかし、世間での評価は「**弱いから負けた！**」のひとことです。「本当は俺のほうが、うちのチームが強いのに」といくら叫んでも、試合で負けたら弱かったとしか認めてもらえません。「勝てば官軍」という諺があるように、スポーツの世界でも勝たなければ認めてもらえないという厳しい現実があります。

> 弱いから負けた！…………何が弱かったのか？

この「弱いから負けた」という言葉から、「何が弱かったのか？」を見つければ、その対策が立てられるはずです。私は、選手やコーチがよく使う「なぜ負けたのかわからない」という言葉から、「メンタル面が弱いから負けた」という理由を見つけてほしいと考えています。
　毎日、練習はするのに、技術や体力面の練習しかしていない多くのチームを見てきました。身体を使い、身体をいじめることだけが練習なのでしょうか？　練習をたくさんすれば本当に強くなるのでしょうか？　技術があり、体力があれば強い選手やチームになれるのでしょうか？　負けると出てくるのは、「私のほうが実力は上なのに！」、「うちの技術が上なのに！」、「負ける要素はないのに！」といった言葉ばかり。選手やコーチたちが「心・技・体」の「技・体」しか頭にない場合によくあるケースです。
　考えてみてください。実力とは何ですか？　技術が上であれば実力があるのか？　それとも体力が上であれば実力があるのか？　メンタル（心理・心）が弱ければ、いくら技術や体力があっても、試合ではプレッシャーやあがりで実力を出し切れずに負けてしまいます。つまり、

> 実力とは、「心・技・体」のバランスだと思いませんか？

　バランスのよいトレーニングをすることが、勝つ可能性を高め、選手の実力向上にも役に立つと考えます。もちろん、チームや選手のレベルによって各トレーニングのバランスは変わってきますが、今の日本のスポーツ界を見たときに、絶対的に足らないのが「心」の部分、メンタル面のトレーニングなのです。

　本書では、スポーツの世界に存在する「なぜ、負けたのか？」、「何が弱かったのか？」、「何が足りなかったのか？」という疑問に答えていきたいと思います。ずばり、「メンタル面が弱かったから負けた」という明快な答えにあなたは気づいていましたか？
　どうすれば「メンタル面が弱いから負けた」という事実を受け入れ、メンタル面を強くできるのか？　私の専門とするスポーツ心理学から派生した応

用スポーツ心理学という新しい学問的背景をもとに、皆さんの疑問に答え、日本のスポーツ界にもっと必要な「メンタル面強化」の具体的な方法を紹介していきます。

## 現場でメンタル面強化はされている?

この質問に対して「No」という答えが返ってくるのは残念なことですが、それが日本のスポーツ界の現状です。まだメンタル面強化に興味を示す選手が少ないとも感じています。必要だとは思うけど何をしていいのかわからない、監督やコーチも教えてくれないと嘆いている選手もいるでしょう。さて、「メンタル面強化」とはどんなことなのでしょうか? スポーツの世界では、「心・技・体」という言葉が使われます。毎日の練習で「技・体」の練習はかなりの時間をかけて行っていることと思います。しかし、「心（メンタル面）」のトレーニングは毎日しているでしょうか? そうです、この本で皆さんにチャレンジしてほしいトレーニングとして、

> 心・技・体の「心（メンタル面）」を強化するトレーニング

を紹介していくのがこの本です。具体的にどんなことをするのかは後の章で説明します。ここでは、スポーツにおいてメンタル面も重要なものなのだということに気づいてほしいと思います。しかし、メンタル面だけを強化しても、技術や体力がないと試合では勝てないでしょう。つまり、バランスが必要になってきます。

> 心・技・体のバランスをよくすることが勝利や上達につながる

## 現場におけるメンタル面の重要性

人間の気持ち（メンタル面）というのは不思議なものです。スポーツ選手

の気の持ち方ひとつで、良いほうにも悪いほうにも転ぶのです。どうせ転ぶなら、良い方向へ転んだほうが絶対いいと思いませんか？ それでは、良い方向へ転ぶひとつの考え方を紹介するので、メンタル面強化の必要性を理解してみてください。

さて、あなたは今やっているスポーツを始めたとき、どんな気持ちだったのでしょうか？ たとえば、サッカーが、柔道が、野球が、陸上が、

> おもしろそうだ！ やってみたい！ おもしろい！ 楽しい！ このスポーツが好きだ！

という気持ちがあったのではないかと思います。このような気持ちを持つことが、よく言われる「初心」とか「原点」と言われるものです。多くのトップレベルの選手たちが、口に出したり、色紙にサインをするときに、この「初心」とか「初心忘るべからず」などを使うのをよく見かけます。これらの原点があるからこそ、厳しい練習にも耐え、自分の能力を伸ばしていくことができるのだと思います。

また、メンタル面強化の観点から説明すると、こんなことも話題にできます。

> スポーツ選手が経験するものに「スランプ」というものがあります。

　スランプとは、あることをきっかけに調子を崩してしまい、なかなか立ち直れない状態のことです。多くの一流選手が（普通の選手でも）長い間トレーニングを続け、試合を重ねる中で、オリンピックなどの大舞台やプロのシーズン中に「スランプ」に陥り、苦しんでいる姿を見てきました。彼らは悩み、考え、人に相談し、何とかスランプから抜け出ようと努力しますが、なかなか抜け出すことができません。そんなとき、あるふっとした機会に何でもないことに気づくのです。

> 「あー！　俺は勝ち負けとか失敗しないようにとか、結果ばかりを考えて苦しんでいる。俺がこのスポーツを始めたときは楽しかった！　なんで好きなスポーツをやるのに苦しまなければならないんだ？　そうだ、俺はこのスポーツが好きなんだ！　好きなスポーツを楽しむのは当たり前なんだ！　このスランプの苦しみもスポーツのおもしろさなんだ！」

　という考え方ができたとき、つまり、メンタル面での変化として、また開き直りとして、

> 「初心に戻れたとき」や「原点に立ち戻れたとき」に、

　不思議なくらいに気持ちが軽くなり、スランプから抜け出てしまっていたということが多いのも事実です。このことからも選手の気の持ち方や考え方、つまり心理面（メンタル面）が大きく影響していることがわかります。
　スポーツをしていると、「うまくなりたい！　強くなりたい！　試合で勝ちたい！　大会で優勝したい！」という目標が生まれてきます。選手たちは、その目標を達成するために毎日毎日練習します。あなたが毎日練習する目的は、目標達成だけですか？

> 考えてください。なぜ毎日練習するのですか？

　初心者のうちは、自分の上達が目に見えて感じられ、うまくなることが楽しく、試合での勝利が本当にうれしく感じられたはずです。このことがスポーツを続ける原動力となって、もっと高い目標を達成しようと燃えてくるのは自然な成り行きでしょう。これをスポーツ心理学では、内在的・内因的な動機づけ（モチベーション・やる気）と言います。このようにスポーツをするときは、必ず人間の気持ち・心理・メンタル面が大きな影響を与えています。

　しかし、練習が厳しいとかレベルの高いチームに所属すると、監督やコーチから非常に厳しい要求が課されます。すると、監督にやらされる練習になったり、監督の顔色をうかがいながらする練習になってきます。つまりは、自分の気持ちとは別の動機（やる気）でスポーツをしているのです。怒られるから、やらなければならないから、何か報酬や罰をもらうからやるというような、外在的・外因的な動機づけ（自分の気持ちとは別の圧力や報酬によるやる気・モチベーション）が出てきます。スポーツ心理学の理論では、このようなやる気よりは、自分の気持ちからのやる気（内在的・内因的動機）を持った選手のほうがより強く、より上達し、成功をおさめる可能性が高くなると言われています。

　あなたはどちらのタイプの選手でしょうか？　もちろん、スポーツが好き、楽しい、おもしろい、練習も好き、楽しい、おもしろいという気持ちで毎日を過ごしていますよね？？？　もし違うなら、この本を読み終わる頃（プログラムを実践した後）には、あなた自身が一流選手と同じような考え方になっていて、自らのおもしろい変化にも気づいていることでしょう。

第2章

# メンタル面を強化するには

## 私の疑問、あなたの疑問

あなたは、監督やコーチから、

> 「やる気を出せ！」、「気合を入れろ！」、「根性を出せ！」、「ど根性だ！」、「死ぬ気でやれ！」、「集中力だ！」、「集中しろ！」、「頑張れ！」、「いつも通りやれば勝てる！」、「力を出し切れ！」、「平常心だ！」、「燃えろよ！」、「勝ってこい！」

などと言われたことはありませんか？　このようなことを言われた選手が何を考え、どうやって監督やコーチの要望に応えているのか、私は大きな疑問を持っています。あなたならどのように感じますか？

**質問** 次の質問に答えてください。

- どうやってやる気を出しますか？

- どうやって気合を入れますか？

- どうやって根性を出しますか？

- ど根性だと言われて、どうしますか？

- どうやって集中力を高めますか？

- 頑張れと言われて、どうしますか？

- どうやればいつも通りプレーできますか？

- どうすれば力を出し切れますか？

- どうやって平常心に持っていきますか？

- どうすれば燃えますか？

　上の10の質問にどれだけ答えられましたか？　また、答えた内容にどれだけ自信を持てますか？　たぶん多くの選手が、これらの質問に明確に答えられないのではないかと思います。もし答えられたとしても、それが本当に効果的な方法なのかという疑問は拭えません。
　監督やコーチも、メンタル面が大切だと思っているからこそ、このような指示や言葉を選手に投げかけます。

> しかし、監督やコーチは、「どうやってやる気を出すのか？　どうやって気合を入れるのか？　どうやって根性を出すのか？」などを具体的に指導してくれましたか？

　また、これをこうやればこうなるからこうすればいいという説明をしたり、あなたが理解・納得できるような指導をしてくれましたか？　監督やコーチは、メンタル面が重要だと思いながらも、何をしたらいいのかわからないというのが本音だと思います。そのため監督やコーチは、選手に、「おまえはメンタル面が弱い！」、「おまえはダメだ！」、「おまえは集中力が足りん！」、「おまえは根性がない！」、「おまえは、どうして力を出し切れないんだ！」などと言い、メンタル面のことをあなたのせい（責任）にするのです。具体的なメンタル面の指導をせずに、試合で負けたのを、ミスをしたのを、あなたの責任にしていませんか？　あなたは、そんな監督やコーチの指導に疑問を感じていませんか？

　しかし、監督やコーチを責めないでください。あなたの監督が現役選手だった頃にはメンタル面の強化の概念がなかったし、監督は技術や戦術などの専門（役割分担）であってメンタル面の専門家ではないからです。日本にメンタル面強化のメンタルトレーニングが本格的に輸入されたのは1985年です。もちろん、「根性主義」とか「スパルタ主義」といった日本独特のやり方はありました。きつい練習をしたら強くなる、罰を与えてできるまで徹底して選手を追い込むという方法が長い間、日本のメンタル面強化（精神力強化）の考えとしてあり、まだ多く残っています。

　私はこれまでに何万人の選手にメンタル面のサポートや強化の話をしてきました。しかし、多くの選手が「うちの監督はダメだ！　こんなことに興味を持ってくれない！　メンタルトレーニングを導入するのは不可能だ！」などと不平や不満をもらし、結局やりたくても監督がやらせてくれないとあきらめてしまいます。つまり、監督がやってくれないと何もできない、何もしない選手があまりにも多いということです。自分で勝ちたいからこうしよう！　自分の夢や目標のためにこれをやるんだ！　という選手が少ない日本の現状を見るとき、

> 選手が主役、監督は脇役であるはずだ！
> 監督が主役、選手が脇役（道具）ではないはずだ！

といつも感じるのです。選手も、監督やコーチの言いなりで、言われたことを「はい！　はい！」とやるロボットになってしまっています。その反面、裏では監督やコーチの不平や不満をもらしているのですから、その選手もチームも強くなるわけがありません。日本全国の状況がこれでは、日本のスポーツが向上するわけもなく、オリンピックでのメダルの獲得数がさびしいのも無理はありません。おそらく監督やコーチも、選手がもっと考え、意識を持って、自分から積極的に練習やプレーをしてほしいと思っているのに、それができていないもどかしさを感じているはずです。このような日本の現状を何とかしたい。メンタル面の強化をすれば、この問題を解決できるし、日本のスポーツはもっと強くなるはずだと感じています。

## メンタル面強化の2つの方法

**質問**　メンタル面を強くするための質問をしますので答えてください。

●何をどうすればメンタル面が強化できるのでしょうか？

●なぜ、技術や体力の練習だけでは、本当に強くなれないのでしょうか？

●試合で勝つためには、何をどうすればいいのでしょうか？

私は、メンタル面強化には、2つの方法を使います。

> （ア）メンタルトレーニング
> （イ）心理的サポート

さて、この2つの方法は何なのでしょうか？　本来なら、心理的サポートの中にメンタルトレーニングが含まれるのですが、日本の現状を考え、あえて2つを区別して説明します（日本ではまだ専門家の間で議論がなされ、明確にされていないことからこのような説明をしています。このような議論が現場での混乱を招いています。もちろん世界的には、言葉や定義もしっかりとした概念で使われています。つまり、メンタル面強化や心理的サポートの面においては、日本はまだ外国と比べると発展途上にあると考えてください）。

> 世界的には、心理的サポート（心理的コンサルティング）の中に、メンタルトレーニング、カウンセリング、臨床心理学の療法、研究や教育としての方法などが含まれています。しかし、日本ではいろいろな事情からそうではない現状があります。

ここでは簡単に2つを説明し、この後の章で詳しく説明します。

（ア）のメンタルトレーニングは、心理的スキルを使って毎日トレーニングするということ。その目的は、練習の質を高め、上達し、試合で勝つ可能性を高めていくことです。

（イ）の心理的サポートは、専門家によってメンタル面強化や試合での実力発揮を手助けしてもらうこと。その目的は、勝つ可能性を徹底して高め、選手の実力を最高度に出し切ることです。また心理的サポートには、悩み相談や心の問題を扱うカウンセリングやメンタルヘルスなども含まれますが、本書ではあくまで競技力向上を目的としたメンタル面強化のトレーニングと心理的サポートを中心に取り上げていきます。

# 第3章 メンタルトレーニングとは何か

最初に、質問をします。

---

**質問** 「メンタルトレーニングとは何か？」書いてください。

---

　ありがとうございました。あなたは何を書きましたか？　この質問の意図は、今のあなたの知識や理解度を自分で書くことによりチェックしてほしかったからです。さて、あなたはどんなことを書きましたか？　書いた内容は自分でチェックしてください。この本には、このような質問が多くあります。なぜなら、本そのものがメンタル面強化のプログラムになっているからです。面倒くさがらずにぜひ実践してみてください。第1章を読み返してもらえば、書いてほしかったことが理解できると思います。
　質問をしていくのは、以下の理由からです。本書のメンタルトレーニング

のプログラムでは、
① 質問をする、
② 皆さんが考える、
③ 質問の回答を書く、
④ 考えて書くときに、何かに気づく（気づいてほしい）、
⑤ 本書の中で紹介する回答の見本を読んで、理解し、納得してもらう、
⑥ 知識として理解したら、練習や試合で応用する、
⑦ 練習や試合で試行錯誤して、自分やチームそしてあなたの種目に合った実践的なやり方を見つける、
⑧ 自分やチームのオリジナルプログラムを作り、実践する、
⑨ そのプログラムを無意識のうちにできる（自動化された状態）までやる、
⑩ 最終的に、目標である試合で勝つ、うまくなる、強くなる、自分の夢や目標を達成する。

という流れで理論的に実行していきます。このような意図が質問の中にあると認識しておいてください。あなたが質問に答えるだけで、自然にメンタル面強化ができるようにしてあります。

## メンタルトレーニングという言葉の意味

　メンタルトレーニング（Mental Training）とは、専門用語では「心理的スキルトレーニング」（Psychological Skill Training）または「メンタルスキルトレーニング」（Mental Skill Training）と言います。これら3つの言葉は同義語（同じ意味）で、国際メンタルトレーニング学会や国際応用スポーツ心理学会という世界の2大組織の中で、正式用語として使われています。日本ではメンタルトレーニングという言葉が使われていますが、正式には「スポーツ・メンタルトレーニング」と使います。

> メンタルトレーニング、心理的スキルトレーニング、メンタルスキルトレーニング。この3つは同義語であり、同じ意味で使われます。

つまり、「心理的スキルトレーニング」の意味は、心理学やスポーツ心理学の研究から効果があると実証された**「心理的スキル」を「トレーニング」する**ということになります。それでは、心理的スキルとは何でしょうか？　これを理解できれば、メンタルトレーニングの意味がよくわかると思います。それでは、心理的スキルを簡単に説明しましょう。

---

　心理的スキルには、基本的に7つのスキルがあります。
- 目標設定
- リラクゼーションやサイキングアップ
- イメージ
- 集中力
- プラス思考（ポジティブシンキング）
- セルフトーク
- 試合に対する心理的準備

---

　この基本的な7つの心理的スキルを、毎日の練習や生活でトレーニングすることが、メンタルトレーニング（心理的スキルトレーニング）になります。ここからは、メンタルトレーニングという言葉を使って説明していきます。

　**メンタルトレーニングの目的は、試合で勝つとかうまくなるという競技力向上を目的に、メンタル面を強化することです。**それでは、「メンタル面強化」とはどんなことなのでしょうか？　たとえば、武道やスポーツの世界では「心・技・体」が重要だとよく言われます。心・技・体とは、どんな意味があるのでしょうか？

---

「心」とは、心理・精神・こころ・気持ちなどのメンタル面
「技」とは、技術・戦術・作戦・フォームなどの身体技術面
「体」とは、体力・栄養・医学・身体的コンディショニングなどの体力面

---

　このように考えると、皆さんは毎日の練習で「技・体」の練習はかなりの時間をかけて行っていることと思います。しかし「心（メンタル面）」のトレ

ーニングは、毎日どんなことをしていますか？　また、そのトレーニングで得た心理的スキルを、試合でどのように活用していますか？

　現在の日本において、メンタル面は重要だと言われながら、「心」の部分のトレーニングであるメンタル面強化は、ほとんど行われていません。

> 見向きもされなかった、心・技・体の「心（メンタル面）」を強化するトレーニング

　しかし、「心」であるメンタル面そのものは、見向きもされなかったわけではありません。それどころか非常に大切だと考えられてきたのですが、根性とか気合といった一般論が口にされるだけで、トレーニングとしては考えられていませんでした。厳しい練習をすれば心は自然に強くなるという、根性論・精神論・スパルタ教育的な考え方が日本の主流でした。

　それでは、あなたに質問をしますので、この質問に答えてください。

---

**質問**　あなたは、試合で何が一番重要だと思いますか？　重要な順に番号をつけ、そのパーセント（合計100％）を書いてください。

「心」（　　番）（　　％）

「技」（　　番）（　　％）

「体」（　　番）（　　％）

その理由も書いてください。

---

　次に、あなたの毎日の練習を思い出してください。

**質問** あなたの毎日の練習はどんな割合（％）、時間のとり方ですか？（順番も入れる）　練習に費やしている時間の割合をパーセント（合計100％）で書いてください。

「心」（　　番）（　　％）
「技」（　　番）（　　％）
「体」（　　番）（　　％）

あなた自身は、この割合の練習で本当に強くなれますか？
　Yes　　No

その理由を書いてください。

---

　日本オリンピック委員会（JOC）心理班のメンタルマネジメント・プロジェクトでは、オリンピック後に出場選手の調査をしました。そのとき、次のような質問をしました。「心・技・体において、オリンピックで大切な順番に番号をつけてください」と…。すると、ほとんどの選手が１番「心」、２番「技」、３番「体」という順番をつけました。

> オリンピックで重要なものは、「心」・「技」・「体」の順番でした。

　次に、「毎日の練習で実施している順番はどうですか」という質問をしたところ、１番「技」、２番「体」、３番「心」という順番でした。このことから、日本のオリンピック選手が、その大舞台で一番重要だと思っている「心」（メンタル面）のトレーニングを疎かにしているということがわかりました。つ

まり、オリンピックで勝つためのトレーニングをしていないのです。

> しかし、練習でやっているのは、「技」・「体」・「心」の順番でした。

　ここでひとつ考えてほしいことがあります。あなたは、試合で勝ちたいのですか？　それでは、勝つためにどんなトレーニングをすれば勝てますか？
　オリンピックレベルを相手とした場合、「技」や「体」の練習だけではもう勝てないと考えられています。あなたのレベルではどうですか？　あなたやあなたのチームは、コンスタントに実力を発揮し、勝てる相手には必ず勝っていますか？「なぜ負けたのかわからない」、「負ける相手ではないのに」などと悔しがっていませんね？　勝つためには心・技・体のすべてが必要で、そのバランスがとれてこそ強くなり、試合で勝つ可能性を高められると思いませんか？

> これが、日本がオリンピックで勝てない（メダルの数が少ない）理由だと考えられます。

もちろん、メンタル面だけの問題ではないでしょうが、メンタル面だけを取り上げても、外国と比べた場合にまだまだトレーニングが足りていないことは間違いありません。日本のスポーツ界全体でメンタル面強化を行い、「心・技・体」のバランスをとることが日本の競技力向上につながると考えています。

> メンタルトレーニングの利点は、1日24時間、いつでもどこでもできるところです。

あなたは、毎日の練習時間以外は、どのような時間の使い方をしていますか？　チームやクラブの練習時間以外に、生活の中で自分の（秘密の）練習をしていますか？　たとえば、朝起きて散歩をして自分の気持ちのコンディショニングを整える（心のトレーニング）、その後にジョギングして身体のコンディショニングを整える（体のトレーニング）、野球なら素振り、サッカーならボールリフティングなど技術面の練習（技のトレーニング）など、みんなでやる練習とは別の**あなた自身の特別な練習時間のとり方が上達するために大きな影響を及ぼします**。それでは、もうひとつ質問をします。

---

**質問**　あなたの毎日の24時間は、どんな割合（％）、時間のとり方ですか？（順番も入れる）　それぞれに費やしている時間の割合をパーセントで（1日24時間を100％として）書いてください。

```
「心」       （　番）（　　％）⎫
「技」       （　番）（　　％）⎬ クラブやチームとして
「体」       （　番）（　　％）⎭
学校・仕事   （　番）（　　％）
```

個人練習の時間　（　　番）（　　％）……自分でやる練習として
自分の時間　　　（　　番）（　　％）
その他　　　　　（　　番）（　　％）　**合計100％**

あなた自身は、この１日24時間の使い方が完璧だと思いますか？
　Yes　　No

その理由を書いてください。

---

　スポーツニュースにしてもただ見るだけでなく、意識してイメージトレーニングをしながら見るとか、中・高・大学生ならおもしろくない授業を、どうすればおもしろくできるか考えるとか、授業中どこかのポイントに意識を集中し、集中力のトレーニングをするなども可能です。そのやり方については、後の章で紹介します。

## なぜメンタルトレーニングが生まれたか

　いつ頃から、どのような理由で、スポーツ選手がメンタル面の強化を始めたのかを調べていくと、1950年代に旧ソビエト連邦が宇宙飛行士のトレーニングのひとつにメンタル面強化のトレーニングを取り入れたことに行き着きます。社会主義国家として「オリンピックで多くの金メダルを（勝て！）」という絶対命令が出て、国の威信をかけて勝利にこだわったことは想像がつきます。オリンピックで勝つためには何をしたらいいのか？　旧ソ連が調査研究し、いろいろなトレーニングを実践した中で、メンタルトレーニングがひとつの強化策として生まれたと考えられています。実際に彼らがオリンピック選手たちにメンタル面強化を始めたのは、1957年頃だという報告もあります。

> オリンピックで勝つために、メンタルトレーニングが生まれた！

 さて、なぜメンタルトレーニングをやると、オリンピックで勝てるのか？という疑問も出てくるでしょう。その疑問を解明するために、多くの調査や研究が行われました。たとえば、

> オリンピックで勝つ（金メダルを取った）選手と勝てない選手を比較する。

 一流選手と二流選手を比べてみると何かが違います。つまり、その違いを分析すると、一流選手が必ず持っている何かが見つかるわけです。

> 一流選手ほど、心理的スキルを活用していた事実がわかった。

 特にメンタル面では、この章の最初に触れた７つの心理的スキルを、一流選手ほど持っていることがわかりました。それも、彼らは「無意識に」やっているのです。メンタルトレーニングの基本的といえるこれらの心理的スキルを、ここで簡単に紹介します。

 **目標設定という心理的スキル**を見てみると、一流選手ほど、夢や大きな目標を持ち、それを達成するためのプランを立て、プランを実行し、そのプランが実行されているかをチェックするために練習日誌をつけるといったことをやっていました。二・三流選手は、夢だけで目標がないとか、目標があるもののプランがないとか、プランを立てても実行しないということになります。このあたりの違いが、毎日のやる気や、厳しい練習に耐える気持ちに大きな差が出てきます。私生活でも同じ。目標設定ができる人は、やるべきことやりたいことの優先順位を決め、迷うことなく自分の道を歩くことができます。一方、目標設定ができない人は、ふらふらとその場の雰囲気に流され、やるべきことを見失い、結局、長い目で見たときに自分で自分の首をしめ、道からそれてしまうことになります。目標を持ち、それを達成するのだ

という気持ちが、やる気を高め、うまくなるとか試合で勝つという可能性を高めるということがわかります。

**リラクゼーションやサイキングアップ**を見てみると、一流選手ほどセルフコントロールがうまいことがわかりました。セルフコントロールとは、自分で自分の気持ちや感情をコントロールできることです。具体的には、試合の前に重圧を感じたときに、このプレッシャーを良い緊張感に切り替えることができるといったテクニックです。「リラクゼーション」（リラックスする方法）によってプレッシャーのかかる場面で平常心を保ち、「サイキングアップ」（気持ちをのせる方法）によって実力を発揮する気持ちのノリを作る。この心理的スキルで、自分の気持ちをうまく調整（セルフコントロール）するのです。一流選手ほどこれを無意識でできることが調査や研究でわかりました。また、理想的な心理状態と言われるフロー、ゾーン、火事場の馬鹿力という、試合で実力を発揮できる心理状態へ持っていくことがうまいこともわかりました。

**イメージ**を見てみると、一流選手ほど無意識でイメージを活用していたこともわかりました。試合のこの場面ではこうしてこうする、このような状況になったらこう切り抜けるとか、試合ではこんなことが予想されるから、今日の練習はこう工夫すれば試合で使えるはずだなどとイメージするのです。一流選手ほど、試合で役に立つ、つまり試合を想定（イメージ）した練習をするので、上達も早いし、試合で実力を発揮できます。野球選手が毎日する素振りに例えると、相手投手は誰で、自分に対してどう攻めてくるのかを想定し、その配球に対してどう打ち返すなどをイメージしながらバットを振るのです。それが二・三流選手だと、素振りの回数や体の使い方だけに気をとられたり、監督に怒られるから、やらないといけないからやるなどの受け身の考えで素振りをし、イメージを使っていません。つまり、何も考えずに身体だけを動かす無駄な練習を繰り返しているのです。監督やコーチの言われるがままロボットみたいに練習し、何も考えずに（イメージもなく）試合に臨むために、応用がきかなかったり、ピンチになると何をしていいのかわか

らなくなり、結局、実力を発揮できずに終わるということも調査や研究でわかりました。

　**集中力**を見てみると、一流選手ほど集中力を高めるのがうまいとことがわかりました。練習における集中の仕方がうまいので、他の選手と比べると同じ練習をしても上達の度合いが違い、ひとつひとつのプレーが質の高いものになり、練習のための練習ではなく試合のための練習になっているのです。調べてみると、彼らはルーティンとかフォーカルポイントと呼ばれる集中力の高め方を知っていることもわかりました。そのために試合でも集中でき、自分の実力を発揮できる可能性を高めているのです。一方、二・三流選手は、試合や練習で集中力がうまく高められないので、行き当たりばったりの集中になり、練習の質も低く、試合でもコンスタントに実力を発揮できない「まぐれ狙い」になってしまいます。つまり、試合当日プレーをしてみなければ調子がいいのか悪いのかわからない、気持ちがのれば（集中すれば）いいが、のらなければ（集中できなければ）良いプレーができないのです。一流選手のようにコンスタントに実力を発揮し、試合で結果を出す可能性を高めるためにも、集中力のトレーニングをし、集中力の高め方をしっかりと認識する必要があるといえます。

　**プラス思考（ポジティブシンキング）**を見てみると、一流選手ほど何事にも素直で、柔軟な考えを持ち、オープンマインド（広い心）を持っていることがわかりました。つまり、監督を信じ、信頼し、アドバイスに耳を傾け、アドバイスされたことをさらに考え、より効果的なものにしようというプラス方向の考え方です。二・三流選手ほど、不平や不満を抱き、監督やチームメイトなど他人に責任をなすりつけ、環境や天候など物理的なもののせいにします。他人や物が悪いのであって自分は悪くないと思うので、反省することがありません。また、何でも自分のせいにする人、どうせ俺なんかダメなんだと思う人、卑屈な考えを持つマイナス思考の人もいます。そのために上達が止まり、監督やチームメイトの顔を見るのも嫌になり、嫌な監督のアドバイスは説教に聞こえ、ますますやる気がなくなり、練習の質も落ち、実力

も落ちていき、しまいにはレギュラーから外され、最後はクラブまでやめてしまいます。そこで、プラス思考（ポジティブシンキング）のトレーニングをすることで、一流選手が持っているプラス思考を身につけ、上達や試合での実力発揮につなげましょうということになるのです。

**セルフトーク**を見てみると、一流選手ほど前向きなプラスのセルフトークをしていることがわかりました。セルフトークは「自己会話」とも言われ、スポーツ選手がプレー中に口に出す言葉や声などを指します。ここで言うプラスのセルフトークとは、「プラス思考から出るプラス方向の言葉」ということです。たとえば、「まだまだ」、「さーこい」、「次、次」、「俺のところに打ってこい」と自分に言い聞かせるように口に出す言葉や、チームメイトに向かって「気持ちを切り替えていくぞー」、「ドンマイ（気にするな）」、「ナイスプレー」、「いいぞ」、「頑張っていこう」と声をかける（実際には自分にも言い聞かせている）言葉です。一流選手ほど、こういった言葉を発して自分の気持ちをのせたり、切り替えたりする自己暗示的なセルフトークをしています。これが二・三流選手だと、「えーなんで」、「まじ」、「うそだろ」、「審判しっかりしてくれよ」、「やばい」、「監督何やってんの」、「やってられないよ」、「俺にボールを回せよ」、「こんなとこでミスするなよ」と、マイナス思考からくるマイナス方向の言葉を発しているのです。このような選手は、プラス思考の項でも話したように、責任を他人や物のせいにして、ますます自分の心を乱し、考え込み、そのことが気になってプレーに集中できなくなり、ミスを犯したり、自分の実力を発揮できません。普段の生活を見ても、一流選手は、人との付き合いでプラス方向の会話が多く、一緒にいて楽しいと感じる人が多いでしょう。二・三流選手は、話題が他人の悪口や文句ばかりで、周囲の雰囲気を悪くすることも少なくないはずです。そこで、このプラス方向へのセルフトークを心がけるトレーニングを毎日の生活や練習で実施していくという方法です。

**試合に対する心理的準備**を見てみると、一流選手ほど試合へ向けていろいろな「心の準備」をしていることがわかりました。今まで述べてきた心理的

スキルをうまく組み合わせて、早め早めに試合で勝つ可能性を高める努力をしています。次の試合の目標を決め、その目標を達成するための計画を立てて実行し、この場面でこうなったらこう対処しようとイメージトレーニングし、何が起きてもプラス思考で自信を持ってプレーできる意識を身につけているのです。特に、毎日の練習において、試合で勝つことを想定（イメージ）することによって質の高い練習となり、上達のスピードも早く、すぐに試合で役立つ技術を習得できます。二・三流選手は、行き当たりばったりで、なんとかなるだろうという気持ちで試合に臨むので、何か予想もしないことが起こったらパニックに陥り、格下の相手に負けてしまうこともあります。練習においても、試合を想定していないので、練習のための練習で満足し、試合ではいつもと様子が違うということになります。「なぜ負けたかわからない」、「うちのほうが実力があるのに」、「本番に弱い」、「力を出し切れない」といったチームや選手の多くは、この試合に対する心理的準備を怠っているケースが多いのです。一流選手が意識的または無意識に行っている試合に対する心理的準備を、トレーニングのひとつとして実施し、試合でコンスタントに最高能力を発揮できるようにしたいものです。

---

　このように、一流選手ほど心理的スキルを活用していた事実から、一流選手の持っている勝つための技能（スキル）を理論的に、合理的に、段階的にプログラム化（パッケージ化）して、トレーニングとして体系化したものが、メンタルトレーニングなのです。
　つまり、「一流選手のやっていることをまねしましょう」ということです。彼らがコンスタントに実力を発揮できるヒントが、この心理的スキルの活用に潜んでいるのです。何を考えながら試合をし、何を考えながら毎日の練習をしているのかを「まね」することで、なぜ彼らが一流選手と呼ばれるのかが理解できるでしょう。

# 第4章
# メンタルトレーニング実践プログラムのスタート

## ステップ……1
## スポーツ心理テストを使用した自己分析

　さぁ、ここからがメンタルトレーニングの実践になります。まず最初のステップ（段階）は、あなたのメンタル面の強さを確認する「自己分析」です。次に、どこが弱くてどこが強いのかを知らなければトレーニングを始められないので、あなたのメンタル面の長所と短所を確認します。ここでは、自己分析をするためのスポーツ心理テストをいくつか紹介します。スポーツ心理テストとは、スポーツ心理学者が因子分析という統計学の処理をして、標準化（科学的に認められる処理）したものです。きちんとスポーツ場面を考慮して作られた内容で、スポーツ選手のデータをもとに分析や統計処理してあります。世間で一般的に認められているテストだといえるでしょう。メンタルトレーニングの効果を科学的に分析し、本当に効果があったのかを確認（チェック）するひとつの方法として使います。

> 自分のメンタル面が強いのかを科学的にチェックしましょう。

### 基本的なスポーツ心理テストの使い方
①プリテスト：メンタルトレーニングを始める前に実施
②ポストテスト：初級編を終えた、1年後またはシーズン最終試合の前に実施して、初級編を始める前と比較します。
③ポストテスト2：2年目または次のシーズン最終試合の前に実施（中級編）
④ポストテスト3：3年目または次のシーズン最終試合の前に実施（上級編）
⑤その後も継続してデータを蓄積し、チームや選手のデータベースを作る。

　このように、あなたが現役選手でいる間は、定期的に同じスポーツ心理テストを繰り返し、メンタル面の強さをチェックし、試合の成績や記録などとも比較し、メンタル面強化の成果を確認しながらトレーニング方法を工夫することになります。スポーツ心理テストは、あなたのメンタルトレーニングの上達度を確認するひとつの方法だと知っておいてください。

## 心理的競技能力診断検査（DIPCA.3）

　このDIPCA.3（ディプカ）と呼ばれる心理テストは、九州大学の先生方が作成されたものです。このテストでは、下記のようなメンタル面の強さ（心理的競技能力）や問題点などが確認できます。あなたのどんなメンタル面が強いのか弱いのかを科学的に分析すると、今の時代はこんなことまでわかるのです。自分がどうして試合で実力を出し切れないのか？　なぜ調子がいいときと悪いときがあるのか？　なぜ練習しているのにうまくならないのか？などの原因を探ることもできます。

### 競技意欲を高める能力（競技意欲）
①忍耐力：苦しい場面でも我慢強く試合ができる。粘り強い試合ができる。身体的な苦痛や苦悩には十分耐えることができる。

②闘争心：大試合になればなるほど闘志が湧く。試合になると闘争心が湧いてくる。相手が強いほどファイトが湧く。大事な試合になると精神的に燃えてくる。
③自己実現意欲：自分の可能性に挑戦する気持ちで試合をしている。「自分のために頑張るのだ」という気持ちで試合をしている。自分なりのやる気が十分ある。主体性、自主性。
④勝利意欲：試合前には「絶対勝ちたい」、「絶対負けられない」と思っている。試合で負けると必要以上に悔しい、負けず嫌い。試合内容より勝つことを第一に考えている、勝利重視。

**精神を安定・集中させる能力（精神の安定・集中）**
⑤自己コントロール能力：自分をコントロール（自己管理）できる。いつものプレーができる。身体的緊張のないこと。気持ちの切り替えができる。
⑥リラックス能力：不安・プレッシャー・緊張のない精神的なリラックス。
⑦集中力：落ち着いたプレー（動き）ができる。冷静さ。注意の集中。

**自信を高める能力（自信）**
⑧自信：プレッシャーのもとでも実力を発揮できる、自分の目標を達成できる、どんな場面でも自分の演技（試合）をすることができる、自信がある。自分の能力に自信を持っている。
⑨決断力：ここというときに思いきりのよいプレー（演技）ができる。苦しい場面でもすばやく決断することができる。失敗を恐れない決断ができる。

**作戦を高める能力（作戦能力）**
⑩予測力：作戦はうまく的中する。作戦をすばやく切り替えることができる。勝つためにあらゆる作戦を考えている。予測が当たるなど。
⑪判断力：的確な判断ができる。苦しい場面でも冷静な判断ができる。試合の流れをすばやく判断できる。

### 協調性の能力（協調性）

⑫ **協調性**：チームワークを大切にする。団結心がある。チームの仲間やパートナーとうまく協力することができる。チームメイトやパートナーと励ましあってプレー（演技）することができる。

### Lie Scale（嘘尺度）

⑬ **検査結果の信頼性**：この検査をするにあたって、選手がどれくらい真面目に、真剣に回答しているかを判定。

⑭ **競技意欲**：やる気を高めることができる能力や、競技意欲を高める能力を判定。

⑮ **精神の安定・集中**：集中力を高めたり、緊張する場面でもリラックスできたり、試合のときに気持ちをのせることができるなどのセルフコントロール能力を判定。

⑯ **自信**：自分を信じて、また自分のやってきた練習や試合への準備などから、試合という場面で自分の実力を発揮できるかなど、自信を持っていつも通りのプレーができるかを判定。

⑰ **作戦能力**：イメージトレーニングなどで作戦や心の準備をして、的確な予測や、プレーでの冷静で的確な判断ができるかなどを判定。

　以上のような内容で、どんな点が劣り、どんな点が優れているかを5段階評価法で客観的に診断できます。得点の低い項目をメンタルトレーニングによって高めるとともに、総合得点（全体的な評価）を高めることも必要です。中学生から社会人まで使用でき、自分で採点ができるようになっています。これまでの調査によって、競技レベルの高い選手は第一に自信や決断力が優れ、第二に予測や判断力が優れていることが明らかになっています。

> どうして試合で実力を出し切れないのか？
> なぜ調子がいいときと悪いときがあるのか？
> なぜ練習しているのにうまくならないのか？
> なぜ、やる気が出ないのか？
> 自分は本当にメンタル面が弱いのか？
> どんなメンタル面強化をすればうまくなるのか、試合で勝てるようになるのか？
>
> など、実力が発揮できない原因や問題点を探ることができます。

　私がメンタルトレーニングの指導や心理的サポートを実施した例を紹介すると、全国大会で優勝した東海大学サッカー部や関東学生選抜サッカーチームは、メンタルトレーニング前と大会後で比較した場合、すべての項目で有意差（統計学の処理をして効果が認められた証明）があり、科学的にメンタル面の強化によるトレーニング効果があったという傾向が分析できました。
　このように、メンタルトレーニングの効果の分析や確認に使うことができます。また、今のチームの状態、試合前の選手の状態などをチェックすることも可能です。毎年このスポーツ心理テストを実施し、自分やチームのデータベースを作り、メンタル面の強さと試合の成績を比較してみると、非常におもしろいことが分析できると思います。

## 体協競技意欲検査（TSMI）

　このTSMI（ティーエスエムアイ）と呼ばれるスポーツ心理テストは、多くのスポーツ心理学者がプロジェクトを作り、何千万円もの予算で3年をかけて作成され、標準化されたものです。競技における意欲（やる気）を主とする達成動機理論からとらえ、さらに価値態度や自己概念、コーチとの関係など、競技者の知・情・意の全域に関することを把握する検査です。質問は146項目で回答しやすいマークシート方式（4択）、実施場所に特別な制限はなく集団での検査が可能、判定はコンピューターによって競技意欲のプロフィールと検査結果のコメントが迅速に打ち出されます。でたらめな回答をチェッ

クするための質問から正確性を読み取ることも可能。TSMIの検査結果から、以下の動機づけ（やる気）に関する17項目を診断できます。

①**目標への挑戦**：自分で立てた目標や自己の限界に積極的に挑戦する傾向。
②**技術的向上意欲**：技術の向上を目指して積極的、持続的に努力を続けようとする傾向。
③**困難の克服**：競技において困難な場面に遭遇したとき、それを克服しようとする傾向。
④**練習意欲**：練習が好きかどうか、意欲的かつ持続的に練習できているかどうか。
⑤**情緒安定性**：試合場面で落ち着いて冷静な判断が下せるかどうか。
⑥**精神的強靭さ**：不利な状況、競り合いなどにおいて精神的な強さを発揮できるかどうか。
⑦**闘志**：大試合や不利な状況、競り合いの場面での闘志が強いか弱いか。
⑧**競技価値観**：自分が行っている競技が、自分にとって価値あるものと考えているかどうか。
⑨**計画性**：試合の仕方や練習について、見通しを持った計画が立てられるかどうか。
⑩**努力への因果帰属**：試合での成功や技術の向上が、努力の結果であると考えられるかどうか。
⑪**知的興味**：競技やスポーツに関する知的な情報に関心を向けるかどうか。
⑫**勝利志向性**：競技においては、勝つことに意味があると考える傾向。
⑬**コーチ受容**：コーチに対する信頼感やコーチの指示への従順さ。
⑭**IAC(対コーチ不適応)**：コーチとの人間関係がうまくいっているかどうか。
⑮**失敗不安**：試合で負けるのではないか、失敗するのではないかと不安を持ちやすい傾向。
⑯**緊張性不安**：試合場面や観衆の存在などで情動的緊張が高まる傾向。
⑰**不節制**：試合や練習を中心とする生活習慣がしっかりしているかどうか。

競技者の意欲（やる気）を広範囲に、競技の状況に即して評価できるこの

コンピューター分析は、TSMIの購入費に含まれており、実施後に回答用紙を所定の研究所に送れば1～2週間後には送り返されてきます。

　TSMIはこの20年間でオリンピック選手から一般の選手まで実施され、多くのデータが取られ、スポーツ心理学の研究で活用されています。あるチームにメンタルトレーニングを指導したときのことです。トレーニング前と一定期間後にこのスポーツ心理テストを実施し、一人の選手に目覚ましい競技意欲の向上が見られました。「この選手はすごいよ。こんなにやる気が向上すれば練習の質が高まりものすごく上達するよ」。コーチにそう話すと、「ダメダメ。この選手は練習横綱で、素質はあるが試合では使いものにならないよ」という返答でした。しかしその後、この選手は全国大会で2回も優勝する快挙を成し遂げたのです。この経験から、TSMIで「やる気」をチェックすれば、選手が伸びるかどうかの判断基準にもなるとわかりました。毎年、定期的に実施してデータベースを作り、試合の成績や選手の上達度などと比較していけば、メンタル面とスポーツのおもしろい面がわかります。

## 心理的コンディション診断テスト（PCI）

　このPCI（ピーシーアイ）は、JOC（日本オリンピック委員会）の心理班によるスポーツ医科学研究における「メンタルマネジメントプロジェクト」で作成されました。競技に直接関係すると考えられる「心理的コンディション」を良い方向へ導くことを目的として作られたスポーツ心理テストです。試合前のメンタル面の調整や準備はうまくいったのか、このまま試合に出ても大丈夫なのか、今何かをやればまだ間に合うのではないか、試合前の気持ちはこれでいいのか、などを診断することが可能です。

　それまでは、北米の精神科医によって作られたPOMS（Profile of Mood States）というムード診断テストを日本語に翻訳し、標準化して使っていた経緯がありました。ただ本来、人間の精神的な病理（神経症など）を見つける目的で作られたテストだったため、これをスポーツ選手に使うと競技にとってマイナス方向のイメージや考えを作り出す傾向があるという意見が多く出てきました。そこで「スポーツ選手用」という点を強調し、試合前にマイナ

ス思考になるような質問を避け、選手のコンディション（状態）を把握できるように作成し、標準化されたのがPCIスポーツ心理テストなのです。このテストでは、以下の7つの観点で分析できるようになっています。

①**一般的活気**：一般的な元気さや活力などを判断する。
②**技術効力感**：競技技術についての効力感を判断する。
③**競技失敗不安**：試合の成績や記録などの結果や失敗に対する不安、恐れの状態。
④**闘志**：競技に対する闘争心の高さなど。
⑤**期待認知**：周りの人々の期待をどの程度認知しているか。
⑥**情緒的安定感**：リラックスして、情緒（気持ち）が安定した状態であるかどうか。
⑦**疲労感**：身体と心の疲労（疲れ）の状態。

　以上、3つのスポーツ心理テストを紹介しました。選手の皆さんにとっては少し難しい内容かもしれませんが、メンタル面の状態を科学的に分析できる時代になったということを理解していただければ結構です。そして、見つけた短所をメンタルトレーニングで強化し、長所はさらに伸ばして、選手としての成功を目標にしましょうということです。

> 　選手のメンタル面の状態を科学的に分析し、データをもとにメンタル面強化をする。

**各スポーツ心理テストの問い合わせ先**
**DIPCA.3**：株式会社トーヨーフィジカル
　〒810-0014　福岡県福岡市中央区平尾3－7－21　圓ビル
　tel 092-522-2922／fax 092-522-2933
**TSMI、PCI**：竹井機器工業株式会社
　〒142-0064　東京都品川区旗の台1－6－18（本社）
　tel 03-3787-1054／fax 03-5702-5105

## 心理検査の利用法

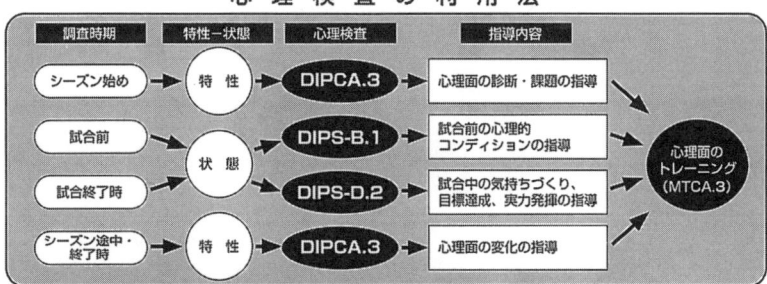

| 調査時期 | 特性−状態 | 心理検査 | 指導内容 |
|---|---|---|---|
| シーズン始め | 特性 | DIPCA.3 | 心理面の診断・課題の指導 |
| 試合前 | 状態 | DIPS-B.1 | 試合前の心理的コンディションの指導 |
| 試合終了時 | 状態 | DIPS-D.2 | 試合中の気持ちづくり、目標達成、実力発揮の指導 |
| シーズン途中・終了時 | 特性 | DIPCA.3 | 心理面の変化の指導 |

→ 心理面のトレーニング（MTCA.3）

### 30100 心理的競技能力診断検査（DIPCA.3）
Diagnostic Inventory of Psychological Competitive Ability for Athletes

特　　色： スポーツ選手の一般的な心理的傾向としての心理的競技能力（通称、精神力）を12の内容（忍耐度・闘争心・自己実現意欲・勝利意欲・リラックス能力・集中力・自己コントロール能力・自信・決断力・予測力・判断力・協調性）に分けて診断する。スポーツ選手としての心理面の長所・短所を診断できる。メンタル強化の第1歩となる。男女別にプロフィールが描けます。
検査方法： スポーツの試合場面について52個の質問を順々に読み、回答欄に答えを記入する。
検査対象： 中学・高校・大学・社会人のスポーツ選手
検査時間： 約15分間
採点と診断： 「検査の手引き」を参考にすれば簡単にできる。コンピュータ診断可能。

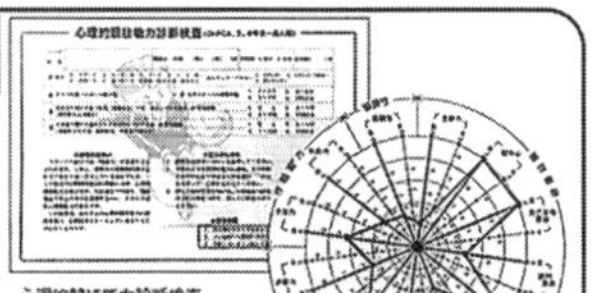

心理的競技能力診断検査
ジュニアカップテニス全国大会で優勝したA君の心理的競技能力の尺度別プロフィール

### 30125 試合前の心理状態診断検査（DIPS-B.1）
Diagnostic Inventory of Psychological State Before Competition

特　　色： 試合前の心理的な状態を診断することができる。とくに試合に向けて十分な心理的準備（忍耐度・闘争心・自己実現意欲・勝利意欲・リラックス度・集中力・自信・作戦思考度・協調度）が、できているかをチェックし、心理的コンディショニングを指導できる。
検査方法： 試合前1か月位から1〜2日前の期間に、試合についての気持ちを20個の質問でチェックする。
検査対象： 中学・高校・大学・社会人のスポーツ選手
検査時間： 5〜10分
採点と診断： 「検査の手引き」を参考にすれば簡単にできる。

試合前の心理状態診断検査
試合前の心理状態のプロフィール 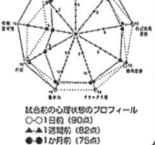 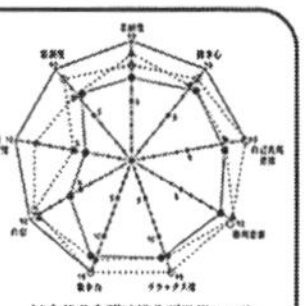
△—△ 1週間前（82点）
●—● 1か月前（75点）
○—○ 1日前（90点）

### 30105 試合中の心理状態診断検査（DIPS-D.2）
Diagnostic Inventory of Psychological State During Competition

特　　色： 望ましい心理状態で試合ができたかどうかを、試合終了後にチェックする。また、目標の達成度・実力発揮度の自己評価を調査する。常に望ましい心理状態で試合ができ、実力発揮度が高くなり、その確率が安定するように指導する。
検査方法： 試合終了後に試合中の心理状態について10個の質問に答える。
検査対象： 中学・高校・大学・社会人のスポーツ選手
検査時間： 約5分間
採点と診断： 「検査の手引き」を参考にすれば簡単にできる。

試合中の心理状態診断検査

第4章　メンタルトレーニング実践プログラムのスタート

# 体協競技意欲検査 T.S.M.I.

競技者の"やる気"をコンピュータで総合評価

従来、競技場面での心理的適性を問題にするとき、主に性格特性や知的能力などの限られた側面について、競技と直接関係しない一般的場面での個人差に関心が向けられてきました。そのため、競技という特殊な場面における競技者の行動を予測する場合、大きな限界がありました。

競技者が記録を伸ばしたり、勝負に勝ち抜くためには、運動能力などとともに、それらを実際の技術や競技力へ結びつけ、発現させる心的エネルギーとしての競技者自身の意識、あるいは、やる気などの理解が欠かせません。T.S.M.I.は、競技における意欲（やる気）を主として達成動機理論からとらえ、さらに、価値態度や自己概念、コーチとの関係など、競技者の知・情・意の全域に関連した構造的把握を目的とする検査です。競技者の意欲をできるだけ広範囲に、しかも競技の状況に即した形で総合的に評価・判断し、コンピュータを駆使して、競技意欲のプロフィールと検査結果をプリントアウトします。そして、その結果をもとにコーチングやメンタル・トレーニングの資料として役立つものです。

■ T.S.M.Iで得られた資料の効果的な活用法
1. 競技者ひとりひとりの個性が把握でき、コーチングの際の参考になります。
2. 精神的にバランスのとれたチームづくりの参考となります。
3. 期間をおいて再検査することにより、競技者の精神的成長が判定できます。また、指導によって精神面でどのような効果を上げることが出来たかを判定する資料となります。
4. 競技者が、これから精神面のどの部分を強化すべきかの参考になります。

■ T.S.M.Iの特徴
1. 判定は、コンピュータにてプロフィールと検査結果のコメントが迅速に打ち出されます。
2. 質問は146項目で構成され、回答しやすい4者択一のマークシート方式です。
3. でたらめな回答をチェックするために応答の正確性をコンピュータが読みとります。
4. 検査実施法は、特別な場所等の制限は無く集団での検査が可能です。
5. 検査結果は、コーチングやメンタルトレーニングの資料としてお役に立ちます。

■ T.S.M.I.の判定結果がお手元に届くまで……

① ご注文いただきますと、質問票と解答用紙（マークシート）をお送りします。質問票、解答用紙（マークシート）の枚数等をチェックしてください。なお、マークシート用紙は、返送まで折ったり汚したりしないようご注意ください。

② 答えを、解答用紙（マークシート）に記入します。記入方法を間違えないようご注意ください。また、ご記入もれがないかどうかをチェックしてください。

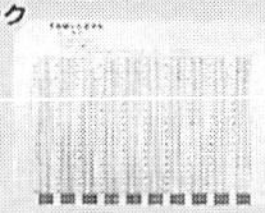

③ 解答用紙（マークシート）へのご記入が済みましたら弊社へご返送ください。

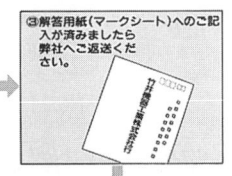

⑤ 弊社へご返送いただいた解答用紙をコンピュータにより解析し、診断用紙にその結果を印字して、お手元へお送りいたします。弊社に解答用紙が到着後、約1週間でお手元に届きます。
（郵便事情により若干遅れる場合もございますのであらかじめご了承ください。）

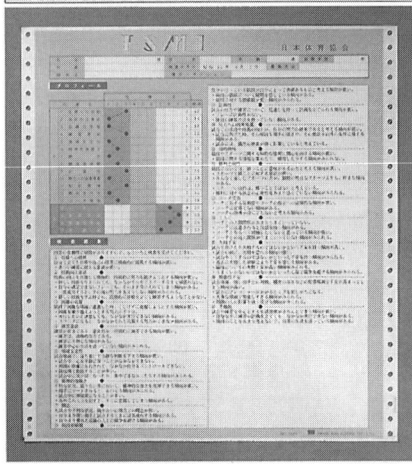

④

■ T.S.M.I.は、達成動機理論の視点から、競技者の心理を17の因子で分析します。
● 目標への挑戦：自分でたてた目標や自己の限界に積極的に挑戦する傾向。
● 技術的向上意欲：技術の向上を目指して積極的、持続的に努力を続けようとする傾向。
● 困難の克服：競技において、困難な場面に遭遇したとき、それを克服しようとする傾向。
● 練習意欲：練習が好きかどうか、意欲的かつ持続的に練習できるかどうか。
● 価値安定性：試合場面で落ち着いて冷静な判断が下せるかという側面。
● 精神的強靭さ：不利な状況、競り合いなどにおいて、精神的な効果を発揮できるかどうか。
● 闘志：大試合や不利な状況、競り合いの場面での闘志が強いか弱いか。
● 競技価値観：自分が行っている競技が自分にとって価値あるものと考えているかどうか。
● 計画性：試合の仕方や練習について、見通しを持った計画がたてられるかどうか。
● 努力への因果帰属：試合の成功や、技術の向上が、努力の結果であると考える傾向。
● 知的興味：競技やスポーツに関する知的な情報に関心を向けるかどうか。
● 勝利志向性：競技においては、勝つことに意義があると考える傾向。
● コーチ受容：コーチに対する信頼性やコーチの指示への従順さ。
● IAC（対コーチ不適応）：コーチとの人間関係がうまくいっているかどうか。
● 失敗不安：試合で負けるのではないか、失敗するのではないかと不安を持ちやすい傾向。
● 緊張性不安：試合場面や観衆の存在などに情動的緊張が高まる傾向。
● 自己実現意欲：試合や練習を中心とする生活習慣がしっかりしているかどうか。

■価格／コンピュータ診断料 700円（質問票、解答用紙（マークシート）、評価表） ※送料含む。　〈別売〉実施手引：500円

〈発売元〉　人間の可能性を科学する
**竹井機器工業株式會社**

| | | | |
|---|---|---|---|
| 仙台支店 | 〒984-0051 | 仙台市若林区新寺1-7-21（新寺KSビル7F） | TEL.022(291)2765(代) |
| 新潟支店 | 〒956-0113 | 新潟県中蒲原郡小須戸町大字矢代田619 | TEL.0250(61)1070(代) |
| 東京支店 | 〒142-0064 | 東京都品川区旗の台1-6-18 | TEL.03(3786)4111(代) |
| 名古屋支店 | 〒460-0008 | 名古屋市中区栄5-26-39（タカシマ名古屋ビル4F） | TEL.052(264)9201(代) |
| 大阪支店 | 〒532-0011 | 大阪市淀川区西中島6-7-8（大昭ビル7F） | TEL.06(6304)6015(代) |
| 広島支店 | 〒730-0053 | 広島市中区東千田町1-1-68（中国ビル3F） | TEL.082(248)8851(代) |
| 福岡支店 | 〒812-0013 | 福岡市博多区博多駅東1-1-33（はかた近代ビル7F） | TEL.092(411)1430(代) |

ホームページアドレス　http://www.fsinet.or.jp/~tkk/

# PCI 競技における心理的コンディション診断テスト

## 診断テスト実施及び結果から対策までの流れ

PCIは競技に直接関連すると考えられる競技者の心理的コンディションを最良の方向へ導くために開発されたテストです。このテストは59項目のそれぞれの質問に5段階で回答することによって、7つの尺度について診断できるようになっています。（下記の7尺度の解釈の表参照）原則として試合に向けての調整期を前期、中期、後期の3期に分け、それぞれ1回ずつ合計3回実施できるようになっており、それぞれのテスト結果はプロフィール化し、心理的コンディションについて好ましい点と問題になる点を診断できるようになっています。

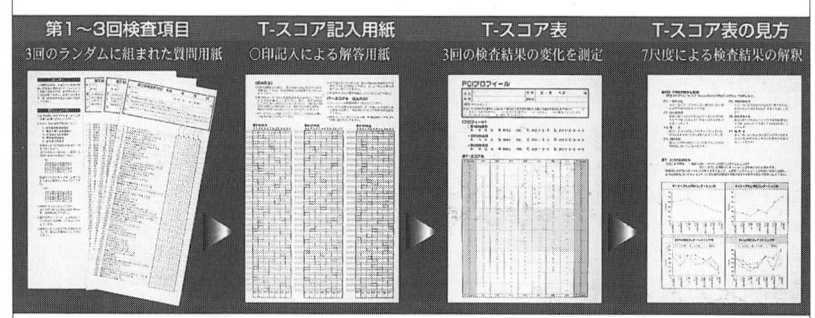

### 第1～3回検査項目
3回のランダムに組まれた質問用紙

### T-スコア記入用紙
○印記入による解答用紙

### T-スコア表
3回の検査結果の変化を測定

### T-スコア表の見方
7尺度による検査結果の解釈

これらの診断結果を参考にして、心理的コンディショニングについての具体的な方策をアドバイスしていきます。その際、競技における心理的コンディションは個人により大変複雑であるため、調整期におけるプロフィール変化の個人差を考慮した上で、ベストコンディションをさぐっていくことが必要となります。

## PCI 7尺度の解釈

- **第1尺度**（23項目、尺度名：一般的活気）
  一般的な元気さ、活力の状態。
- **第2尺度**（14項目、尺度名：技術効力感）
  競技技術についての効力感。
- **第3尺度**（9項目、尺度名：競技失敗不安）
  競技成績や記録に関する失敗に対する恐れや不安の状態。
- **第4尺度**（8項目、尺度名：闘志）
  競技に対する闘争心。
- **第5尺度**（8項目、尺度名：期待認知）
  周囲の人々の期待をどの程度認知しているか。
- **第6尺度**（9項目、尺度名：情緒的安定感）
  リラックスした状態で、情緒が安定している状態。
- **第7尺度**（6項目、尺度名：疲労感）
  心身の疲労感の程度。

●価格 6,000円 税別（1名3回分×10名分）
〈構成：検査用紙10部、実施手引き1部〉

別売のT.S.M.I.（体協競技意欲検査）との併用により、より効果的に競技者の心理的コンディショニングにお役立て頂けます。併せてご活用下さい。

---

**竹井機器工業株式会社**

本　　社／〒142-0064 東京都品川区旗の台1丁目6番18号
　　　　　TEL 03-3787-1091 ㈹ 　FAX 03-5702-5082
情報・施設開発部／〒142-0064 東京都品川区旗の台1丁目6番18号
　　　　　TEL 03-3787-1054 ㈹ 　FAX 03-5702-5105
貿易部／〒142-0064 東京都品川区旗の台1丁目6番18号
　　　　　TEL 03-3788-6780 ㈹ 　FAX 03-5702-5082
新潟工場／〒956-0113 新潟県中蒲原郡小須戸町大字中代田619番地
　　　　　TEL 0250-38-4131 ㈹ 　FAX 0250-38-2755

**竹井機器工業西日本販売株式会社**

本　　社／〒532-0011 大阪市淀川区西中島6丁目7番8号（大樹ビル7F）
　　　　　TEL 06-304-6015 ㈹ 　FAX 06-304-1538
名古屋支店／〒460-0008 名古屋市中区栄5丁目26番39号（タカシマ名古屋ビル7F）
　　　　　TEL 052-264-9201 ㈹ 　FAX 052-263-9345
九州支店／〒812-0013 福岡市博多区博多駅東1丁目1番3号（はかた近代ビル7F）
　　　　　TEL 092-411-1430 ㈹ 　FAX 092-475-3899
広島出張所／〒730-0053 広島市中区東千田町1丁目1番6号（中国ビル3F）
　　　　　TEL 082-246-8851 ㈹ 　FAX 082-247-9136

**竹井機器工業東日本販売株式会社**

本　　社／〒142-0064 東京都品川区旗の台1丁目6番18号
　　　　　TEL 03-3788-1461 ㈹ 　FAX 03-3782-0782
北海道支店／〒065-0014 札幌市東区北14条東8丁目3番1号（ビーピル3F）
　　　　　TEL 011-753-2333 ㈹ 　FAX 011-753-2336
東北支店／〒984-0051 仙台市若林区新寺1丁目7番地21号（新寺KSビル7F）
　　　　　TEL 022-291-2765 ㈹ 　FAX 022-291-6364
関越支店／〒370-0851 高崎市上中居町51番地（EST900ビル7F）
　　　　　TEL 0273-28-5133 ㈹ 　FAX 0273-28-4513
関東支店／〒142-0064 東京都品川区旗の台1丁目6番18号
　　　　　TEL 03-3786-4111 ㈹ 　FAX 03-3787-8673
YG営業部／〒142-0064 東京都品川区旗の台1丁目6番18号
　　　　　TEL 03-3786-3411 ㈹ 　FAX 03-5702-5105

## ステップ……2
## 質問に答える形式の自己分析

　ここでは、質問に答えることで自分の分析をしてみましょう。答える中で何かに気づいてほしいし、おそらく今まで考えたこともなかったことに気づくと思います。自分のことや考え方に何か気がついたら、考えてください。何をしたらいいのか、何をすべきなのか、それをしたらどうなるのか、などです。

---

**質問1**　試合において、「心・技・体」の中で、重要だと思う順番とその割合（％）を書いてください。
　「心」：（　　番目に重要）（　　％）
　「技」：（　　番目に重要）（　　％）
　「体」：（　　番目に重要）（　　％）　合計100％

**質問2**　毎日の練習において、「心・技・体」の中で、費やしている時間の順番とその割合（％）を書いてください。
　「心」：（　　番）（　　％）
　「技」：（　　番）（　　％）
　「体」：（　　番）（　　％）　合計100％

**質問3**　質問1と2を比較して、何か気づきますか？　質問1と2の順番や割合は、同じですか？　同じでないなら、どうして試合で重要なものを多く練習しないのでしょうか？

**質問4**　あなたは試合でいつも実力を発揮できますか？
　Yes　　No

**質問5** あなたは試合で調子がいいときと悪いときがありますか？
　　　　Yes　　　No

**質問6** 調子がいいときと悪いときがあるなら、その原因は何だと思いますか？



**質問7** あなたはメンタル面が強いと思っていますか？
　　　　Yes　　　No

**質問8** メンタル面が「強い・弱い」と思う基準（理由）は何ですか？



**質問9** 下の基準1と基準2の中から、自分に当てはまると思うものすべてにチェックをつけてください。

### 【基準1】
□試合のための心の準備をしていない　□試合のイメージが湧かない、できない、しない　□試合をやる前から不安になる　□試合前からミスをしたら…負けたら…と不安になる　□試合前に相手を見ると強く感じたりする　□試合場や周りの雰囲気にのまれる　□試合で実力を発揮できない　□試合であがる　□試合になるとプレッシャーを感じる　□試合では弱気になる　□試合ではマイナス思考になる　□試合は嫌いだ、やりたくない　□試合で頭が真っ白になる　□試合で自分が何をしているのかわからなくなる　□試合になるとミスが多くなる　□試合になると監督のことが気になる　□何か怖い　□ミスをしたら落ち込む　□気持ちの切り替えがなかなかできない　□監督が気になる　□監督に怒られると落ち込む　□監督が気になってプレーに集中できない　□練習前は気持ちが暗くなる　□練習前に重い雰囲気を感じる　□練習は嫌だ　□練習をやらされている気持ちがある　□監督の言う通りやるだけ　□監督が嫌い　□監督の言葉は説教にしか聞こえない

□監督に不平や不満がある　□監督の顔を見たくない　□監督と話をすることもない　□監督と人間関係がうまくいっていない　□返事はハイのみ　□監督に何を言っても無駄だと思っている　□監督の指導では勝てない　□監督の指導では自分がうまくならない　□監督が代わればいいと思っている　□練習にやる気がない　□練習で気持ちがのらない　□練習で気持ちが燃えない　□何度もやめようと思った　□今のままではやる気が出ないといつも感じている　□何とかしたいけど毎日がおもしろくなく過ぎていく　□練習を何のためにやっているのかわからない　□練習よりおもしろいことがある　□練習を適当にやっている　□監督からメンタル面が弱いと言われる　□チームメイトからメンタル面が弱いと言われる　□調子のいい日と悪い日がある　□練習に集中できない

【基準２】
□試合が決まると心の準備をする　□次の試合はこうしようと良いイメージが湧く　□試合が楽しみだ　□試合前はいつも勝つイメージしかない　□不安や心配はない　□相手を見ると気持ちが燃える　□試合場に観客がいると気持ちが燃える　□試合では実力を発揮できる　□試合になると気持ちがのってくる　□試合は好きだ　□試合はおもしろい　□いい感じのプレッシャーがある　□いい意味での緊張感がある　□試合では強気だ　□試合ではいつもプラス思考だ　□監督の顔が励みになる　□練習は好きだ　□練習は楽しい　□練習がおもしろくてしょうがない　□練習になると気持ちがのってくる　□今やっているスポーツは人生そのものだ　□自分の上達（うまく、強く、速くなっているの）を感じる　□監督の言葉がアドバイスに聞こえる　□監督が好きだ　□監督を信頼している　□監督のアドバイスは役に立つと思う　□プレーに集中できる　□調子が悪い日といい日の差があまりない　□ミスをしたら次はミスをしないと頑張る　□気持ちの切り替えが早い　□スポーツのことを考えて節制をしている　□やりたいことに優先順位をつけている　□夢がある　□目標が明確だ　□目標を達成するためのプランができている　□練習日誌を毎日つけている　□自分のためになる本を読んだりTVを見る　□柔軟な考えを持っている　□人のことをよく聞きオープン

マインド（心が広い）だ　□人生が楽しいと感じている　□チームメイトや監督とよく話す(コミュニケーションがとれている)　□監督をうまく利用している(自分がうまくなるために)　□監督との人間関係がうまくいっている

**質問10**　上の質問で基準１と２のどちらに丸が多くつきましたか？
　　基準１　　　基準２

**質問11**　基準１と２では、どちらのほうがメンタル面が「強い・弱い」と思いますか？
　　基準（　　）は、メンタル面が強い
　　基準（　　）は、メンタル面が弱い

**質問12**　基準２の考え方ができれば、あなたはメンタル面が強い一流選手に近いでしょう。一流選手ほど基準２の考え方をしています。あなたは基準２の考え方をしてみたいですか？
　　Yes　　　No

**質問13**　どうですか？　自己分析をして何か気づきましたか？
　　Yes　　　No

**質問14**　何に気づきましたか？

---

　それでは、基準２の考え方ができるように、メンタル面を強くするプログラムを実施していきましょう。

# 第5章
# メンタルトレーニングをやる理由

## ステップ……3
## メンタルトレーニングの目的や効果を理解する

　同じトレーニングをするにしても、なぜやるのかを理解して行うのと、命令されて何も考えずに行うのとでは、効果に大きな差が出てきます。「メンタルトレーニングとは何か？」「目的は？」「効果は？」「理論的背景は？」「どうやるのか？」などを、選手であるあなた自身がよく理解してから始めることが大切なのです。こんな選手がこのように使い、こんな効果を上げたという事例があれば、メンタルトレーニングを始めるにあたってさらにやる気が高まるでしょう。

**知的トレーニングの留意点**
　それでは、メンタルトレーニングの目的や効果を理解するための、押さえておいてほしい留意点をいくつか挙げてみます。コーチから説明を受けてもいいですが、選手が自分で図書館へ行って調べ、レポートとして簡単にまと

めると意識や知識が確実なものになるでしょう。これはメンタルトレーニングの中の「知的トレーニング」というテクニックのひとつです。『コーチングクリニック』『トレーニングジャーナル』などの雑誌や書籍を部費で買って部室に置いておき、選手が自分のトレーニングを考えたり、新しい情報を得るための環境を作ることも必要です。

- スポーツ科学とは？
- スポーツ心理学とは何か？
- なぜメンタルトレーニングが必要なのか？
- 世界の一流選手が応用して成果を上げている事実を確認しておく
- 日本では数十年単位でメンタルトレーニングの応用・活用が遅れている事実
- 伝統的トレーニングと科学的トレーニングの違い（長所・短所）を確認
- 精神論・根性論の問題点と科学的解釈を理解する
- 身体トレーニングと同様にメンタルトレーニングも必要だという理解
- インスタントにできる魔法のテクニックではないという理解
- 選手だけにやらせるのではなくコーチも一緒にやり、ベストの方法を見つける

## メンタルトレーニングの目的や効果

　ここでは、世界のスポーツ心理学者たちがスポーツ選手を対象に研究を行い、得られた結果や効果を紹介します。メンタル面強化をすればこのような効果があります、という例です。

- 試合に勝つ可能性を高める
- うまくなる
- チームが強くなる
- 選手が強くなる
- 自分を知る
- 自分との戦いに勝つ

- セルフコントロールをする（自分で自分の気持ちや感情をコントロールする）
- やる気を高める（モチベーションを高める）
- メンタル面はメンタル面強化（トレーニング）で強くなる
- プラス思考（ポジティブシンキング）にする
- 最高能力を発揮する理想的な心理状態（フロー、ゾーン）を見つけ、自分で作り出す
- 自分の潜在能力を引き出す
- 調子を上げる
- 身体だけでなく心の調整をする（心理的コンディショニング）
- プレーや練習を楽しくする
- 試合を楽しくする
- きつい練習を楽しくやる
- 悔いの残らない試合をする
- 悔いの残らない練習をする
- 心身をリラックスする
- 不安をなくす
- プレッシャーを自分のエネルギーにしてしまう
- やる気を出す
- 気持ちをのせる
- 集中力を高める
- イメージ能力を高める
- イメージを活用する
- 自然な気持ちで楽しくプレーをする
- 平常心を保つ
- 冷静で的確な判断をする
- 疲れを回復する（身体と心）
- ケガを防ぐ
- 自信をつける
- 開き直る

- 気持ちを切り替える
- 監督やコーチとの人間関係をよくする
- 監督は選手を勝たせたい、うまくしたいと考えていることを理解する
- チームメイトとの人間関係をよくする
- コミュニケーションをよくする
- 準備をする
- 練習の質を高める
- スポーツ以外の生活や人生にも活用する
- 人生の展望やスポーツの展望を明確にする
- 自分がどこまでやりたいのかを認識する
- 何のためにスポーツをするのか明確にする

　これらをより具体的に紹介すると、先ほど丸をつけてもらった基準2のような感情になるように、メンタル面強化のトレーニングをしたり、専門家の心理的なサポートを受けるということになります。もう一度、基準2を書きますので、今度は、こんなことを今から強化するんだという気持ちで見直してください。もう一度言います。メンタル面の強い一流選手の考え方がこれであり、彼らの頭の中にはこのような気持ちがあるのです。必ず、あなたに「これが足らない」というものが見つかり、「これを強化したらもっとうまくなり、試合で勝つ可能性が高まる」と気づくはずです。

　下記に挙げる気持ちの持ち方が、あなたのメンタル面を強化するヒントになります。

## 【基準2】
試合が決まると心の準備をする　次の試合はこうしようと良いイメージが湧く　試合が楽しみだ　試合前はいつも勝つイメージしかない　不安や心配はない　相手を見ると気持ちが燃える　試合場に観客がいると気持ちが燃える　試合では実力を発揮できる　試合になると気持ちがのってくる　試合は好きだ　試合はおもしろい　いい感じのプレッシャーがある　いい意味での緊張感がある　試合では強気だ　試合ではいつもプラス思考だ　監督の顔が励

みになる　練習は好きだ　練習は楽しい　練習がおもしろくてしょうがない　練習になると気持ちがのってくる　今やっているスポーツは人生そのものだ　自分の上達（うまく、強く、速くなっているの）を感じる　監督の言葉がアドバイスに聞こえる　監督が好きだ　監督を信頼している　監督のアドバイスは役に立つと思う　プレーに集中できる　調子が悪い日といい日の差があまりない　ミスをしたら次はミスをしないと頑張る　気持ちの切り替えが早い　スポーツのことを考えて節制をしている　やりたいことに優先順位をつけている　夢がある　目標が明確だ　目標を達成するためのプランができている　練習日誌を毎日つけている　自分のためになる本を読んだりTVを見る　柔軟な考えを持っている　人のことをよく聞きオープンマインド（心が広い）だ　人生が楽しいと感じている　チームメイトや監督とよく話す（コミュニケーションがとれている）　監督をうまく利用している（自分がうまくなるために）　監督との人間関係がうまくいっている

# 第6章
# やる気を高める実践プログラム

## ステップ……4
## 目標設定

　目標設定とは、自分のやりたいこと、やるべきことを確認するということです。まずは、次の質問に答えてください。最初に、自分のやる気について自己分析をしてみましょう。

---

**質問1**　あなたは、監督から「やる気を出せ！」と言われたことがありますか？（監督やコーチがいない人は他人から）
　Yes　　No

**質問2**　あなたは、どのようにしてやる気を高めていますか？

**質問3**　あなたの監督は、どのようにしてあなたのやる気を高めてくれますか？




**質問4**　監督から具体的に自分でやる気を出す方法を教えてもらったことはありますか？
Yes　　No

**質問5**　あなたは、監督が悪いから「やる気が出ない」と思っていませんか？
Yes　　No

-------------------------------------------------------------

　上の質問のように、あなたは、監督から「やる気を出せ！」とか「やる気がない！」などと言われたことはありませんか？　あなたは、やる気を出せと言われて、どのようにしてやる気を出していますか？　また、監督は、やる気を出す方法を指導してくれましたか？　それとも、やる気がないと怒りながら、説教しませんでしたか？　また、やる気がないのはあなたの（選手の）責任になっていませんか？　たぶん監督が悪いから自分にやる気が出ないんだ、と思っていませんか？

　この質問に答えることで、自分のやる気について考えてほしいのです。ここでは、選手のやる気を高める具体的な方法を紹介したいと思います。つまり、このステップで紹介する「目標設定」は、やる気を高める目的で行います。加えて、目標設定の効果をより高める方法まで紹介しましょう。

> 　目標設定は、メンタルトレーニングにおいて「やる気（モチベーション）」を高める目的で行う心理的スキルです。

　7つの基本的な心理的スキルの中に「目標設定」というものがあります。これはやる気を高めるために活用される方法であり、私自身は、一種のイメ

ージトレーニングとして捉えています。自分の人生やスポーツ人生をイメージしながら、自分のやりたいこと、やるべきことなどを考えてみましょう。

## 1. 目標設定（結果目標）

それでは、下記の目標設定用紙にあなたの目標を書き込んでみましょう。最初に、人生の目標を上から順番に書いてください。人生の目標を下まで書き終わったら、自分で書いた人生の目標を見ながら右のスポーツの目標を上から順番に書いてください。

**目標設定用紙Ⅰ（結果目標）** ＊制限時間10分で書いてください

|  | 人生の目標 | スポーツの目標 |
| --- | --- | --- |
| 夢のような目標 |  |  |
| 最低限度の目標 |  |  |
| 50年後の目標 |  |  |
| 30年後の目標 |  |  |
| 10年後の目標 |  |  |
| 5年後の目標 |  |  |
| 4年後の目標 |  |  |
| 3年後の目標 |  |  |
| 2年後の目標 |  |  |
| 1年後の目標 |  |  |
| 今年の目標 |  |  |
| 半年の目標 |  |  |
| 今月の目標 |  |  |
| 今週の目標 |  |  |
| 今日の目標 |  |  |
| 今の目標 |  |  |

**質問**　目標設定用紙を書き終わった今の気持ちを書いてください。

---

　制限時間10分で書けましたか？　まず、どこまで書けたかチェックしてください。もし、書き終わっていないなら、もう少し時間をとり全部書き込んでみましょう。

　スムーズに書けた人は、自分の人生設計やスポーツにおけるやるべきことがわかっている人かもしれません。たぶん、一流選手（または一流選手になれる素質がある人）ほど早く具体的に書けるはずです。なぜなら、このようなことを頭の中で考えて（イメージして）毎日の生活をしなければ一流選手になれないし、うまくならないと思うからです。行き当たりばったりの選手は、まぐれでしかうまくなりません。

　本当にすごい選手になるには、考えること（発想）も他の人とは違うはずです。たとえば、人生の目標の「夢のような目標」で「金持ちになりたい」と書いた人がかなりいるでしょう。これは普通の人の考えかもしれません。トップになる素質のある人は、「どれくらいの金持ち（具体的な金額）」、「いつまでに」、「どのような方法で」、「そのためには今何をして、今日はこれ、明日はこれ、1週間後はこれ、1カ月後はこれ、1年後までにこれをしておけばこれだけお金がたまり、これを資金にこうして、最後はこうなる」という具体的なプランを頭の中で瞬間的に立て、そのプランの実行ができるでしょう。

　しかし、これを書いてみて、多くの人がなかなか書けなかったり、悩んだり、考えながら書いた人が多かったことと思います。そこで、「自分はなんていいかげんな人間なんだ」と気づいた人は、しめたものです。自分の人生を行き当たりばったりに過ごしていることに気づき、このままではいけないとか、自分はこれをしたかったんだ、これをすべきなのだ、こうすれば自分の夢は達成できるはずだ、と気づいてもらうことがこの目標設定の目的だったのです。自分の夢や目標を達成するのに、まだ間に合うと思いませんか？

> このままではいけないと気づいたら、何をすればいいのでしょうか？
> 赤ペンを用意して、もっとこうすればよい、と修正をしましょう。

　修正のポイントは、一番上の夢と一番下の今の目標がつながっていることです。つまり、今の目標を達成すれば夢に「1歩近づく」、今日で「2歩近づく」、今週で「3歩」、今月で「4歩」と確実に夢に近づくように目標を設定しましょう。次に、「夢を最終目標」、「30〜50年後を長期目標」、「5〜10年後を中期目標」、「今・今日・今週・今月〜3年を短期目標」に区分して、短期→中期→長期そして夢へとつながるような目標設定をしましょう。

> 夢を最終目標とし、長期目標・中期目標・短期目標に区分してみましょう。

　また、自分の人生やスポーツの目標をよく見て、自分の人生やスポーツの「ピーク」はいつなのか（何年後なのか）、いつ頃までにピークに持っていきたいのかに印をつけてください。ここでは、自分のスポーツのピーク（最高のとき）について、何をどうすれば理想的に迎えられるのかを考え、具体的なプランを立ててみましょう。自分の今の状態から、何年後にピークを迎えられるか想像してください。とにかく「考えてみる」ことで、自分のやるべきことを見つけてほしいと考えています。やるべきこと、やりたいことが見つかれば、やる気も高まるに違いありません。

## 2. 目標設定（プロセス目標）

　先ほどの目標設定では、ほとんどの人がこうなりたい、こうなればいいという自分の夢や理想、つまり「結果目標」を書いたと思います。ここでは、その目標を本当にゲットするための方法を書いてもらいます。目標設定用紙Ⅰで書いた結果目標を赤ペンで修正したものを見ながら、結果目標をどのようにして達成するのか「プロセス目標」を書いてみましょう。できるだけ具

体的に、こうしてこうしたらこうなるというように、結果目標の設定用紙を見ながら、同じように上から順番に書いてください。

**目標設定用紙Ⅱ（プロセス目標）**

　目標設定用紙Ⅰ（結果目標）を見ながら、どのようにして夢や目標を達成するのかを具体的に書きましょう。

|  | 人生の目標 | スポーツの目標 |
|---|---|---|
| 夢のような目標 |  |  |
| 最低限度の目標 |  |  |
| 50年後の目標 |  |  |
| 30年後の目標 |  |  |
| 10年後の目標 |  |  |
| 5年後の目標 |  |  |
| 4年後の目標 |  |  |
| 3年後の目標 |  |  |
| 2年後の目標 |  |  |
| 1年後の目標 |  |  |
| 今年の目標 |  |  |
| 半年の目標 |  |  |
| 今月の目標 |  |  |
| 今週の目標 |  |  |
| 今日の目標 |  |  |
| 今の目標 |  |  |

**質問**　この2つの目標設定用紙を書いた感想を書いてください。

ここまでやれば、ほとんどの人がやる気が高まったと思います。いかがですか？　こうなりたいという結果目標、具体的にこうすればこの結果目標は達成できるはずだというプロセス目標を書いて、あなたのやるべきことややりたいことが具体的に見えてきたと思います。あとは、やるだけではないでしょうか？　さらに、やる気を高めるためにもうひとつ効果的な方法を紹介しましょう。

## 3. 自分のスポーツ人生物語作成

　次に、おもしろいやる気の高め方を紹介しましょう。下のサッカー選手の例を参考にして、自分のスポーツ人生を物語にして書いてみてください。

【書き方例】
　今、あなたは自分の引退記者会見の席上にいます。選手としての引退かもしれないし、現役後の監督経験からの引退かもしれません。そこで、司会者があなたのこれまでの「スポーツ経歴」を紹介します。あなたがサッカー選手だったとしましょう。引退記者会見の席上で、あなたのサッカー経歴をどのように紹介してほしいですか？　例を挙げてみます。
「彼は何歳でサッカーを始め、中学時代は……。高校時代は全国大会で優勝し、高校選抜に選ばれ……。推薦で入った大学では１年からレギュラーで、春先から始まった総理大臣杯全日本大学サッカートーナメントでチームが優勝し、自分は得点王に。この活躍がきっかけで関東選抜チームへ選ばれ、全国から各地の選抜選手が集まったデンソーチャレンジで優勝し、最優秀選手に。学生日本代表に選ばれ、ユニバーシアード日本代表で金メダルを獲得。あこがれのＪリーグ、ジュビロ磐田へ入り活躍、2006年日本代表となりワールドカップで活躍。スカウトされたセリエＡの○○で活躍。現役を引退し、その後○○チームの監督を経て日本代表監督でワールドカップ優勝――。世間からは『ミスターサッカー』と呼ばれ、そして、今ここに若手に監督業を譲る形で引退……」
　などなど、自分のスポーツ人生を自分の好きなようにイメージし、今まで

のこと（現実にあったこと）、これからのこと（理想的な未来）を物語にしてみましょう。あなたの人生ですから、好きなように書いてかまいません。大きな夢と現実をうまく合わせながら、希望的、発展的、未来的、プラス方向で自分のこれからのスポーツ人生を物語にしましょう。

---

**自分のスポーツ人生物語用紙**

## 4. 目標を達成するためのプラン作成（今年）

　目標設定を実際にやってみてどうでしたか？　スムーズに書けましたか？　やる気が高まりましたか？　おそらく、ほとんどの人がやる気が高まったり、自分が何をすべきか見えてきたり、自分がなんといいかげんな人間か思った人もいるでしょう。
　次に、自分が立てた目標やそれを達成するためのプランを、確実に実行し、夢を本当にゲットするために、より具体的な方法をやってみましょう。あなたの夢や目標を達成するには、今年1年が大きなキーポイントになります。この1年をどう過ごすのかで、あなたのスポーツ人生は大きく変わるはずです。良い方向に変えるためにも下記の書き込み用紙を書いてみましょう。

### 今年の目標達成プラン用紙
①今年1年の試合のスケジュール（何月何日どこで試合）を書いてください。
②今年の試合で一番大切でピークにしたい月に丸をつけてください。
③チームのトレーニングスケジュールを具体的に書いてください。
④あなた個人のトレーニングスケジュールを書いてください。

| 月 | 試合名 | 日付 | 場所 | チームのトレーニング | あなた個人のトレーニング |
|---|---|---|---|---|---|
| 1月 | | | | | |
| 2月 | | | | | |
| 3月 | | | | | |
| 4月 | | | | | |
| 5月 | | | | | |
| 6月 | | | | | |
| 7月 | | | | | |
| 8月 | | | | | |
| 9月 | | | | | |
| 10月 | | | | | |
| 11月 | | | | | |
| 12月 | | | | | |

まず、今年１年の試合のスケジュール（何月何日どこで試合）がスムーズに書けましたか？　書けなかったとしたら、かなりいいかげんな選手だし、スムーズに書けなかったなら、行き当たりばったりの選手だと思います。今年の試合スケジュールも知らないようではうまくなるわけがないし、試合で勝つこともまぐれねらいだとしか思えません。もし「監督に聞かないとわかりません」などと言うなら、監督の言うことだけを聞くロボットみたいな選手かもしれません。自分でシーズン始めに今年のスケジュールを聞くべきだと思うのですが…。「監督が教えてくれないから」などと言うなら、これもうまくなる気のない選手だと考えます。私が監督だったらこんな選手はいりません。自分から聞くべきなのです。もし監督自身が知らないのなら、今シーズン、あなたのチームはダメでしょう。いいかげんな監督を持ったのが不幸だったとあきらめますか？　監督を育てるのも選手です。選手であるあなたが監督にスケジュールを聞いたり、今年の目標を達成するために何をするのか聞きましょう。

　今年の試合で一番大切でピークにしたい月に丸をつけましたか？　その月にピークを持っていくために、今、何をしたらいいのでしょうか？　今月こうして、来月はこうする、半年後までにこうなっていれば、この月までに日本一になれるはずだと考えるべきです。ピークの試合を目指して、今年の練習や調整をしなくてはいけないからです。

　チームのトレーニングスケジュールを具体的に書けましたか？　もし、あなたが今年どんなトレーニングをやるのか知らないとしたら、行き当たりばったりの、勝ててもたまたまというような選手（チーム）に違いないと思いますが、どうですか？　チームとして今年はどんなトレーニングをして、今年の目標をいかに確実に達成するかが重要だからです。

　また、あなたはチームのトレーニングだけで本当にうまくなると思いますか？　チームの目標レベルで満足しているのですか？　将来もっと上のレベルの選手を目指しているのではないのですか？　それでは、チームのスケジュールに合わせてあなた個人のトレーニングスケジュールを立て、自分の能力を最高度に高めましょう。日本の場合、チームのスケジュールを無視できないシステムがあり、納得できないことをやらなければならなかったり、や

らされることになります。ということは、自分の夢や目標を達成するには、チームのトレーニングとは別に自分でやることが必要になるのです。そうしないと、監督やその指導法への不平・不満だけで終わり、結局、自分の夢をあきらめることになり、能力を伸ばすどころかドロップアウトしてしまうことになります。

## 5. 目標を達成するためのプラン作成（今週）

　次ページの書き込み用紙には、今週の目標達成のための予定を入れてください。より具体的なプランを立て、目標達成までにやるべきことを書いてみましょう。今週あなたが一日一日をどう過ごすかを明確にして、短期目標を確実にクリアしていくのです。何時に起きて、この時間をどう過ごすのか、食事は何を食べるのか、食後は何をするか、学生なら学校、仕事をしていれば仕事へ、プロなら朝から練習とか。また一日の練習時間や、練習後をどう過ごすのか、自分のプライベートな時間はどう使うか、寝る前に明日の準備はどこまでするか……。寝ることもトレーニングと考え、24時間をどう活用するかが、あなた自身の夢や目標を達成するための「トレーニング」だと捉えましょう。メンタルトレーニングは24時間できるものであり、この24時間の使い方が才能を伸ばすキーポイントだということをしっかりと認識しましょう。世界一の選手にも世界最下位の選手にも、世界中のどんな選手にも平等に一日24時間が与えられています。あとは使い方だけだと思いませんか？　さあ、あなたはどのように24時間を使いますか？

**今週の目標達成プラン用紙**

|       | 月 | 火 | 水 | 木 | 金 | 土 | 日 |
|-------|----|----|----|----|----|----|----|
| 5:00  |    |    |    |    |    |    |    |
| 6:00  |    |    |    |    |    |    |    |
| 7:00  |    |    |    |    |    |    |    |
| 8:00  |    |    |    |    |    |    |    |
| 9:00  |    |    |    |    |    |    |    |
| 10:00 |    |    |    |    |    |    |    |
| 11:00 |    |    |    |    |    |    |    |
| 12:00 |    |    |    |    |    |    |    |
| 13:00 |    |    |    |    |    |    |    |
| 14:00 |    |    |    |    |    |    |    |
| 15:00 |    |    |    |    |    |    |    |
| 16:00 |    |    |    |    |    |    |    |
| 17:00 |    |    |    |    |    |    |    |
| 18:00 |    |    |    |    |    |    |    |
| 19:00 |    |    |    |    |    |    |    |
| 20:00 |    |    |    |    |    |    |    |
| 21:00 |    |    |    |    |    |    |    |
| 22:00 |    |    |    |    |    |    |    |
| 23:00 |    |    |    |    |    |    |    |
| 24:00 |    |    |    |    |    |    |    |
| 1:00  |    |    |    |    |    |    |    |
| 2:00  |    |    |    |    |    |    |    |
| 3:00  |    |    |    |    |    |    |    |
| 4:00  |    |    |    |    |    |    |    |

　スムーズに書けましたか？　チームの練習時間以外に、意外と暇な時間があることがわかったでしょう。現役生活は短いのです。今しか練習できないと考えたとき、やるべきことを後回しにしたり、どうでもいいことに時間を

費やしたりして、自分の首をしめないようにしましょう。一日で、やるべきことの「優先順位」をつけてください。そうすれば迷うことなく、人に流されることなく、自分のやりたいことややるべきことがスムーズに行えると思います。あなたの夢や目標をもう一度思い出しながら、それを達成するために最低限いや最高度にすべきことを認識しましょう。

## 6. 練習日誌をつける（練習の予習・復習）

　練習日誌をつけるというと、一番先にくる思いが「めんどくさい」ではないでしょうか？　メンタルトレーニングでは、練習日誌は必ずつけないと、「私はメンタルトレーニングをやっています」と言えないぐらい大切なものです。なぜ大切なのかというと、今日の練習を思い出し、あそこでこうしていれば今日のプレー（練習）はもっとよかったはずなのに…、などという過去を思い出す「イメージトレーニング」をし、明日の練習ではこうしてこうすればこうなるから、明日はこれを目標にして、この目標を達成する練習をやろう！　という目標設定と未来を考える「イメージトレーニング」をすることになるからです。

> なんと！　練習日誌は、イメージトレーニングだったのです。

　これは、皆さんが学校の勉強で「予習・復習」をすることと同じだと考えます。たとえば、今日の英語の授業で先生に質問されて答えられなかった。みんなの前で恥をかいたので、明日は恥をかかないように、次の授業でやるところを教科書でチェックし、単語を辞書でひいて予習をしておけば、先生に当てられても大丈夫だ、恥をかくこともないだろうと「心の準備」や授業の準備をしておくのと同じことなのです。これを毎日すれば、英語の授業が楽しみになり、先生に質問してほしい、自分に当ててほしいというワクワクした気分になり、そのうちに英語が好きになり、どんどん上達していくに違いありません。このように「練習日誌」は、毎日の練習の予習と復習をやり、心の準備をして、練習を楽しく身になるものにしましょうというものです。

どうせやるならうまくなったほうがいいに決まっています。あなたが本気でうまくなりたいなら、勝ちたいなら、夢を達成したいなら、絶対に必要なものです。

　ここにひとつの練習日誌の例を紹介します。そのまま使ってもいいし、自分の種目や自分のやり方に合わせてアレンジしても構いません。この例は、選手が面倒くさいと思わないよう簡単に書けるように工夫してあります。評価の欄には1から5までの数字を入れます。1は「全くダメだった」、2は「まだまだダメだった」、3は「普通だった」、4は「まあまあよかった」、5は「非常によかった」。このように今日の練習の内容や目標が達成できたのかを数字で入れるなら1分もかかりません。あとは自分の書きたいことをいろいろと書けばいいわけです。

**練習日誌をやる意味**：今日の練習を思い出し、あそこでこうしていれば今日のプレー（練習）はもっとよかったはずなのに…、などという過去を思い出す「イメージトレーニング」をし、明日の練習ではこうしてこうすればこうなるから、明日はこれを目標にして、この目標を達成する練習をやろう！　という目標設定と未来を考える「イメージトレーニング」をすることで、自分の進歩・上達・向上または自分が自分にチャレンジできたかという確認をします。

【練習日誌の例】

　　　　　年　　月　　日　　メンタルトレーニングを始めて　　　日目
今日の目標：

|  | 評価 | コメント |
|---|---|---|
| 今日の目標は達成できましたか？ |  |  |
| 心理的（メンタル面）にはどうでしたか？ |  |  |
| 技術的な面はどうでしたか？ |  |  |
| 身体的な面はどうでしたか？ |  |  |
| コーチの指導に対しては？ |  |  |
| 練習の時間的にはどうでしたか？ |  |  |
| 食事は？ |  |  |
| 練習以外の生活は？ |  |  |
| その他： |  |  |

明日の目標は？

今日の練習や自分の進歩（上達・向上）について何でも書いてください。

----

　このように、①自分の人生における夢や目標、②その中でのスポーツにおける夢や目標、③夢や目標を達成するプロセス目標やプラン、④これからのスポーツ人生をどう過ごしたいかの物語作り、⑤夢や目標を本気で達成するための今年、今月、今週、毎日のプラン、⑥そのプランが本当に実行できているかを確認する練習日誌などをしっかりやれば、あなたの夢や目標がかなり近くなるはずです。同時に、自分がなんといいかげんにスポーツをしていたのかに気づき、反省し、目標設定やプラン作成でやるべきことが見え、本気でやりたい、夢はゲット（達成）するものだと思えば、「やる気が高まっ

た」はずです。このやる気を毎日の練習にぶつけ、これからのスポーツ人生を、またその後の人生を楽しく、夢のあるものにしましょう。どうせやるならトップを目指し、自分の夢を達成しましょう。一日一日を大切に、毎日の練習がすべての基本にあることも自覚してください。

| 今 日 | ＋ | 今 日 | ＋ | 今 日 | …… | ＝ | １週間 |
| 1週間 | ＋ | 1週間 | ＋ | 1週間 | …… | ＝ | 今 月 |
| 今 月 | ＋ | 今 月 | ＋ | 今 月 | …… | ＝ | 今 年 |
| 今 年 | ＋ | 今 年 | ＋ | 今 年 | …… | ＝ | 何年後 |

　上の囲みの中のように、短期目標を確実に達成して、中期目標へつなげ、中期目標を達成したら、長期目標や夢へつなげるようにしましょう。確実にあなたの夢を達成するために、毎日の練習や生活を大切にしましょう。

# 第7章

## 姿勢、呼吸、音楽を用いた
## トレーニング

### ステップ……5
### 姿勢で気持ちをチェックし、セルフコントロールへ

　今、あなたはどんな姿勢ですか？　また、今の気分はどうですか？　自分の気持ちをチェックしましょう。何か気づきましたか？　ここで、今すぐできる実験をやってみましょう。この実験をやりながら質問に答えてください。

---

**実験1**　胸を張り、30秒ぐらい上を向いてください。
**質問1**　このときの気持ちをチェックして、どんな気分ですか？

**実験2**　肩を落とし、30秒ぐらい下を向いてください。
**質問2**　このときの気持ちをチェックして、どんな気分ですか？

**実験3**　突然、上を向き、胸を張ってください。
**質問3**　このときの気持ちをチェックし、下を向いていたときと上を向いた

ときの違いを感じてください。何か気分が違いますか、また気分が変わりましたか？

**実験4** また下を向き肩を落として、鼻で息を吸いながら泣くまねをしてください。
**質問4** 泣くまねをしたら、気分も悲しくなりましたか？

**実験5** 今度は上を向き胸を張って、鼻で息を吸いながら泣くまねをしてください。
**質問5** 泣けますか？　気分も悲しくなりますか？　何か違うという感じですね？

**実験6** 上を向き胸を張ったままで、大きい声を出して笑ってください。
**質問6** 気持ちよく笑えましたか？

**実験7** 下を向き肩を落として、大きい声を出して笑ってください。
**質問7** 何だか大声を出して笑いにくいと思いませんか？

この7つの実験から、姿勢によって気分が変わること、笑ったり、泣いたりするにも姿勢が関係していることが理解できます。たぶん、ほとんどの人が、上を向いて笑っているときは「プラス思考」や「気分がよい感じ」になっており、下を向いて肩を落としているときは「マイナス思考」や「気分が落ち込んでいる感じ」になっていると気づいたでしょう。

　この姿勢のトレーニングは、意図的に身体の姿勢を作ることで、スポーツに必要な「プラス思考」や「強気の気持ち」を得たり、マイナス思考をプラス思考に切り替えるきっかけにすることを目的としています。練習や試合のちょっとした「間」に、すぐ気持ちをコントロールするにも最適です。また、セルフコントロール能力を高めることを目的に、プラス思考をするためのトレーニング、気持ちを切り替えるためのトレーニングとしても活用します。

| |
|---|
| 姿勢を変えて、プラス思考へ気持ちをコントロールする。 |

## ステップ……6
## 自分の心拍数や脈拍を確認しよう

　人間の体は、心理状態や運動によって心拍・脈拍が変化します。その数値も一人一人異なります。そこで、腕時計式脈拍計（1万円前後で買えます）や、自分の脈を手で1分間計ることで、自分の身体や心理的状態を確認しましょう。どんな状況では、どんな心理状態では、どんな運動をすれば、自分の心拍・脈拍がどう変化するかを知っておき、自分の心をコントロールするときの指標（生理学的指標）にしようということです。

　次のような状況での心拍数や脈拍を毎日計ってみましょう。

● 安静時（何もしないでじっとしている状態）
● リラクゼーション時（リラックスしているとき）
● ストレッチングなどの身体的ウォーミングアップの前・中・後
● サイキングアップ（心理的ウォーミングアップ）の前・中・後

- 練習の前・中・後
- 試合の前・中・後
- 試合のプレッシャーがあるときや、あがっていると思うとき
- 試合に対して不安を抱き、神経質になっているとき
- 調子がいいと思うとき（のっているとき）

（野球を例にして）
- バッターボックスに立つ前
- 三振をする前・した後
- ヒットを打つ前・打った後

　以上のような状況や状態で心拍数・脈拍を計る癖をつけ、どれくらいの運動をすると心拍数・脈拍はどのように変化するのか、また心拍数・脈拍がこれくらいのときはこんな精神状態で、身体はこのようになる、といったことを確認しながら練習や試合を行うのです。特に、自分が一番能力が発揮できる心拍数を知っておくことが大切です。

　可能ならば、血圧、脳波、皮膚温、呼吸数も測定できると、より科学的に分析・トレーニングできます。経済的に余裕があるなら、専門家の指導を受けると同時にテレメーター、心拍メモリ装置、脳波計、GSR、バイオフィードバック装置、サーモグラフィーなどを使って測定するといいでしょう。これらの機器から科学的なデータを取り、データベースを作って練習の参考にすれば、よりいっそうの効果が期待できるでしょう。

## ステップ……7
## 呼吸法の確認とコントロール

　自分がどのような状態で、どのような動きをしているときに、どんな呼吸をしているのか、また、どのような呼吸をすれば平常心を保てるのか、力が出るのか、スピードが出るのか、そして集中力が発揮・回復できるのかなどを、身体の動きと呼吸の関係で理解し確認する必要があります。呼吸法は、メンタルトレーニングの中核をなすテクニックであり、セルフコントロール

（自分で自分を統制する）をする上で、最も重要なものなのです。

　さて、次のような状況では、呼吸が速い・遅い・長い・短い・シャープ（鋭い）ですか？　自分の呼吸を確認してみましょう。

---

**呼吸確認チェックリスト**

次のような状態ではどのような呼吸をしていますか？　丸をつけてください。

- 腹式呼吸では？　　　　　　　　　速い・普通・遅い・乱れている
　　　　　　　　　　　　　　　　　強い・普通・弱い・シャープ
　　　　　　　　　　　　　　　　　長い・普通・短い

- リラックスしているときの呼吸は？　速い・普通・遅い・乱れている
　　　　　　　　　　　　　　　　　強い・普通・弱い・シャープ
　　　　　　　　　　　　　　　　　長い・普通・短い

- 興奮しているときは？　　　　　　速い・普通・遅い・乱れている
　　　　　　　　　　　　　　　　　強い・普通・弱い・シャープ
　　　　　　　　　　　　　　　　　長い・普通・短い

- スピードを出すときは？　　　　　速い・普通・遅い・乱れている
　　　　　　　　　　　　　　　　　強い・普通・弱い・シャープ
　　　　　　　　　　　　　　　　　長い・普通・短い

- 力を出すときは？　　　　　　　　速い・普通・遅い・乱れている
　　　　　　　　　　　　　　　　　強い・普通・弱い・シャープ
　　　　　　　　　　　　　　　　　長い・普通・短い

- ボールを投げるときは？　　　　　速い・普通・遅い・乱れている
　　　　　　　　　　　　　　　　　強い・普通・弱い・シャープ
　　　　　　　　　　　　　　　　　長い・普通・短い

- ボールを打つときは？　　　　　　速い・普通・遅い・乱れている
　　　　　　　　　　　　　　　　　強い・普通・弱い・シャープ
　　　　　　　　　　　　　　　　　長い・普通・短い

- 疲れを回復するときは？　　　　速い・普通・遅い・乱れている
　　　　　　　　　　　　　　　　強い・普通・弱い・シャープ
　　　　　　　　　　　　　　　　長い・普通・短い

- 精神を集中するときは？　　　　速い・普通・遅い・乱れている
　　　　　　　　　　　　　　　　強い・普通・弱い・シャープ
　　　　　　　　　　　　　　　　長い・普通・短い

- 平常心を保つときは？　　　　　速い・普通・遅い・乱れている
　　　　　　　　　　　　　　　　強い・普通・弱い・シャープ
　　　　　　　　　　　　　　　　長い・普通・短い

- リラックスするときは？　　　　速い・普通・遅い・乱れている
　　　　　　　　　　　　　　　　強い・普通・弱い・シャープ
　　　　　　　　　　　　　　　　長い・普通・短い

- 口ゲンカをしているときは？　　速い・普通・遅い・乱れている
　　　　　　　　　　　　　　　　強い・普通・弱い・シャープ
　　　　　　　　　　　　　　　　長い・普通・短い

- 気分がのっているときは？　　　速い・普通・遅い・乱れている
　　　　　　　　　　　　　　　　強い・普通・弱い・シャープ
　　　　　　　　　　　　　　　　長い・普通・短い

- 落ち込んでいるときは？　　　　速い・普通・遅い・乱れている
　　　　　　　　　　　　　　　　強い・普通・弱い・シャープ
　　　　　　　　　　　　　　　　長い・普通・短い

- その他の身体状況　　　　　　　速い・普通・遅い・乱れている
（あなたが確認したい身体状況）　強い・普通・弱い・シャープ
　　　　　　　　　　　　　　　　長い・普通・短い

- その他の心理状態　　　　　　　速い・普通・遅い・乱れている
（あなたが確認したい心理状態）　強い・普通・弱い・シャープ
　　　　　　　　　　　　　　　　長い・普通・短い

- その他の環境状況　　　　　　　速い・普通・遅い・乱れている
（あなたが確認したい環境状況）　強い・普通・弱い・シャープ
　　　　　　　　　　　　　　　　長い・普通・短い

以上の呼吸確認チェックリストに丸をつけ、じっくりと見てみましょう。どのような動き（または心理状態）のときに、どのような呼吸をしていますか？　あなたの呼吸の状態を確認しましょう。そして、書き込んだ用紙を見て感想文を書いてみましょう。自分の身体動作や心の状態と呼吸の関係を知り、呼吸法を活用することで動作をスムーズにしたり、心理状態を良い方向へ導くトレーニングを行い、セルフコントロールができるようにするのです。

### 呼吸とプレー（動作）との関係

　それでは、呼吸法の簡単な実験をして、呼吸の確認をしてみましょう。
①呼吸を止められるだけ止めてみましょう。
②もうダメだと苦しくなって呼吸を始めたときの呼吸を確認してください。
③歩いて、歩くときの呼吸を確認します。
④深呼吸しながら歩いてみましょう。どんなスピードの歩きになりますか？
⑤普通に歩き、その歩調に吸う息を合わせます。どんな感じですか？
⑥普通に歩き、その歩調に吐く息を合わせます。
⑦今度は速く歩いて、呼吸を確認します。
⑧何か重いものを持って、持ち上げます。そのときの呼吸を確認します。
⑨息を吸いながら重いものを持ち上げます。その感じは？
⑩今度は息を吐きながら重いものを持ち上げます。
⑪ボールを投げるまねをします。そのときの呼吸を確認します。
⑫息を吸いながらボールを投げるまねをします。その感じは？
⑬今度は息を吐きながらボールを投げるまねをします。
⑭野球のバットかテニス・バドミントン・卓球などのラケットを振るまねをします。
⑮息を吸いながら振ります。その感じは？
⑯今度は息を吐きながら振ります。
⑰ボクシングのパンチを速く何度か繰り出します。
⑱息をゆっくり大きく吐きながら、パンチを速く何度か繰り出します。
⑲今度は息を鋭くシュッシュッと速く吐きながら、パンチを速く何度か繰り出します。

⑳自分のやっている種目の動作をやりながら、呼吸を確認します。どんな呼吸のときに最もスムーズな動きができますか。

　この簡単な実験で、人間の動作と呼吸の関係が理解できたことと思います。人間が何かの動作をするときは、無意識の規則正しい呼吸法をしているのです。たとえば、「力を出すときは息を吐く」「力を持続させて出すときは強く長く吐く」「動作を速くするときは呼吸も速くシャープに吐く」という法則があるのです。つまり、呼吸にもっと意識を集中させて動作を行うと、よりスムーズな動きができるようになるのです。

## 呼吸と心理状態との関係

　それでは次に、呼吸と心理状態の関係について実験します。友達とお互いにチェックしながらやってみましょう。
①隣の人と口ゲンカをしましょう。そのときの呼吸は？
②深呼吸をします。
③深呼吸をしながら口ゲンカをします。どんな感じですか？
④悲しく泣いているまねをします。そのときの呼吸は？　息を吸っていませんか？
⑤うれしくて大声で笑います。その呼吸は？　息を強く吐いていませんか？
⑥「あーもうだめだ！」とため息をつきます。顔が下を向いて息を弱く吐いてますね？
⑦希望に満ちて「やるぞー！」と言います。顔が上を向いて息を強く吐いてますね？
⑧「疲れたー！」と５回言います。そのときの呼吸、姿勢、目線は？
⑨「楽しいー！」と５回言います。そのときの呼吸、姿勢、目線は？
⑩心をリラックスさせましょう。
⑪心を興奮させましょう。
⑫どのようにリラックスさせたり興奮させていますか？
⑬疲れた顔をしましょう。
⑭楽しい顔をしましょう。

⑮やる気のある顔をしましょう。
⑯このときの呼吸、目線、顔や身体の姿勢をチェックします。
⑰嫌いな人の顔をイメージします。
⑱好きな人の顔をイメージします。
⑲このときの呼吸、目線、顔や身体の姿勢をチェックします。

**呼吸のコントロールで心理状態も変化**

　さあ、もう呼吸と心理状態の関係がわかったことと思います。心理状態によって呼吸が変わるのです。逆にいえば、呼吸をコントロールすることで、心理状態も変化させることができるのです。また、身体の状態でも気分や呼吸が変わります。このステップ7で説明した呼吸法を確認することが、この後に行うトレーニングに必要となってくるのです。

　ヨガを長年やっていると、呼吸法によって心身を統一したり、心臓の心拍数を低下させたり、長時間呼吸を止めたり、呼吸器系や循環器系の働きを自由にコントロールできると言われています。このことからも、呼吸が心身に及ぼす影響が大きいことがわかります。呼吸法を行うにあたって、次のようなことを頭に入れておくことも必要です。たとえば、てんかん症患者は、深呼吸を無理に繰り返すと発作が起こりやすいとか、不整脈の人は、息を止め

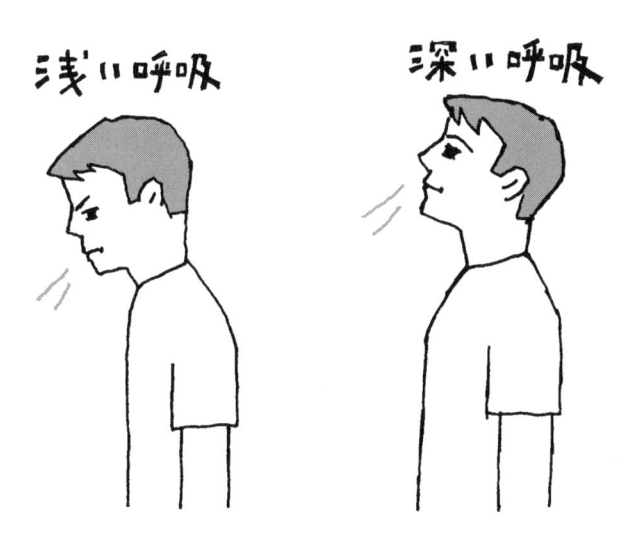

第7章　姿勢、呼吸、音楽を用いたトレーニング

ると不整脈が出やすいそうです。本書では健康なスポーツ選手を対象にプログラムを進めていますが、疾患によっては呼吸に注意を要する人々もいるということです。

さて、具体的な呼吸法としては、深呼吸（腹式呼吸）、4秒吸って4秒止め4秒で吐く、身体動作に呼吸を合わせる、呼吸に身体動作を合わせるなど多くの方法があります。呼吸法をいつどのように使うかは、そのときの心理状態、身体状態を確認し、どのような心理状態になりたいのか、どのような身体状態やプレーをしたいのかで変わってきます。たとえば、緊張しているときや不愉快なとき、落ち込んでいるときは、ほとんどの人が息を止めていたり、胸だけで締めつけるような浅い呼吸をしているはずです。

上の実験で、あなた自身がどんなときにどのような呼吸をしているか理解してもらったので、その状況で呼吸を変えてみれば解決法が見つかると思います。詳しい呼吸法については後の各テクニックの部分で紹介していきます。また、もっと呼吸について情報が欲しい方は、参考文献にある『実践メンタルタフネス：心身調和の深呼吸法』などを参考にしてください。

私のプログラムでは、空手などの武道の呼吸法が応用してあります。西洋の心理学で応用されている呼吸法のほとんどが、ヨガ、禅、武道といった東洋の呼吸法を参考にして科学的なメスを入れ、プログラム化している点が興味深いところでもあります。米国心理学会の会長でもあるコロラド州立大学のスイン博士は、来日したときにこんなことを言っていました。「なぜ日本人は西欧のまねばかりするの？　もっと足もとを見たら！　私たちは東洋のものに興味を持ち、心理学の中で活用していますよ」と……。

## ステップ……8
## 音楽の利用

あなたはオリンピックなどで、試合前にポータブルプレーヤーで音楽を聴きながらウォーミングアップをしている選手を見たことがありませんか？音楽を聴くことでリラックスやサイキングアップ（心理的ウォーミングアップ）をしているのです。陸上競技三段跳びの元世界記録保持者のウイリー・

バンクス選手（米国）は、「音楽は私の心の中に一種のエネルギーを与え、試合や戦いに臨むときに非常に助けとなった」と述べています。

ここでは、スポーツ心理学におけるバックグラウンドミュージック（BGM）効果を、いかに利用するかというトレーニング方法を紹介します。皆さんの中にも、音楽をかけながら練習を行っている選手がいることと思います。しかしどのような音楽がどのような練習にいいのか、迷うのではないでしょうか。リラックスできる音楽、興奮できる音楽、のってくる音楽、メンタルトレーニングをするときの音楽、そして疲れを回復する音楽、などと分類しながら使う方法もあります。また、市販されている心理学や音楽療法を応用したテープやCDを活用してもよいでしょう。

その前に、音楽が心理的にどのような効果があるのかを簡単に確認したり実験してみましょう。

---

**質問** 次の質問に対して、スローテンポか速いリズムかに丸をつけてください。もし曲名やジャンルがわかれば書いてみましょう。

| | | | |
|---|---|---|---|
| リラックスできる音楽 | スローテンポ | 速いリズム | 曲名は： |
| 興奮できる音楽 | スローテンポ | 速いリズム | 曲名は： |
| やる気が出る音楽 | スローテンポ | 速いリズム | 曲名は： |
| 眠たくなる音楽 | スローテンポ | 速いリズム | 曲名は： |
| 気が滅入る音楽 | スローテンポ | 速いリズム | 曲名は： |
| 気分が悪くなる音楽 | スローテンポ | 速いリズム | 曲名は： |
| 自分の好きな音楽 | スローテンポ | 速いリズム | 曲名は： |
| 疲れたとき聴きたい音楽 | スローテンポ | 速いリズム | 曲名は： |

次のような場面ではどんな音楽がいいと思いますか？

| | | | |
|---|---|---|---|
| ウォーミングアップ | スローテンポ | 速いリズム | 曲名は： |
| スピードトレーニング | スローテンポ | 速いリズム | 曲名は： |

| | | | |
|---|---|---|---|
| 持久力トレーニング | スローテンポ | 速いリズム | 曲名は： |
| パワートレーニング | スローテンポ | 速いリズム | 曲名は： |
| ウエイトトレーニング | スローテンポ | 速いリズム | 曲名は： |
| リラクゼーション | スローテンポ | 速いリズム | 曲名は： |
| サイキングアップ | スローテンポ | 速いリズム | 曲名は： |
| イメージトレーニング | スローテンポ | 速いリズム | 曲名は： |
| 集中力のトレーニング | スローテンポ | 速いリズム | 曲名は： |

---

　それでは簡単な実験をしてみますので、CDプレーヤーと、リラクゼーションミュージック（クラシックのバロック音楽などのリラックスできる音楽）と、ディスコミュージック（ユーロビート、『ロッキーのテーマ』などの、のることができる音楽）を準備してください。

①リラクゼーションミュージックをしばらく流し、呼吸を確認する。
②次に、ディスコミュージックをしばらく流し、呼吸を確認する。
③ディスコミュージックに呼吸を合わせ、身体でリズムをとる。
④そのままの呼吸と身体のリズムを続け、①の音楽に変える。
⑤音楽を変えても同じ感じで呼吸ができるか確認する。
⑥今度はリラクゼーションミュージックに合わせて深呼吸する。
⑦深呼吸を続けながら、ディスコミュージックへと音楽を変える。
⑧音楽を変えても同じ深呼吸が違和感なく続けられるかを確認する。
⑨音楽の種類で呼吸が変化することを認識する。

　さあ！　この実験で、呼吸と音楽の関係がわかったと思います。このことは音楽が身体の動きや心理状態にも関係しているということで、なぜ音楽を取り入れるかがわかったことでしょう。どのようなときにどのような音楽を使えばどう呼吸が変わり、心理的にどう変化が起こるのか？　音楽によって理想的な心理状態や身体の状態へ持っていく方法を理解してください。あとは実生活でどう利用するのか、トレーニングや試合でどう応用するのかがキーポイントです。

## 音楽でリラックスや気分高揚

　最近は日本でも音楽療法の研究が進んできており、私も音楽療法学会の会員として情報を集めています。科学技術の発達で、器械を使い「1／fのゆらぎ」という人間にとって心地よいリズムパターンがあることが発見されました。たとえば、昔から名曲と言われているクラシックミュージック、海辺のさざ波、小川のせせらぎなどに、この要素が含まれています。もともと音楽は人間の心を安らかにしたり、戦場などで士気を高めることなどに使われてきました。音楽や心理学の専門家の研究によると、クラシックミュージックの中でも、バロック音楽がリラクゼーション効果を高めてくれると言われています。

　これについては興味深い話があるので、紹介したいと思います。昔々、ロシアの公使であったカイザーリング伯爵は、不眠症のために寝つけない日が続いていました。ところが、かの有名な作曲家バッハが彼のために作ったある曲を、召し使いの音楽家ゴールドベルグに演奏させると、伯爵は次第に緊張が和らぎ、気持ちが落ち着いて、眠れるようになったということです。この曲は演奏者の名前をとって『ゴールドベルグ変奏曲』と呼ばれています。そしてこの曲を研究した結果、曲の初めと終わりの部分に、身体の状態を穏やかにするリズムがあることが発見されたのです。16世紀から18世紀にかけて作曲された音楽に、同じような効果があることもわかりました。これらがバロック音楽と呼ばれるもので、特に1分間に60拍のリズムが人間に心地よい作用をもたらしてくれるというのです。

　音楽で学習効果を上げる方法も普及してきています。ブルガリアで開発された「サジェストピディア」は、クラシックミュージックを使ったリラクゼーション効果で語学学習を速めていくテクニックです。日本では「スーパーラーニング」という名前で広まっており、本2冊やカセットテープが発売されています。私の妻は、日本の大学で英会話や国際比較文化論などを教えていましたが、そのとき私のメンタルトレーニングプログラムのリラクゼーションテクニックと、このリラクゼーションミュージックを使って、学生の学習効果を高めていました。

　おもしろいことに、扇風機にもリズム風という機能で「1／fのゆらぎ」

を生み、心地よい風を吹きつけるものまで出ています。

　このように最近では、「1／fのゆらぎ」を応用した音楽療法のCDやカセット、ビデオがいろいろな会社から発売されています。一度CDショップに出かけ、このような音楽を探してみてください。私も多くのCDなどを手に入れ、自分なりに聞き比べたり研究を進めているところです。タイトルにスポーツ科学とかスポーツ用とついたものもあります。リラックスに関する音楽は、解説書をよく読んで購入してみてください。

　音楽には、落ち込んだり疲れたときに気分を高揚させる効果もあります。本書ではサイキングアップのトレーニングで応用しています。私の場合、ユーロビートなどのディスコミュージック、ロックなどリズムが速く、心身ともにのってくる音楽を使用しています。特に、テレビや映画で流れてくる音楽に注意を払いチェックしてみてください。たとえば、映画『ロッキー』を見てそのテーマ曲を使うと、心理的に強調されより効果的になります。

　また、運動会でいつもかかる音楽を耳にすると、子供の頃の運動会が思い

出され、何か走りたくなるような気分になりませんか？　これは心理学でいう古典的条件づけという理論で、たとえば犬にベルを鳴らしてえさを毎日やると、ベルが鳴るだけで犬がよだれを流すとか、梅干しを見ただけでつばが出てくるなどです。ここでは、この曲を聞くと元気が出る、この映画を見るとやる気が出てくるなどの効果を応用しようというものです。ひとつの心理的合図として、自分はこの曲で盛り上がる、能力を発揮できるというものを作ることも必要です。音楽のリズムと動作・プレーのタイミングに注意して音楽を選択してみてください。

　スポーツの現場では、ある場面では必ず同じ曲をかけるとか、勝った後に聞く曲を決めておき、試合前に「勝ちイメージ」を作るためにその曲を聞くなど応用できます。このように個人の持つ音楽に対する「イメージ」や「思い出」などを活用することもひとつの方法です。

　ここでもう一度、私たちがメンタル面強化をするときに音楽を活用する目的をまとめてみます。

---

**スポーツにおいて音楽を使う理由**
①音楽のリズムによって呼吸を変える目的（呼吸法）
②呼吸が変わることで心拍数や脈拍を変える、気持ちのノリを作る目的
③映画音楽などから影響される「イメージ」の効果（映画『ロッキー』のテーマ曲など）
④この場面にはこの音楽で盛り上がるといった「条件づけ」の効果
⑤音楽の歌詞からくる連想イメージや、個人の思い込みなどのイメージ効果
⑥音楽に意識を集中させることにより、集中力を高める効果
⑦練習中に音楽をかけ、観客の声援や雑音など気を散らすものに慣れる集中力の「妨害法」
⑧練習や試合における気持ちの切り替え、開き直りや、気持ちのノリを作る目的

以上のような意味を背景に、スポーツで音楽を活用しています。最近は、日本バイオミュージック学会や日本音楽療法学会での研究も盛んになり、その活用も多様になってきました。しかし、スポーツにおける音楽の研究はまだあまり行われていません。専門家によるより深い研究やスポーツ現場での活用を促進する研究が待たれます。

# 第8章 気持ちをコントロールするためのトレーニング

## ステップ9 リラクゼーション

　このリラクゼーション（リラックス）は、メンタルトレーニングで最も重要な心理的スキルであり、これが基本になければ他の心理的スキルが成り立たないほどの役割を持っています。さて「リラックス」とは、広辞苑によると「くつろぐこと。力を抜くこと。緊張を緩めること。弛緩」とありますが、**スポーツで使うリラックスは、一般に考えられているものと異なると考えてほしいのです。**

　たとえば、バド・ウインター氏は『Relax & Win』（日本語版『リラックス』）という本の中で、「リラックスは、プレッシャーで傷ついた状態を和らげてくれる。筋肉をほぐし、深くてたっぷりした睡眠とすばやい回復とを、最も緊張した状態の中でさえやってのける」と述べています。さらに「リラックスした人間は、スポーツの世界の言葉でいえば、のっている・燃える・クール・自信・くつろぎという状態である。一方、緊張した人間は、硬くなる・息が詰まる・ひやひやする・冷静さを失う・気負う状態である」とも述

べています。

　ジム・レイヤー氏は『Mental Toughness Training for Sport』（日本語版『メンタルタフネス』）という本の中で、「力を入れすぎた動作は、不正確でスピードを欠く。疲労も早い。プレッシャーを感じた選手には、不必要な力を入れすぎた動きが多く見られる。力を入れすぎた状態では身体がスムーズに連動しない。プレッシャーを感じると腕や肩、足や尻など局部的に力が入り硬直するため、筋運動の調整がきかなくなる」と述べています。

　このように、スポーツ選手にとってリラックスは非常に重要なことを意味し、普段私たちが使っているリラックスとは異なります。つまり、リラックスしすぎないで、緊張もしすぎない理想的なリラックス（心理）状態を見つけ、いつでもその状態が作れるということが、このリラクゼーショントレーニングのキーポイントになるのです。

　スポーツ心理学では、次のようなグラフ（逆U字曲線）が使われます。あまりにリラックスしすぎると、集中力も欠け、意識や筋肉の反応が遅れぎみになり、結果・成績・パフォーマンスがよくありません。逆に緊張しすぎても、注意力が狭くなり、時には自分が何をしているのかわからなくなるほど興奮し、いつものプレーができなくなり、結果・成績・パフォーマンスがよくないのです。先に述べた理想的なリラックス状態（理想的な心理状態、フロー、ゾーン状態）になったとき、最高のプレーができて結果・成績・パフォーマンスも最高によいという理論です。

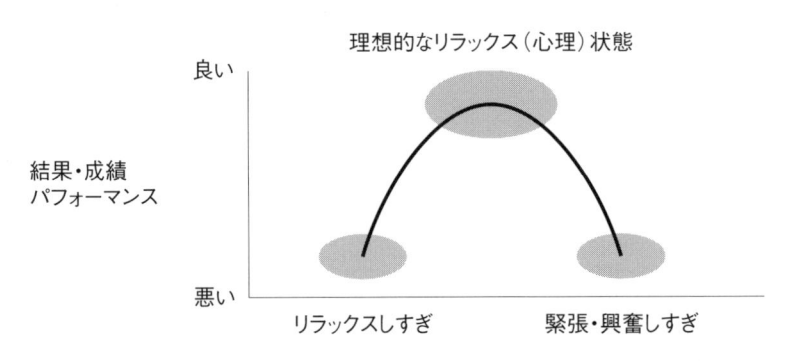

図1　逆U字曲線から見た理想的なリラックス（心理）状態

もちろん個人差があり、選手によっては緊張・興奮したほうが能力を発揮するし、ある選手はとことんリラックスした冷静な状態で能力を発揮するのです。また忘れてはならないのは、種目によっても理想的なリラックス状態が違うのです。弓道、射撃、アーチェリーの選手がウホウホと興奮していては良い成績をおさめられないだろうし、重量挙げ、ラグビー、バスケットボールなど激しい動きをする種目の選手があまりにもリラックスしすぎては、気分がのらず結果ももうひとつということになりかねません。

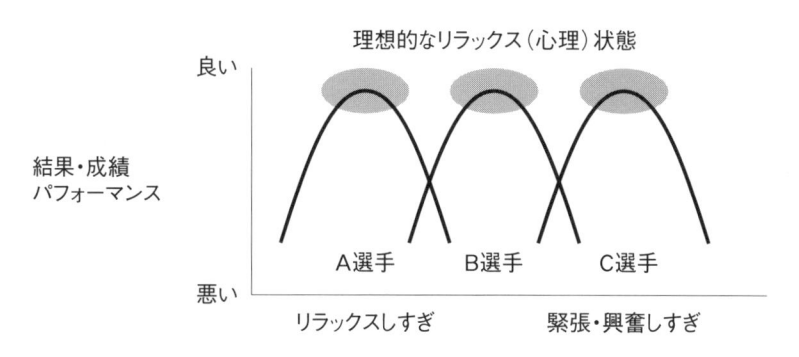

**図2　A選手、B選手、C選手の理想的なリラックス（心理）状態の個人差**

　このことから、自分に合った、自分の種目に合った理想的なリラックス状態を見つける必要があるのです。この章のリラクゼーショントレーニング、サイキングアップトレーニング、そしてリラクゼーションとサイキングアップのコンビネーショントレーニングの3つが、あなたの理想的なリラックス状態を見つけ、自分のものにするためのトレーニングです。
　それでは、リラクゼーションの方法をいくつか紹介しましょう。このとき、『高妻容一の実践！メンタルトレーニング』（ベースボール・マガジン社）のビデオを見ていただけると、リラクゼーションの方法がよく理解できると思います。このビデオを見ながら、毎日リラクゼーションをやってみてはいかがでしょうか。

## リラクゼーションの方法

**スマイル（笑顔）**：これがリラックスするための簡単で重要な方法です。
**呼吸法**：もう一度ステップ7を読み直し、呼吸の重要性を確認してください。一番簡単なのは「深呼吸」です。鼻から大きく息を吸って、口からゆっくり吐きましょう。また吸って、止めて、吐くとか、吐く息を長くし同時に「リラ――クス」などの言葉を使って自己暗示をかけるようにやるなど、いろいろな方法があります。
**身体の動きに合わせて**：呼吸法を身体動作に合わせて行うとより効果的です。私の場合は空手を30年近くやっているので、空手の動きや型、息吹に合わせて呼吸をします。とにかく深呼吸と自分の動作をスローモーションにし、そのゆっくりとした動作に呼吸を合わせてみてください。そして筋肉の動きと心の状態を自分なりに感じてください。太極拳をやるような感じです。
**言葉やイメージを使った暗示**：スマイルと呼吸に注意して、「リラックスしている」と言葉に出して繰り返し繰り返し言いながら、リラックスした自分の姿やリラックスできる風景をイメージしてみましょう。言葉を口に出さずに頭の中で繰り返しても（内言）かまいません。
**筋肉の緊張とリラックス**：体のいろいろな筋肉を緊張させ、次に緩めることでリラックスする感じを高め、身体の動きと呼吸を確認していきましょう。
**音楽を使う**：人間にとって心地よいリズムである「1/fのゆらぎ」が含まれている音楽を活用します。またこの音楽を聴くとリラックスできるというものを見つけ、何度も聴いて条件づけをしてみましょう。
**リラックス法**：ジェイコブソンの筋弛緩訓練法、シュルツの自律訓練法、原野の自己弛緩訓練法、ユネスタールのインナーメンタル・トレーニングなど、いろいろなリラックスの方法があります。

## リラクゼーションのトレーニング

　それでは、これらの方法を総合したひとつのリラックス方法、リラクゼーションのトレーニングを下の番号に沿って行いましょう。ステップ5で、姿勢によって気分が変わることを確認をしました。ここではリラックスできる姿勢をとりましょう。初めて行うときは静かでエアコンの利いた、気持ちよく落ち着く部屋で仰向けに寝て行うのが理想です。中級者になってくるとイスに座って行ったり、立って行います。上級者は体育館でもグラウンドでもプールでも、いつどんなところでもできるように進めていってください。
※まず心拍数・脈拍を測ってみましょう。1分間にどれくらいでしょう？

### ①BGM（バックグラウンドミュージック）
※ここから⑦の前半までは立ったままで行います。
- リラクゼーションの音楽をかけます。最近は多くのCDやテープが出ていますので、自分に合ったものを見つけてください。できるだけ音楽療法や心理学の裏付けがあるものか、クラシックのバロック音楽がいいと思います。始める前から音楽をかけておきましょう。時間にして最低2～3分は自然に流しましょう。

### ②スマイル
- リラクゼーションの基本です。楽しいことを思い出して、いつも笑顔を忘れずに。
- 胸を張り、顔はやや上のほうを向き、若い人なら好きな人のことでも思い出しましょう。
- どうしても笑えなかったら、他の人と互いに顔を見合わせます。「おもしろい顔だなぁ」などと冗談を言って笑わせましょう。
- 大声を出して笑うか、笑わせるのもいいでしょう。

### ③セルフマッサージ
- 深呼吸に合わせて目の周り、鼻、口、頬、耳、頭、首、あご、両肩、両腕、

手、手のひら、指、指の間、胸、お腹、わき腹、背中、お尻、足、ヒザ、むこうずね、ふくらはぎ、足首、つま先、足の裏と皮膚に心地よい刺激を与えるようにゆっくりとマッサージをします。スマイルを忘れずに！　目を半眼にしてトローンと眠たいなーというような気持ちになれるとしめたものです。

スマイル

セルフマッサージ

④ **あくび**

大きく声を出して、あくびをしましょう。

⑤ **深呼吸**

- 鼻からゆっくり息を吸いながら両手を胸へ、口をすぼめてフーと音が出るように強くゆっくりと息を吐きながら両手を下ろします（3回）。
- 鼻からゆっくり息を吸いながら両手を横へ、口をすぼめてフーと音が出るように強くゆっくりと息を吐きながら両手を元に戻します（3回）。
- 鼻からゆっくり息を吸いながら両手を前へ、口をすぼめてフーと音が出るように強くゆっくりと息を吐きながら両手を下ろします（2回）。
- 鼻からゆっくり息を吸いながら両手を前へ、しばらく息を止め、口をすぼめてフーと音が出るように強くゆっくりと息を吐きながら両手を下ろします（2回）。
- 鼻からゆっくり息を吸いながら両肩を上げ、しばらく息を止め、口をすぼめてフーと音が出るように強くゆっくりと息を吐きながら肩を下ろします。

※ここで心拍数・脈拍を測ってみましょう。1分間にどれくらいでしょう？

⑥ **呼吸と身体の動きを合わせるストレッチング**

※要領は、5秒ほど鼻から息を吸いながら筋肉に少しずつ力を入れていき、5秒ほど息を止めてさらに肩にも力を入れ、筋肉の緊張を感じます。同じ姿勢のまま7秒ぐらいかけて口から息を吐きながら力を抜いていき（スマイルで）、リラックス感を感じます。息を吐ききった状態で5秒ぐらい緊張とリラックスの違いを感じます。

- 両手の指を組んで裏返すように頭の上へ上げます。息を吸いながら両腕の筋肉に力を入れていき、息を止めて両腕と肩の筋肉に力を入れます。息を吐きながら力を抜き、緊張とリラックスの違いを感じます。
- 両腕を真横に開き手のひらを上を向けてひねります。息を吸いながら親指に力を入れてひねり、息を止めてさらにひねるようにして肩の筋肉に力を入れます。息を吐きながら力を抜き、緊張とリラックスの違いを感じます。
- その両腕を逆方向にひねります（手のひら後ろ）。息を吸いながら親指に力

を入れてひねり、息を止めてさらにひねるようにして肩の筋肉に力を入れます。息を吐きながら力を抜き、緊張とリラックスの違いを感じます。
- ひねったまま両腕を前に持ってきます（手のひら外）。息を吸いながら親指に力を入れてひねり、息を止めてさらにひねるようにして肩の筋肉に力を入れます。息を吐きながら力を抜き、緊張とリラックスの違いを感じます。
- その両腕を逆方向にひねります（手のひら上）。息を吸いながら親指に力を入れてひねり、息を止めてさらにひねるようにして肩の筋肉に力を入れます。息を吐きながら力を抜き、緊張とリラックスの違いを感じます。
- ひねったまま両腕を後ろ斜め下へ持ってきます（手のひら上）。息を吸いながら親指に力を入れてひねり、息を止めてさらにひねるようにして肩の筋肉に力を入れます。息を吐きながら力を抜き、緊張とリラックスの違いを感じます。
- その両腕を逆方向にひねります（手のひら上）。息を吸いながら親指に力を入れてひねり、息を止めてさらにひねるようにして肩の筋肉に力を入れます。息を吐きながら力を抜き、緊張とリラックスの違いを感じます。
- 両手を自然に下ろします。息を吸いながら両肩を上げ、息を止めて肩の筋肉に力を入れます。息を吐きながら力を抜き、緊張とリラックスの違いを感じます。
- 肩、腕のストレッチングを行います。通常ストレッチングでは息を止めませんが、ここでは意図的に吸って、止めて、吐きましょう。

**⑦漸進的筋弛緩法**(体の部位を順番に緊張させリラックスさせていく方法)
**【立ったままで】**
※要領は、鼻から息を吸いながら部位に力を入れ、息を止めてさらに部位全体に力を入れてしばらく筋肉の緊張を感じ、次に口から息を吐きながら力を抜いて、息を吐ききった状態でしばらくそのリラックス感を感じます。
- 息を吸いながら右手を握りしめ、息を止めて右腕全体と肩にぐーっと力を入れて緊張させ、息を吐きながら力を抜いてリラックスします（2回）。
- 息を吸いながら左手を握りしめ、息を止めて左腕全体と肩にぐーっと力を入れて緊張させ、息を吐きながら力を抜いてリラックスします（2回）。

深呼吸

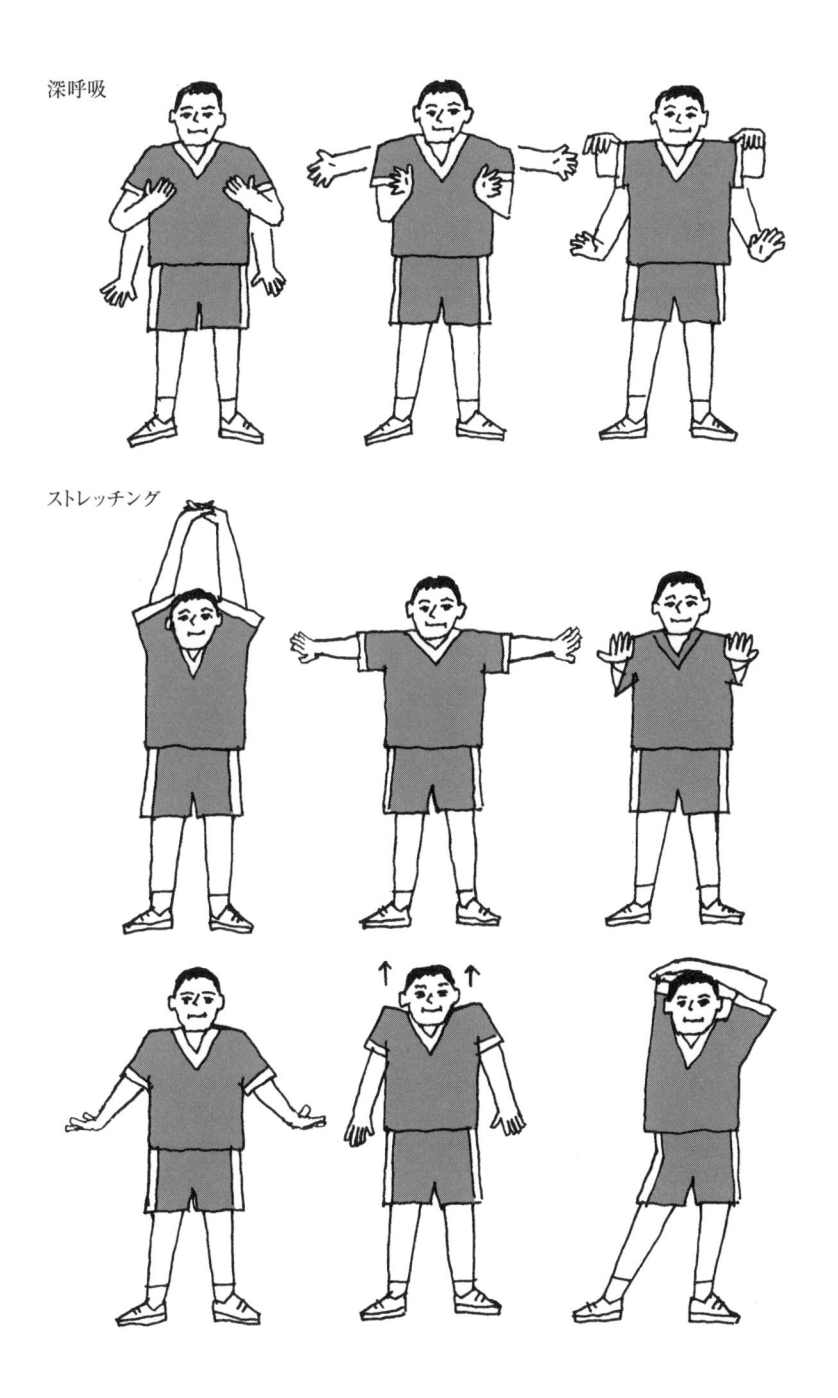

ストレッチング

第8章　気持ちをコントロールするためのトレーニング

- 息を吸いながら両手を握りしめ、息を止めて両腕全体と両肩にぐーっと力を入れて上半身を緊張させ、息を吐きながら力を抜いて上半身のリラックス感を感じます。
- 息を吸いながら右足のつま先を伸ばして力を入れ、息を止めてさらに右足に力を入れて緊張させ、息を吐きながら力を抜いてリラックスします。
- 息を吸いながら右足の足首を曲げ、かかとを押して力を入れ、息を止めてさらに右足に力を入れて緊張させ、息を吐きながら力を抜いてリラックスします。
- 息を吸いながら左足のつま先を伸ばして力を入れ、息を止めてさらに左足に力を入れて緊張させ、息を吐きながら力を抜いてリラックスします。
- 息を吸いながら左足の足首を曲げ、かかとを押して力を入れ、息を止めてさらに左足に力を入れて緊張させ、息を吐きながら力を抜いてリラックスします。
- 両足のつま先を内側に向け、息を吸いながら両足に力を入れ、息を止めて同時にお尻も締めて下半身を緊張させ、息を吐きながら力を抜いて下半身のリラックス感を感じます。
- 次は顔です。息を吸いながら目を見開き、額にシワを作るように目線だけを上に向け、息を止めて額のあたりに緊張を感じます。息を吐きながら目を閉じ力を抜いてリラックスします。
- 息を吸いながら目を力いっぱい閉じ、息を止めてたくさんシワがよるように力を入れて目の周りに緊張を感じます。息を吐きながら力を抜いてリラックスします。
- 目を閉じたまま、息を吸いながら口をとがらせ、キスをするように唇に力を入れて息を止め、口の周りの緊張を感じます。息を吐きながら力を抜いてリラックスします。
- 目を閉じたまま、息を吸いながら唇を左右に引っ張るようにあごに力を入れ、しばらく息を止めて頬からあごにかけての緊張を感じます。息を吐きながら力を抜いてリラックスします。
- スマイルをして顔面のリラックスした状態をしばらく感じてください。
- 最後は体全身です。両足のつま先を内側に向け、息を吸いながら両手を握

筋弛緩法（立ったまま）

りしめ、両足、お尻、そして顔が真っ赤になるくらい全身に力を入れて息を止めます。息を吐きながら全身の力を抜いてリラックスします（2回）。

【仰向けに寝て】

　立ったままでのリラクゼーションが終わったら、今度は仰向けに寝た状態でリラクゼーションを行いましょう。最初のうちは、静かで照明を暗くした部屋か、木陰の涼しい場所を選んでやりましょう。慣れてきたら、どんな場所でもできるようにします。

※要領は、鼻から息を吸いながら部位に力を入れ、息を止めてさらに部位全体に力を入れてしばらく筋肉の緊張を感じ、次に口から息を吐きながら力を抜いて、息を吐ききった状態でしばらくそのリラックス感を感じます。

- まず手のひらで顔をマッサージしてから、両手を体の横に置きます。
- 深呼吸を2回、行います。鼻から吸って、口から吐きます。
- 息を吸いながら右手を握りしめ、息を止めて右腕全体と肩にぐーっと力を入れて緊張させ、息を吐きながらリラーックス。指先から力が抜けていくのを感じてください（2回）。
- 息を吸いながら左手を握りしめ、息を止めて左腕全体と肩にぐーっと力を入れて緊張させ、息を吐きながらリラーックス。指先から力が抜けていくのを感じてください（2回）。
- 息を吸いながら両手を握りしめ、息を止めて両腕全体と両肩にぐーっと力を入れて上半身を緊張させ、息を吐きながらリラーックス。上半身の力が抜けリラックスした状態を感じてください（2回）。
- 息を吸いながら右足のつま先を伸ばしていき、力を入れたまましばらく息を止め、息を吐きながらリラーックス。
- 息を吸いながら右足のかかとを伸ばしていき、力を入れたまましばらく息を止め、息を吐きながらリラーックス。
- 息を吸いながら左足のつま先を伸ばしていき、力を入れたまましばらく息を止め、息を吐きながらリラーックス。
- 息を吸いながら左足のかかとを伸ばしていき、力を入れたまましばらく息を止め、息を吐きながらリラーックス。
- 息を吸いながら両足のつま先を伸ばしていき、力を入れたまましばらく息

筋弛緩法（仰向けに寝て）

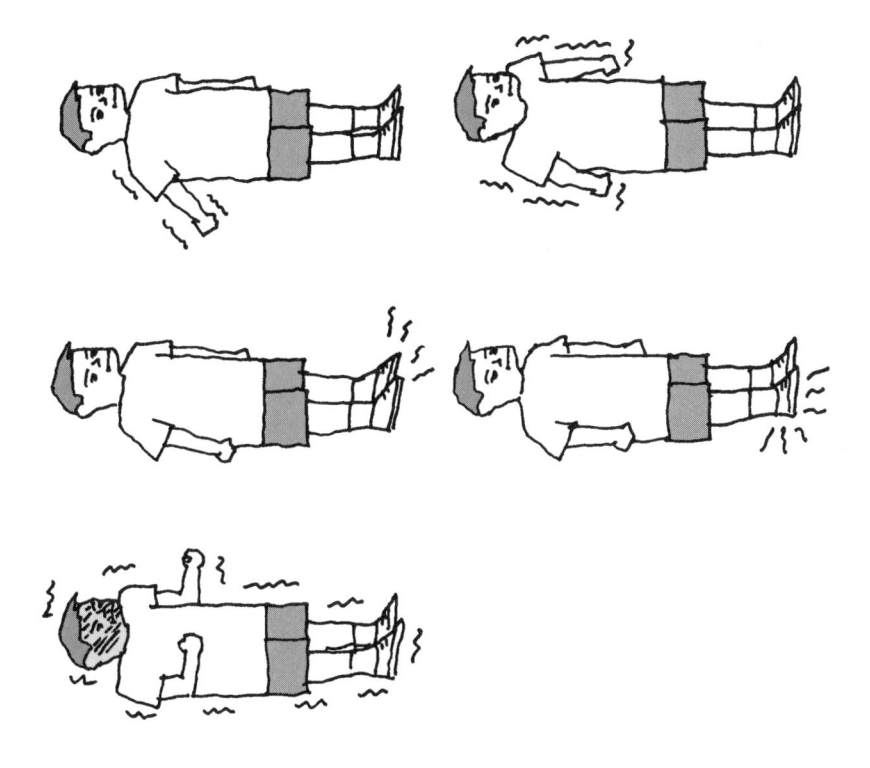

を止め、息を吐きながらリラックス。
- 息を吸いながら両足のかかとを押し出すように足首を曲げ、お尻を締め、下半身にぐーっと力を入れていき息を止め、息を吐きながらリラーックス。下半身の力が抜けリラックスした状態を感じてください。
- 最後は体全身です。息を吸いながら両手を握りしめ、両足のかかとを押し出し、お尻を締め、そして顔が真っ赤になるくらい全身に力を入れて息を止めます。息を吐きながらリラーックス。体全身の力が抜けリラックスした状態を感じてください（2回）。

## ⑧簡素化した自律訓練法とイメージトレーニング
- 手に使い捨てカイロを持っているイメージをして、もみもみするとカイロ

があったかくなってくるイメージをしながら、「手があったか～い」という言葉を口の中で10回ほどつぶやきましょう。
- そよ風の吹き抜ける気持ちのいい大草原にいるイメージをしながら、「額が涼し～い」という言葉を口の中で10回ほどつぶやきましょう。

### ⑨メディテーション（瞑想）
- 筋弛緩法により力の抜けたリラックス状態で、スマイルのまま3～5分、時には10～20分リラクゼーションミュージックとともにメディテーションをします。このトレーニングでは「無」になることが大切です。気持ちよく眠ってしまうこともあるでしょうが、それでもかまいません。

※初級編が終わり上達してきたらイスに座ったり、あぐらを組んでもよいでしょう。最終的には立ったままで立禅をやったり、いつでも、どこでも、うるさくても自分の世界に入り込めるように練習していきましょう。

### ⑩覚醒・消去動作
※催眠状態に入っている選手も出てくるので、必ず行ってください。
- 目を閉じたまま、大きく深呼吸をします（2回）。両手で顔をマッサージ。ゆっくり目を開け、両手を頭の上に伸ばして全身を伸ばしながら、あくびをしましょう。気持ちよく目が覚めていきます。
- 両ヒザを立てて腰をぐーっと浮かせます。それから両ヒザを右に倒して深呼吸し、今度は左に倒して深呼吸します。
- 上体を起こして座った状態になります。肩や首をゆっくり回すともっと気持ちよく目が覚めてきます。息を吸いながら両肩を上げ、ゆっくり息をフーと吐きながら下ろします（2回）。もう一度、顔をマッサージすると気持ちが晴れ晴れとしてきます。スマイル！

※ここで心拍数・脈拍を測ってみましょう。1分間にどれくらいでしょう？

### ⑪イメージトレーニング
※リラクゼーションを終えた後に行うイメージトレーニングは、とても効果があります。

- 座った状態のまま、両手を後ろについて、少し上を向いた姿勢でリラックスします。そのまま自分のベストプレーをイメージしましょう（数回）。
- 今度は立って、そのベストプレーを動きながらイメージしましょう。まずはスローモーションで行い、次は目を閉じてスローモーションで行い、自分の筋肉に意識を集中します。最後は目を開けたまま、実際のスピードで行い、気持ちよく表現しましょう。

### ⑫身体のストレッチング

※毎日の練習では、ここで身体のストレッチングに入ります。
- いつものストレッチングを行います。リラクゼーションミュージックが流れているので、それに合わせたゆっくりとした動作で気持ちよく行います。

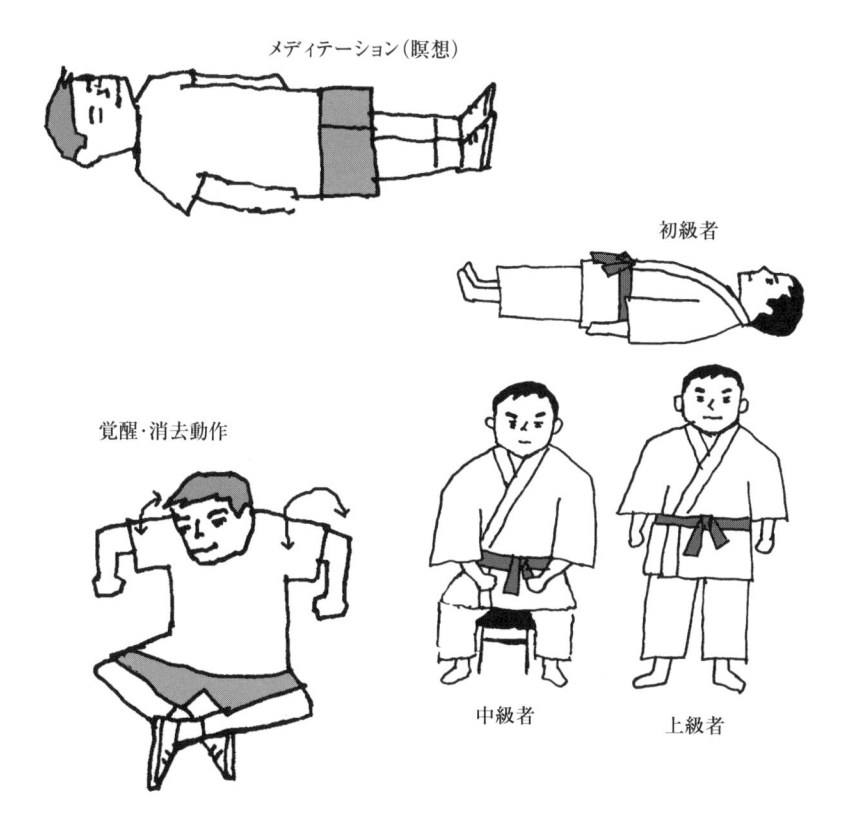

メディテーション（瞑想）

初級者

覚醒・消去動作

中級者　　上級者

第8章　気持ちをコントロールするためのトレーニング

ただし、ラジオ体操やイチ、ニー、サンというようなリズムの準備運動はやらないでください。
※ここで心拍数・脈拍を測ってみましょう。1分間にどれくらいでしょう？

### ⑬軽快な音楽
- 今度はリズムの速い軽快な音楽をかけ、それに合わせてリズムをとり呼吸を速くしていきます。そして気持ちを少しずつ盛り上げます。この状態から、次のステップであるサイキングアップやイメージトレーニング、コンセントレーション・トレーニングに入っていきます。

　このリラクゼーションを、私は特別に「心のストレッチング」と呼んでいます。この言葉は正式な専門用語ではありませんが、身体のストレッチングと同じような目的と効果が期待できるからです。音楽、呼吸、ストレッチなどのいろいろなテクニックをパッケージ化して、身体をリラックスさせ、同時に心をリラックスさせます。また漸進的筋弛緩法やメディテーションで心身のリラックスだけでなく、集中力も高めることが可能です。リラックスした後には、イメージトレーニングを実施したり、自律訓練法の一部を使いセルフトークや自己暗示、さらにプラス思考などの心理的スキルがプログラムされています。つまり、メンタルトレーニングの基本的な心理的スキルがすべて含まれているので、毎日実施する基本トレーニングとして位置づけることができます。日常の練習の中に組み入れるにあたり、次のようなプログラム手順で実施することをお勧めします。

---

**毎日の練習に取り入れたい基本的メンタル面強化のトレーニング手順**
①リラクゼーション（心理的・心のストレッチングとしての目的）
②身体のストレッチング
③サイキングアップ（心理的・心のウォーミングアップ）
④身体のウォーミングアップ
※ここから普段の練習を始める。

時間的には、ここまでで30分前後を使います。「練習時間がなくなる」、「そんなに時間が使えない」という人もいるかもしれません。しかし、この流れでやることで、集中力や気持ちのノリなどの心理的なウォーミングアップができるために、練習の「質」が間違いなく高まります。やる気がなく集中力の高まらない３時間の練習と、やる気も集中力もある２時間の練習では、どちらが中味が充実していると思いますか？　「技・体」の練習時間は少なくなるでしょうが、練習の質を高める効果によって、結果的には上達を早め、試合で勝つ可能性が高まるのです。このような方法も、心（メンタル面）の強化を目的としたトレーニングであり、「技・体」中心の練習に「心」を加えることで、「心・技・体」のバランスがよくなり、競技力向上につながることになります。

> 　どうせ練習をやるなら、試合につながる効果的な「質の高い」練習をしましょう。

　前ページで紹介した、毎日の練習に取り入れたいトレーニング手順ですが、冬の寒いときには、身体を温めてからやらないと風邪をひいてしまいます。
　実際には、チームの練習が始まる前のちょっとした時間に、身体を動かしてほしいのです。サッカーなら、何人かによるボール回しや個人でのボールリフティング、バスケットボールならシュート練習、野球なら素振りやキャッチボール、また軽いジョギングやストレッチでもいいと思います。

> 　チームみんなでやる練習が練習開始ではありません。一流選手ほど、練習前や後の自分の練習を大切な時間にしています。三流選手ほど、時間がくるまでボーっと座って何もせず、合図があるまで待っているようです。あなたは、どちらのタイプの選手でしょうか？

　また、チーム事情、種目の特性などにより、順番を変えて行っているところもあります。そのために、次のようなオプションも紹介します。

第８章　気持ちをコントロールするためのトレーニング

> **トレーニング手順のオプション1**
> ①身体のストレッチング
> ②リラクゼーション（心理的・心のストレッチングとしての目的）
> ③サイキングアップ（心理的・心のウォーミングアップ）
> ④身体のウォーミングアップ
>
> **トレーニング手順のオプション2**
> ①身体のウォーミングアップ
> ②身体のストレッチング
> ③リラクゼーション（心理的・心のストレッチングとしての目的）
> ④サイキングアップ（心理的・心のウォーミングアップ）

　多くの選手が悩むことがあります。この本を読んで、自分たちのチームもメンタルトレーニングをやればいいのにと思い、監督に相談したが、「ダメだ！」、「うちは必要ない！」などと否定されると、あきらめる選手があまりにも多いのです。もちろん、監督にこの本を読んでもらい、この本のコーチ用を読んで理解してもらい、チームとして取り入れるほうが理想的です。

　しかし、これは個人でもできることなのです。今まで一流選手と言われる人たちは、自分でこのような方法を見つけ、自分なりに実施していたのです。それも、ほとんどの監督や選手がメンタルトレーニングというものを知らない時代からです。スポーツ選手なら必ず心理的スキルを使っています。ただ、それを意識してトレーニングとしてやるか、なんとなく無意識でやっているかの違いだけです。メンタルトレーニングの話をすると、ほとんどの選手が「私もやっていました！」と言います。当たり前です。心理的スキルはスポーツ選手に必要なものだからです。ただ、日本において長い間、軽視されてきた部分のトレーニングだということはできます。

> 　メンタルトレーニングは、自分でやることができるし、自分でやることが基本です。

# ステップ……10
# サイキングアップ

## 気分を高め最高の状態へ持っていく

　ステップ９のリラクゼーションをして、ストレッチングが終わったら、次はこのサイキングアップ・トレーニングを実施します。サイキングアップとは、リラックスと逆の意味で捉えてください。スポーツによっては、興奮や緊張が高まらないとのってこない種目もあり、リラックスしすぎてテンションが上がらず、いつものプレーができないことも多いのです。また選手によって、試合前にコーチに怒られて落ち込んだり、ガールフレンドにふられて悩んだり、その他の要因で気分がのらないこともあるでしょう。そこで、このような気持ちを吹き飛ばし、気分を高め、自分を最高の状態へ持っていくためのひとつの手段が、このサイキングアップなのです。

　これは、試合の前に落ち込んでいたり、プレッシャーであがっていたり、やる気や闘志を高めて興奮水準を上げたいときなどに行う**心理的ウォーミングアップ**です。つまり、試合がしたくてたまらない、自分の力を爆発させたいといった心身状態を準備するわけです。野球なら円陣を組み、みんなで声を掛けあって気合を入れていたり、ラグビーではオールブラックス（ニュージーランド代表）が試合の前に大声でパフォーマンスを行っているのを見た人もいるでしょう。

　スポーツ心理学では、もっと段階的に、また積極的にこのテクニックを活用します。目的として、やる気を高め、気持ちのノリを意識して作り、試合で最高のプレーをするために心理的準備をするというものです。理論的には、リラックスのところで説明した逆Ｕ字曲線がそのまま当てはまります。もちろん個人差や種目の違いも同じです。日本で最も軽視されている心理的スキルでもあります。コーチが気合を入れる目的で、怒ったり、注意をするのは、逆効果であることも認識してほしいと思います。

　また生理学的に説明すると、ドーパミン（快感ホルモン）という物質が脳内に多く分泌されると、脳の働きが活発化し、何のパフォーマンスをやるにしても意欲が湧きやすくなるそうです。つまり心理的ウォーミングアップで

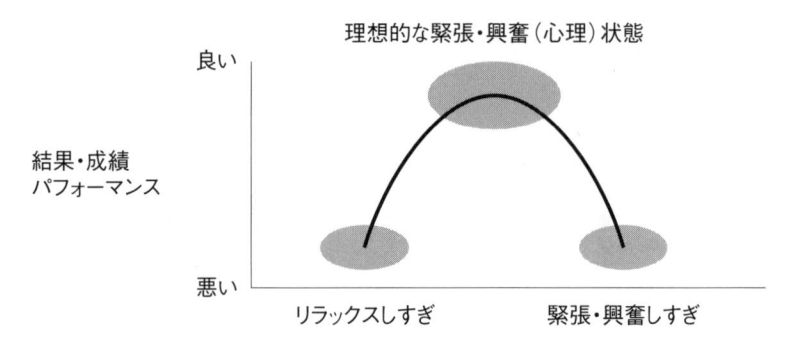

図3　逆U字曲線から見た理想的な緊張・興奮（心理）状態

あるサイキングアップで、心がうきうきした状態に持っていくことで、心理学的にも生理学的にもやる気を出し、理想的な心身の状態を作り、自分の最高能力をいつでも発揮できるようにしようというものです。

　試合だけでなく、練習前のサイキングアップで気持ちをのせることで、「好きなスポーツを楽しむ」というスポーツ本来の原点に戻ることも目的としています。選手は「好きなことをやる・楽しむ・おもしろい」と感じたときに、すばらしい集中力を発揮できるはずです。練習への集中力を高め、より効果的な「質の高い」練習をしたいなら、自分で気持ちをのせることが必要です。そのためにこのサイキングアップをします。

> 　サイキングアップで好きなスポーツを楽しく練習するという気持ちを作りましょう。

**サイキングアップの方法**
- 必ずリラクゼーションの後に行います。
- 軽快な音楽をかけて、音楽にのりながらリズムをとり、呼吸を合わせていきます。
- 音楽に合わせて手をたたきます。
- 手をたたきながら手と腕を動かし、気持ちをのせていきます。
- 手をたたきながら手や腕と同時にヒザ、身体全体でリズムをとります。

サイキングアップ

第8章 気持ちをコントロールするためのトレーニング　105

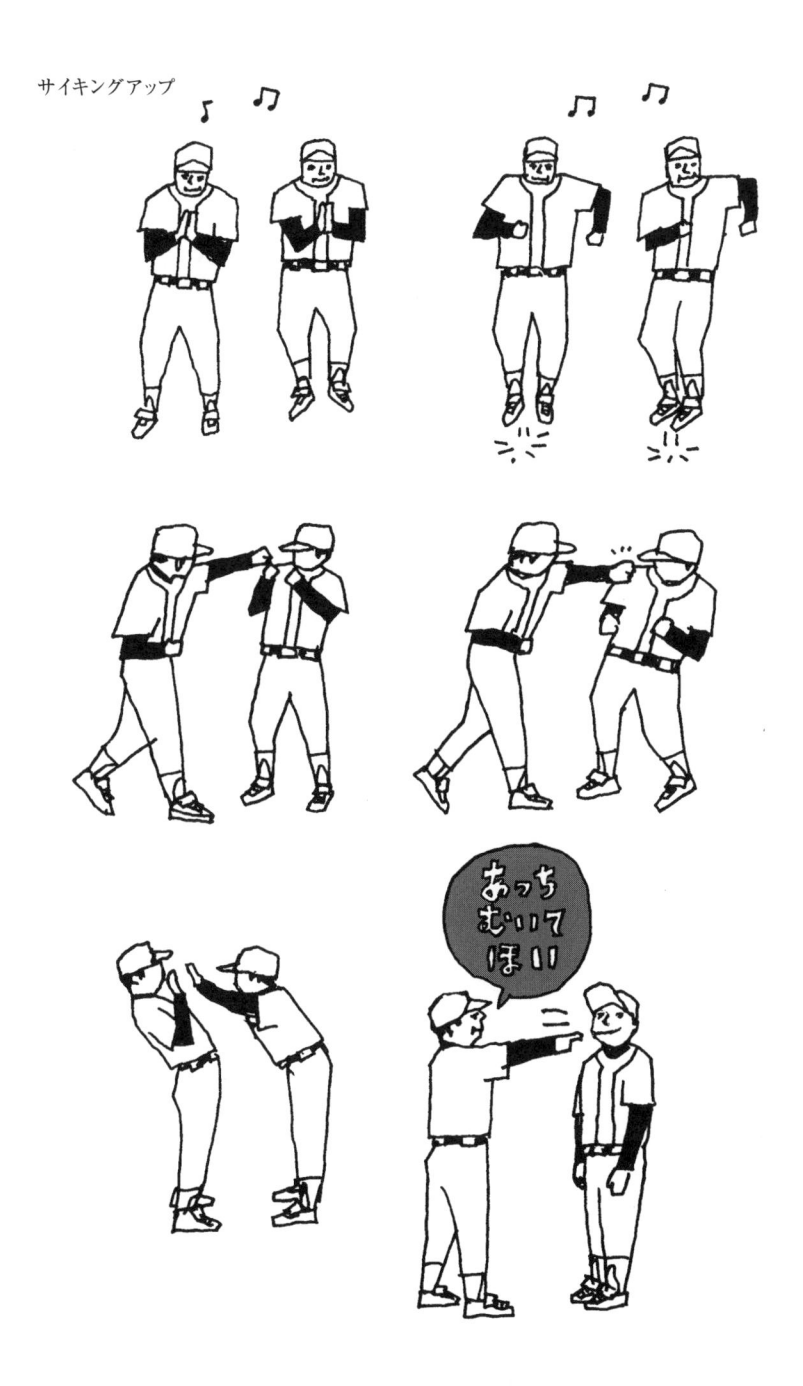

- 手をたたきながら手や腕と同時にヒザを動かし、ジャンプを始めます。
- 音楽にのりながら前後ステップ。
- 音楽にのりながらサイドステップ。
- 音楽にのりながら腰を振ります。
- パートナーを見つけて、楽しくボクシングをします（パンチを当てないように）。
- 一人が手を広げ、相手がそれをパンチします。
- 交代して、一人が手を広げ、相手がそれをパンチします。
- また交代して、手を広げている人がパンチに合わせて、相手の顔を引っぱたくようにします。それを避けながら手にパンチを打ち込みます。
- 交代して、同じように手を広げている人がパンチに合わせて、相手の顔を引っぱたくようにします。それを避けながら手にパンチを打ち込みます。
- ボクシングをしながらキックもさせ（当てないように）、楽しくワイワイK－1ごっこみたいな感じでやります（特に男子は喜びます）。
- 肩たたきゲームとして、お互いに相手の肩を手でタッチするゲームをやります。
- 今度はヒザたたきも入れて、肩とヒザの4ポイントをタッチするゲームです。
- 集中力を高める目的で、パートナーと手首と手首をタッチした状態から肩たたきゲームをします。全身の力を抜き、リラックスしながらも相手の動きに意識を集中して、反射神経を使ってお互いの肩をたたきあい、相手の攻撃を受けたりさばいたりしながら、楽しくやります。
- 気をつけの姿勢からお互いに手を開き、手と手で相手をプッシュするゲーム。相手の手の動きに意識を集中し、相手のバランスを崩します。
- 楽しい、明るい、おもしろいという気分にするために、じゃんけんをし、あっち向いてホイをして、楽しみます。
- 最後は、音楽に合わせて手をたたき、ほい！　ほい！　ほい！　ほい！……と大きな声を出して、どんどん早くしていき、呼吸や手の動きを強く早くします。
- そこで、「頑張ろー！」とか「しゃー！」など声を張り上げるようにします。

● ここまでのサイキングアップをして気分をのせ、やる気が出たところで普段の練習に入っていくというパターンを作ります。

## ステップ……11
## 理想的な心理状態（フロー、ゾーン、火事場の馬鹿力）

　ステップ9ではリラクゼーション、ステップ10ではサイキングアップを紹介しました。このステップ11では、なぜリラクゼーションやサイキングアップが必要なのかを説明します。つまり、英語では「フロー」とか「ゾーン」、日本の慣用句では「火事場の馬鹿力」と呼ばれる、人間が最高能力を発揮する理想的な心理状態（気持ち、気分、感情、考え方）を作り、試合で自分の実力を最高度に、またコンスタントに（どんな試合でもいつも同じように）発揮することが目的です。

> 自分の実力を発揮するための心理状態を作る。

　選手が自分の最高能力を発揮するときは、適度な緊張とリラックスの状態（不安と気持ちのノリ）が必要だと言われています。この理論的背景には、何度も図で示している「逆U字曲線」があります。プレッシャーやあがりで、緊張や不安が高い状態（気持ちが高ぶりすぎ）では、試合で実力を発揮できないし、逆に、やる気がなかったり、燃えない状態（落ち込んでいたり、脱力感、気持ちが全くのらない）でも、実力を発揮できないという考え方です。

### 最も能力を発揮できる心理状態
● 全く疲労感がない
● ある種の快感を覚える
● 宇宙の一部、宇宙との一体感を感じる
● 遊離感を覚えた
● 宙に浮いているような感じ

第8章　気持ちをコントロールするためのトレーニング

- 不思議な気持ち
- 独特な興奮
- コントロールできている感じ
- 無意識、直感的、自動的にプレーや動作を行った
- 誰かが手伝ってくれた感じ
- その前に何か肉体的な変化が起こった
- 知覚が高揚する感じ
- 時間の遅延を感じる。時間がゆっくりと感じる。時間の停止を感じる

　これらは、多くの一流選手たちが経験した状態を言葉にしたものです。たぶん、皆さんにもこのような経験があるのではないかと思います。これらの状態を科学的に分析した研究報告では、チャレンジ精神と身体技能がバランスよく発揮されたときに起こり、明確な目標、明瞭なフィードバック、課題に対する集中力、矛盾したコントロール、無心になる、時間の感覚がなくなる、身体が勝手に動く、という自動化された状態であったそうです。

　この研究により、自分の能力を最大限に発揮できる状態を経験した選手の79％が、この理想的な心理状態を意識的に作ることができると答え、それを作るには次のような要因が必要であると解明しました。

## 理想の心理状態を作る要因
①試合前のプラン
②自信と心理状態
③身体的準備と心理的準備
④興奮のレベル
⑤自分のプレーをどう感じるか、自分の進歩や発展をどう感じるか？
⑥プレーへのやる気
⑦環境と状況の条件
⑧集中力
⑨チームプレーと相互作用
⑩経験

このように理想的な心理状態を作り、自分の能力を最大限に発揮するための方法が、この本で紹介するメンタルトレーニングであり、この④興奮のレベルをコントロールするためのトレーニング法が、ここで行うコンビネーション・トレーニングです。リラクゼーションとサイキングアップを毎日トレーニングし、自分にとって理想的なリラックスと興奮状態のレベルを見つけ、いつでもどこでもその状態に持っていけるテクニックを身につけましょう。その日の調子が悪くても、ひとつの目安を持って、自分の能力を発揮できる状態に、心身ともコントロールできるようにするのです。

　たとえば、野球の試合で9回裏2アウト1打逆転のチャンスだとします。バッターは適度の興奮と集中力が必要でしょうし、ピッチャーは適度のリラックスと冷静な状況判断が必要でしょう。こんなとき、このテクニックを活用できる選手とできない選手、いったいどちらに勝利の女神は微笑むでしょうか？

　この状態を生理学的に説明すると、興奮したり怒ったりしたときには、ノルアドレナリン（怒りのホルモン）が脳内で大量に作られ、何かミスをしたり、コーチに怒られる、試合に負けたら…など心配や不安があるときは、アドレナリン（不安と恐怖のホルモン）が身体中に充満します。一方、適度の興奮や理想的な心理状態では、ドーパミン（快感ホルモン）が多く分泌され、脳の働きが活発化してやる気が湧きやすくなると言われています。

　さあ！　あなたも理想的な心理状態を見つけましょう！

　それでは、理想的な心理状態を見つけるひとつの方法を紹介しましょう。

## ①**リラクゼーション**（ステップ9をもう一度、時間を短く実施します）

- 音楽をリラクゼーションミュージックに変えます。
- ステップ10のサイキングアップを終えた状態から、リラクゼーション・テクニックを使って心拍数や呼吸数を下げ、心も身体もリラックスしていきます。
- 初級編を実施している初心者は、時間をかけて普通の状態やリラックスした状態へ持っていきます。
- 「リラックスを感じてください」

- 「緊張・興奮した状態とリラックスの違いを感じてください」

②**サイキングアップ**（ステップ10をもう一度、時間を短く実施します）
- 軽快な音楽に変え、音楽にのりながらリズムをとります。
- 音楽に合わせて、呼吸や身体活動を激しくしていきます。
- 大声を上げ、テンションを高くします。

③**リラクゼーション**（ステップ9をもう一度、さらに時間を短く実施します）
- ①と同じように
- 「リラックスを感じてください」
- 「緊張・興奮した状態とリラックスの違いを感じてください」

④**サイキングアップ**（ステップ10をもう一度、さらに時間を短く実施します）
- ②と同じように

⑤**リラクゼーション**（ステップ9をもう一度、今度は時間をかけて実施します）
- ①と同じように
- 「リラックスを感じてください」
- 「緊張・興奮した状態とリラックスの違いを感じてください」

※ここで心拍数・脈拍を測ってみましょう。1分間にどれくらいでしょう？

⑥**自分の理想的な心理状態を見つける時間**
- 理想的な心理状態には個人差があり、あなたが自分で見つける必要があります。
- 自分はこのくらい身体を動かしたほうがいいなぁ、などと考える。
- 最高のプレーをしたときのことを思い出し、比較をする。
- 巻末の資料6、7ページにある自己分析用紙に書き込み、最高のプレーのときを思い出す。
- 毎回、この状態になっているかどうか確認をしましょう。

※ここで心拍数・脈拍を測ってみましょう。1分間にどれくらいでしょう？

このように、自分の最高能力を発揮できる心理状態や身体状態を見つけ、その状態をいつでもどこでも作れるようにトレーニングしていくのです。すぐにこの状態を発見できる選手もいれば、何年かたって見つけられる選手もいるでしょう。中には一生、何がなんだかわからない選手もいるかもしれません。今まで、一流選手と言われる世界のトップレベルの選手は、これを自分自身で見つけていました。しかし現在では、メンタルトレーニングによって誰もが見つけられるようになったのです。ただし、毎日の努力が必要なことは言うまでもありません。

それでは、リラックス状態に戻したところで、このまま次のイメージトレーニングに進んでいきましょう。

## 選手のフロー体験例

さて、ここでは実際のフロー体験例を紹介します。どうすればその状態を作れるのか、どうすれば最高能力を発揮できるのかを考えてみてください。その答えがメンタルトレーニングにあることも認識できれば、競技力向上に大きな成果を期待することができるでしょう。

---

**質問** 自分が最高能力を発揮できた「理想的心理状態（フロー、ゾーン、火事場の馬鹿力）」を体験したときのことを書いてください。どんな試合で、どんな感じで、どんなプレーをしましたか？

---

● 練習試合で、そのときは、プレーする前はあまりいつもと違いがなかったが、プレーをしてみると打ったシュートが外れる感じがしない。相手（ディフェンス）が僕のフェイクに簡単にかかるなど、自分が自分じゃないというか、それが僕の本当なのかもしれないけれど、なぜそうなったのかわ

からない。けど、そのときは、プレーしながら時間がゆっくりになっていたような感じがした気がする。(バスケットボール選手)

- 高校２年生のブロック試合のとき、先輩にメンタルトレーニングを勧められて、予選の結果が悪いせいもありましたが、決勝に向けて行っていったところ、自分にリラックスしていると言い聞かせているうちに、なんか試合で勝つのがわかっていて、スタート台にのぼる前から笑っていました。泳いでいるときは水と一体化していて、ひとつひとつのストロークを確認するように泳いでいました。後から考えると、あの短い時間によくできたなと思いました。(水泳)

- 高校の県大会決勝のとき、とても集中でき、周りの観客の声や雑音が耳に入ってきませんでした。そのときは試合のことだけを考えることができ、こぼれたボールなどにもとても速く反応することができました。自分でも良いプレーができたと思います。(ハンドボール)

- ２年のリーグ戦のときで、試合前は緊張していたが、なんとなくリラックスできていた。練習もかなりできていたので、リラックスしていたと思う。試合でも相手のパンチが見えていて、３Ｒで倒せた。(ボクシング)

- 高校３年生のときの県のインターハイ予選、決勝の当日、朝起きたときからすべてが順調で、体も軽く、ウォーミングアップしているときも普段なら疲れるのに、そのときは疲れずにできた。競技場に入ってからも今まで体験したことがないくらいリラックスできていた。そして試合では、１周目を走っていた人がスローペースだったので、ラスト１周で少し早いと思ったが「いける」という自信があってスパートをかけた。そのまま１位でゴールし、県大会で優勝し近畿大会でも２位になれた。(陸上)

- 僕が理想的な心理状態を感じた試合は、ただの陸上の記録会だったけど、自分が走る前に友人がすごく積極的なレースをし、自己新記録を大幅に更新したのを見て、自分もすごくやる気が出て、自分の体もすごく軽く感じたときがありました。僕も自己新記録を出しました。(陸上)

- 高校のインターハイのときで、誰にも負ける気はしなかったので、どんどん勝ち進んで、インターハイ２位になったことです。(ボクシング)

- 自分は高校３年生の夏、インターハイで優勝したときのことですけど、試

合の1〜2週間前からメンタルトレーニングをしてきて、最初は別に何の感じもなかったんですが、試合が近づくにつれて心理状態がすごく楽で、本当に全国大会前の状態かと自分を疑いました。そして、試合当日の心理状態は、武者震い的なものを心身で実感しました。その結果、100％の力が出て、個人、団体とも準優勝することができ総合1位になれました。(空手)

- 高校のインターハイ予選のときに、今まで感じたことのない状態になりました。ベスト4のリーグ戦に入っても1対1を止められる気がしなかったのと、どんな体勢になってもシュートが入るような気がしました。大学に行ってからは、今年の春季リーグでこういう状態になりました。(ハンドボール)

- 初めては高校のインターハイのときで、的がかなり大きく感じ、絶対に外さないと思った。体が軽くて、いくら引いても疲れを感じなかったが、最後の最後でプレッシャーに負けて、急に的が小さくなってしまい負けてしまった。その後は、理想的な心理状態が練習中にも見られるようになり、そういうときはかなり良い成績が出せた。しかし、最近は練習中はよくあるが、試合ではなくなってきた。もっと精神的なもの、自信が必要だと思う。(弓道)

- 高校3年時の春の府予選準々決勝です。でも試合中のことはいっさい覚えていません。時間が短く感じました。後でビデオを見てわかりました。今までで一番のプレーでした。身体も張れていて運動量も多く、周りもよく見えていました。(ラグビー)

- すべての面で思い通りになっていた。前半が終わって、明日自分が1番でゴールするなと感じて、すごく大きく、焦らずプレーしていたと思う。結果、自分の思った通りに1位でゴールした。相手がどんなことをしても全然気にならなかったし、自分が1位になるのがわかったから。(スキー)

- あれは僕が高校3年生のときの全国ジュニア五輪でのことでした。それまで勝てるレースでほんの少しの差で勝利を逃していたのですが、この試合は1本目2位につけました。僕はどうしても勝ちたかったので、2本目の前に「フルアタック」と「フルリスク」を誓いました。そのときはレース

コースと最初のポールセットのリズムに集中していました。かなりの緊張でしたが、足が何か自分のものになっているように感じました。いざスタート板を切ったらイメージに近い滑りをすることができました。途中でリズムが少し遅れたのでパーフェクトではありませんでしたが、この試合で勝つことができたのでした。（スキー）

- 高校3年の近畿大会で優勝したときのことです。そのときは3日間で3試合したのですが、1、2試合は体が硬く、どうにか勝ったという感じでしたが、3試合目は朝起きたら疲れがなくて、体が軽く、最高でした。3Rフルに手が出て文句なしの勝ちでした。（ボクシング）

- 高3の県国体予選で、そのときは別にいつもと変わらず、練習のときの気分で普通に打っていました。ただ、妙に楽しくて10点から外れる気がしなかったです。バランスもタイミングもすごくよくて、これ以上ないというぐらい楽しい気分でした。結果として県記録を出したということで、記録を狙ってはいませんでした。その後、日本記録を出したときも同じような気持ちで非常に楽しく、試合が終わってみれば日本新だったというぐらいの感覚でした。（アーチェリー）

- 昨シーズンのインカレ・学生チャンピオンのとき、集中して滑っているのに周りの応援がよく聞こえて、誰がどの場所にいるのかまでわかった。タイム差を聞いても焦ることなく、確実に差を広げられた。15kmクラシカルだったので、最初から9割ぐらいの力で飛ばしていたのに、全然ペースが落ちずにラストスパートもうまく決まって、楽勝だった。ゴールしても倒れることなくテントまで話しながら帰れた。（スキー）

- 全日本選手権のとき、相手のパターンを3通りぐらいイメージして、その通りに相手が攻めてきたとき、イメージ通りに対応できてダメージを与えて勝った。それは相手の出鼻出鼻に右ストレートから左フックをイメージ通りに狙い打ちした。（ボクシング）

- 先日行われた世界大会の選考会で、全然プレッシャーを感じず、身体も軽く感じ、負ける気がしなかった。迷いがなく思いきった技が出せた。そのほとんどがポイントとなった。（空手）

- 高校のときの練習試合で、打順が1番でその打席の初球を左中間に打って

スリーベースだった。そのときはやけに落ち着いていて、何もかも冷静に判断ができた。そのときのピッチャーの球はとても遅く感じた。(野球)

- 高校3年の夏の最後の大会で、外角のバットの届きそうもないボールでもバットが届き、苦手のインコースカーブにもバットが出て、1大会で4本の3塁打や1大会で7割近いアベレージを残した。(野球)

- 高3のインターハイ予選決勝で、1点を争うシーソーゲームでした。試合前日、合宿をしていて夜とか寝つけなかったけど、試合前に先生の話を聞いて落ち着き、3年間頑張ってきたことをすべて発揮したような感じだった。そしてラスト56秒で相手チームにペナルティーをとられ、僕はキーパーで、決められたら同点というシュートを止めて、そのまま優勝した。(ハンドボール)

- 世界選手権の初めての試合で、自分は何もわからずに勝ちたいと、この場の雰囲気を味わいたくて、楽しく試合をしていました。明らかに力の差があったので、いくら点を取られても関係ないと思って、今、何対何かわかりませんでした。相手は点数をたくさん取ったので大差判定が成立したと思って力を抜いたときに、僕がそれに気がつかず、またレフリーもジャッジもたまたま気がついていなくて、僕が技を仕掛けたらかかってしまいフォールしていました。技がかかっている途中に「なんで」と一瞬思いました。後で友人に聞くと、本当は負けていたらしく時の運と実力以上の何かで貴重な1勝ができた。(レスリング)

- 中学校のとき、ある大会の準決勝と決勝のダブルヘッダーで、3番バッターとして打席に入り、相手ピッチャーの球が止まって見え、さらに勝手に身体が動き、ヒットを連発し、優勝しました。(野球)

- 高校2年のとき、1月初めの試合で大会名はたしか「市民中高生18mダブル」だったと思う。18mを30射2回やり、その合計点数を争う試合である。この試合で、私が射っていた的がはがれ、1本につき40秒の時間で射つことになった。しかもひとりで。このとき、周りの景色や音が入らなくなり、その場所に自分ひとりしかいないという感じがした。そのとき、いつも以上の力が出たように思えた。結果は、3本射って3本ともど真ん中に刺さっていた。このときの気持ちや感じは今でも覚えている。(アーチェリー)

- 自分はピッチャーなので、投げているときに感じるのですが、自分のリズムで投げているときやバッターに全く打たれる気がしないときなどです。そういうときどんなプレーをしたかというと、高校のときですが、公式戦でノーヒット・ノーランをしたときです。（野球）
- 自分が高校のときの県大会であったのですが、出だしが悪くて、とても高校記録など狙えそうになかったので、そのときは次から当てればいいやと思い楽に打っていると、身体全体で矢を打っているような、弓と身体が合体したような感じになり、どんどん的に当たり、あと1点で高校記録で、県記録は7点も上回っていました。（アーチェリー）
- 私は昨年の全日本個人戦なのですが、1年生ということで変なプレッシャーもなく、ほどよい緊張感で思いきりのいい試合ができました。授業で聞いたように、相手の動きがスローに見え、簡単に相手の攻撃をかわすことができ、イメージしていた技が思ったように決まり、「あっという間に決勝？」というくらい疲労感がなく、体がとても軽い感じがしました。（空手）
- 県大会で、雨が降ったりやんだりしていて、気分はすごくゆったりしているというか、何も考えていなかった気がします。自分のいつもの練習のときと同じような感覚でプレーをすることができ、その試合では、気がついたら高校新記録を打っていた。（アーチェリー）
- 西日本学生剣道大会で、チームは同点で代表戦になり、自分が選ばれ、先に1本取られたが、精神的に焦らず、「あと2本取れば勝ち」と自信を持って大業を決めて決勝に進んだこと。（剣道）
- 高校のときの県大会で理想的なことがありました。それは今から思えばすごくリラックスしていて、あまりというかほとんど何も考えずにどんどん点数がよくなってきました。プレーは今思い出そうとすると、すごく良かったというイメージが強すぎて、他にはあまり覚えてないです。このときの試合で高校タイ記録が出ました。（アーチェリー）
- 理想的心理状態を体験したときは、昨年の秋の試合中に試合のことだけを考えて、周りがゆっくり動いている感じがして、ずっと集中することができた。プレー自体は、落ち着いて動いている感じがした。（ヨット）
- 団体のときに、身体の動きがすごくなめらかで練習通りに射つことができ

た。またリズムが常に一定で早く打つことができた。ターゲットの金的がいつもより大きく感じて、無我夢中だった。どんなにミスしたと思っても外す気がしなかったし、外れなかった。自然と笑顔が出てスタンドで応援してくれていた成年の人たちとも良いコミュニケーションがとれた。誰よりも強いという自信と、これだけやってきたという自信があったと思う。（アーチェリー）

- 僕が理想的な心理状態になったのは、高校のとき、1試合44得点を挙げたとき、僕にはリングが小さく見え、どんな体勢からのシュートでも入る気がしました。それにミスをしないという絶対的な自信がありました。（バスケットボール）

- インターハイのランク決定のときで、自分の思う通りにゲームができたと思う。セットオールの20－15で負けていての逆転勝ちだったので、ある種の快感を覚えています。それに疲れもないし、すべての面で良かった。もう一度あの体験をしてみたいがなかなかできなかった。もう一度体験してみたい。（卓球）

- 高校のときのインターハイ準々決勝で私が2本勝ちをして、代表戦となる場面で2本勝ちをし、代表戦でも勝ってチームが勝った。そのときの心理状態は、開き直ってどうにでもなれって感じが50％ぐらいで、あとの50％は、あいつになんか負けるわけがないと思っていた。勝てたことはまぐれかもしれないが、あのとき感じた、今まで感じたことのなかったものがあったような気がする。（剣道）

- その試合では、泳ぐ前から誰よりも速く泳げることがわかっていて、気負わずリラックスして泳げたのを覚えています。その結果、自己ベストで優勝でした。200mの前半、隣のコースに先に出られたけれど、絶対後半で抜けることがわかっていたので焦りませんでした。（水泳）

- 私の場合、バドミントンはとりあえず15点を2セット取った者が勝ちますが、気分がいいときは15点を早く取るという焦りはなく、何点でも取れる気がします。ミスをしても、それにこだわらず、次の球を取ればいいと考えます。そして、何より心がウキウキしながらも、冷静であることが挙げられると思います。（バドミントン）

- 高校のときの選手権のベスト8の試合だった。相手は常に負けているチームだったけれども、試合前からメントレで自信をつけて「絶対負けない」、「相手より上」など精神面から負けないようにチーム全体でメントレをした。試合が始まったら、少しの緊張も感じず、相手は普通どこにでもあるチームに思えてきて、プレーをすることを楽しんでいて、同点にされても負ける気がしなかった。たぶん自分以外もそうだったと思う。(サッカー)
- 今まで意識して感じようとしていなかったのでよくわからないけど、一度、高校のとき、近畿大会で優勝したとき、自分が泳いでいる姿を遠くから見ているような感覚があったことを覚えている。あと、レースがすごく短く感じた。しんどくなかった。(水泳)
- 高校のインターハイ団体の準々・準決・決勝の3試合。相手は全国ベスト4だったが、びびることなくやれた。全然周りのことが気にならず、シャトルを追いかけてた。1本決めるとメンバーが喜び、自分もガッツポーズを取ったりしてすごく楽しんでいた。またいつもベンチで怒った顔をしている監督が、必死に自分を応援してくれていた。後で周りに聞くと、すごいプレーだったと誉められた。(バドミントン)
- 高校3年の全国大会の大阪府予選の決勝戦のときに、相手のファウルからPKになって、そのPKを蹴るのが自分でしたが、そのときはボールを蹴る前に、もうゴールしたイメージが出来上がって、応援の声も小さくなっていて、キーパーとゴールしか見えませんでした。結果は、もちろんゴールできました。(サッカー)
- 自分が理想的な心理状態になれたのは、高校のインターハイ予選のときです。前半負けていても焦ることなく、後半逆転して勝つと思ってプレーしていました。その結果、後半逆転勝ちし、終わってみれば自己得点も42点でした。(バスケットボール)
- ベストを出したときの試合。カナダ選手権。自分のタイプに合った理想的な展開だった。泳ぎはほとんど無意識に近かった。迷いは全くなかった。(水泳)
- 私が高1のときの6月の日本選手権でベストを出したとき、今までにない100mの短さを知りました。そのときの精神状態は、緊張はしているものの

自分のレース展開を冷静に考えていました。(水泳)

- 高校のときの試合だったけれど、インターハイ予選の県大会の決勝です。やった相手は、10試合ぐらいで3回ぐらいしか勝ったことのない相手でした。だから逆に負けてもともとで強気で行ったら、あまりミスがなく、相手が逆にミスばかりして優勝することができた。やはりそのときは、緊張などほとんどなく、自分のプレーができた。(バドミントン)

- 決勝のレースに入場したとき、観客の応援が思った以上にすごかったので、さらにぞくぞくして「このレースはオレが主役や！」と思って泳いだ。高3の日本選手権でけっこう調整もうまくいって周りも気にせず、自分だけ泳いでいるような感じで楽しんでレースをしようと思ったら、いつも以上に集中できて、ベスト記録が出ました。(水泳)

- 中学の国体の選手を決めるときに、自分より上のレベルの人と泳いだ。勝つという意識はあまりなかったが、全く焦りがなく、全然疲れがなく、軽くついて行けて、これは絶対勝てると思ったときに、今まで感じたことのない力が出て、大ベストが出たことがある。(水泳)

- 世界選手権でレース前に、コース台に上がる前に深呼吸をして上を見たら、すごくいい天気で、すごくすっきりした気持ちになりベストを出して日本新で、なんと予選を2位で通過しました。(水泳)

- 自分は高3の国民体育大会で、何か楽な感じで泳ぎきったような気がする。泳ぎ終えた後もそんなに疲れなかったのに、ベストタイムを大幅に更新できたし、周りの人のレース展開がよくつかめていたような気がした。(水泳)

- 緊張がとてもほどよい感じで、緊張しているようで、あまり緊張していないような感じで意外と落ち着いていたと思う。プレーというとあまりミスが目立たなく、いつもより周りが見れていたし、何か今日はいつもと違うと思ったことがある。でも逆の経験もした。それは全然トラップが止まらなくなり、身体が少し変に感じる。この両方を僕は感じたことがあるが、フローの状態が素晴らしくいいと思う。(サッカー)

- 高校の全国大会、目標であった国立競技場でプレーをしたとき、自分の苦手としていたプレーを軽くこなしていた。周りがいつもより広く見え、周

りがスローで見えた。また観衆の声を何か吸収するかのように身体に取り込んで気持ちよくプレーしていた。（サッカー）

- マイナスのことを全く考えませんでした。それは日本選手権の100m背泳ぎで、私が苦手としている種目なのですが、怖いと思わず前向きで、かなりリラックスしていました。そしてそれは日本新という結果でした。このとき、私はなぜか優勝できると思って泳いでいました。（水泳）

- ヨーロッパでのFISレースで、いつも相手にならないような強い選手に勝てた（10位入賞）。その日は朝から良いことが続いて（朝食がおいしかったり、目覚めがよかったり）レース前のウォーミングアップでもコーチにいい感じだと言われていた。スタート前も「自分はできる」と言い聞かせて、滑り終わった後も、その滑りの感じが頭に焼きついた。（スキー）

- 4月に行われた短水路日本選手権のときでした。初日だった400m自由形。400mを全国大会で泳ぐのは約2年ぶりでした。予選の前の招集場所でも、全然緊張という気持ちにならず、とてもリラックスしていた。レースを楽しもうという気持ちがそうさせたのだと思う。同じく決勝の前も、順位とかよりも「予選よりタイムを上げよう」と気楽な気持ちでレースをしたら、2秒も上がり、ベストを5秒近くも縮めることができたのです。身体が全然バテた感じはしなかったです。（水泳）

- 全国大会の予選の試合で、相手はレッズユースとの試合でした。親も見に来ていて、彼女のお母さんも見に来ていました。初めから最後まで集中できたし、どんなに走っても疲れなかったし、自然に身体が動いていたように感じました。試合前から絶対勝ってやるとやる気満々でした。（サッカー）

### まとめ

　上記のいろいろな選手が自分の体験から答えてくれた理想的な心理状態から、最高のプレーをするために必要な「心理状態・気持ち・気分・考え方」が見えてきます。

> 楽しい　リラックス　気楽な気持ち　強気　プラス思考　開き直り
> 自信　ほどよい緊張　集中　結果を考えない　無意識だった　やる気
> いけるという気持ち　今まで感じたことのない心理状態

　上のような心理状態・気持ち・気分・考え方の結果として、次のように感じたり、思った。

> 　疲れなかった　身体が軽かった　身体が自然に動いた　朝食がおいしかった　目覚めがよかった　ウォーミングアップがいい感じだった　焦りがない　勝てると思った　周りがよく見えた　周りの動きを把握していた　今まで感じたことのない力を感じた／出せた　良いプレーのイメージができた　ミスがなかった　時間が短く感じた　ボールが止まって見えた　観客を味方にできた　彼女や親をエネルギーに　ミスが少ない　ミスをしなかった　周りがゆっくりと感じた　自分を中心にプレーが進んでいく感じがした　笑っていた　速く反応できた　いつもと同じ感じ　自分が自分じゃない感じ　周りの観客の声や雑音が聞こえなかった　相手の動きがよく見えた　相手に打たれたり、点を取られる感じがしなかった

　ただし、種目や個人によっても感じることが違うことを認識してください。あなたが競技力向上を目的に、本気でスポーツをやるならば、個人のオリジナルな理想的心理状態を見つけ、それをいつでも作るためにメンタルトレーニングをして、勝つ・向上する可能性を高める必要があるのです。あくまで自分から積極的に取り組む姿勢が基本ですが、メンタルトレーニングの専門家に指導を受けるほうがより効果的だと思います。

**ステップ……12**
# イメージトレーニング(ビジュアライゼーション)

　このイメージトレーニングという言葉がスポーツの世界に定着しましたが、実際にどうやってトレーニングし、自分のものにするかということになると、多くのコーチや選手が十分に理解していないように感じます。ただ「イメージを使え!」「イメージトレーニングをするんだ!」「考えろ!」「思い出せよ!」とコーチが叫んでも、それをどのように行うかを知らなくては、効果が上がらないのではないでしょうか。
　イメージトレーニングは、身体練習に近い効果があり、何もやらないよりはかなりの効果があることが科学的に証明されています。イメージトレーニングと身体練習をうまく使うことでより効果が上がり、技術の上達や試合でのプレーに役に立つのです。また、ケガをしたときのトレーニングとしても最適といえます。

## イメージトレーニングの練習方法

　それでは、イメージトレーニングの練習方法を段階的に説明しましょう。
① 必ず、リラクゼーションで心身ともにリラックス状態を作ってから行います。これをしないと、イメージトレーニングの効果は半減してしまいます。
② 誰か他の人がプレーしているイメージを浮かべてください。
● イメージが浮かばない人は、人のプレーを実際に見てすぐに目を閉じ、イメージします。たとえば、バスケットボールのフリースローのまねをしてもらい、それを目を閉じてイメージするのです。
③ 最初は数秒でもかまいません。そのうちにイメージできる時間を延ばしていきます。
● 野球のバットスイングのようなひとつの動作のものから始めます。
● 次に、いくつかの動きとか、連続した動作へと進んでいきます。
④ 今度は、自分がプレーしているイメージを浮かべられるようにします。
● つまり、自分がプレーしているときに目に入る風景や相手などの試合状況

と、自分の身体の感覚をイメージするのです。
- これがいつでも、どこでも、座っていても、横になっていてもできればいいのですが、できない場合は次のようにやってみましょう。

⑤できなかったら、目を閉じ、身体を動かしてプレーしながら、自分がプレーしているイメージを浮かべましょう。そして鮮明なイメージが作れるようにします。
- それから目を開けて、実際のプレー・テクニック、プレーの一部を何度か行ってみましょう。道具があってもなくてもかまいません。試合場や練習場だと理想的です。
- 次に、スローモーションで何度かやってみてください。
- 今度は、目をつぶってスローモーションで行い、自分の筋肉や関節などの身体の動きを感じ取ります。
- もう一度、目を開けて自分の視界に入る状況や相手を確認し、スローモーションで行い、また目をつぶり、その状況や相手そして自分の身体感覚を感じながらイメージして、スローモーションプレーをしましょう。
- これらを何度か繰り返し、自分のプレーしているイメージが浮かぶようになったら、実際のスピードに戻し、同じように行ってみましょう。
- ただし、最初はひとつの動きや数秒の動作から始めましょう。慣れてきたら時間を長くして、複雑なプレー、フォーメーション、そして最終的には1ゲーム・試合へともっていきます。
- それでもイメージできない人は、「自分の好きな人」とデートしているイメージができませんか？　ガールフレンドやボーイフレンド、アイドルスター、奥さんでもいいでしょう。自分の好きなことから始めるのが上達への早道です。

## 【ビデオを利用して】
- 好プレー特集などのビデオを使用したり、一流選手などのビデオを活用してもいいでしょう。
- ビデオの動きを何度か見て、スローモーションで何度か見ます。また普通のスピードで何度か見ます。
- 同じようにビデオの動きを何度か見て、スローモーションも何度か見ます。

次にスローモーションに合わせて身体を動かします。今度は目を閉じてスローモーションで身体を動かします。またビデオを何度か見て、スローモーションで身体を動かし、目を閉じて身体を少しだけ動かし、最後は目を閉じたまま身体を動かさないでイメージします。
- 普通のスピードで、ビデオに沿って上と同じように行います。
- これを各動作、プレー、フォーメーション、1試合と時間を長くし、だんだん複雑なプレーや試合のイメージが鮮明になるようにトレーニングします。
- 自分たちのプレーやフォーメーションなどをビデオに撮り活用します。
- 一流選手や強豪チームの試合のビデオを見ながら、自分がこの選手だったらこう動き、こうプレーするなど、予測するイメージトレーニングをします。

⑥練習中や試合中に、パッパッと短いイメージが浮かぶようにします。

⑦短いイメージから、長いプレーや試合のイメージが描けるようにし、次のプレーや相手の動きをイメージの中で予測・予感できるようにしてみましょう。

⑧自己分析用紙を用意して、成功した原因の用紙を見ながら、過去の試合で成功したときの原因をもう一度思い出し、イメージトレーニングでプラスのイメージを頭に焼きつけます。こうやればいい、こうすれば勝てる、うまくいく、自分は素質がある、やればできる、強い、最強、天才だ！　と自己暗示をかけていくのです。そして成功のイメージや優勝したときの感激や状況がすぐイメージできるようにします。このとき、上を向いてイメージするのがコツです。

⑨次に、失敗した原因の用紙を見ながら、過去の試合で失敗したときの原因を、イメージトレーニングでプラスの方向に修正していきます。つまり、イメージの中で技術的なこと作戦的なことを、理想的な自分のやりたいように修正し、マイナスの原因をプラスの原因へと変えていくのです（ポジティブシンキングのテクニック）。
- これは、けっこう難しいかもしれませんが、自分のイメージですから自分で自由に操作しましょう。失敗・敗退したときのため息、状態、コーチや

**自己分析用紙Ⅰ**

　失敗・最悪だった試合を思い出しながら、そのマイナスの原因を大きな順に書いてください。2つでも5つでも、原因があるだけ書いてみましょう。

**1）心理的な原因は？（気分がのらなかった・あがったなど）**

　　① 
　　② 
　　③ 
　　④ 
　　⑤ 

**2）身体的な原因は？（ケガをしていた・疲れていたなど）**

　　① 
　　② 
　　③ 
　　④ 
　　⑤ 

**3）その他の原因は？**


**4）コーチの態度・言葉・アドバイスなどは？**


**5）何でも気づいたことを書いてみてください。**

チームメイトの言葉、悔しさなどを思い出しながらやると、よりイメージが鮮明になってくるでしょう。
- このときのコツは、下を向いてマイナスのイメージをし、プラスのイメージに修正するときは上を向いて呼吸も強く元気よくし、「ロッキーのテーマ」など自分がやる気が出る音楽をタイミングよくかけると理想的です。そして「よし！　これだ、こうすればいいんだ。今度は……、〇〇（ライバル、ぼろくそに怒ったコーチの名前など）見てろよー！」と独り言（セルフトーク）をつぶやきます。

**自己分析用紙の使い方**

　⑤から①へと、小さな原因から大きな原因へとイメージしていきます。プラスのときは確認をするように、マイナスのときはプラスの方向へと修正していきます。つまり、いつでもプラスの状況に自分を持っていければいいわけです。身体的なマイナスについても、その原因がなかったとしたらとイメージし、次の試合への注意点とし、それが起こらないようにプランを立てるのです。

　ただ、コーチに原因がある場合は、選手としてはどうしようもありませんが、イメージの中で、コーチは俺たちを励ます意味で怒ったんだ、コーチがこう言ったらこう対応しよう、などと考えるのです。このことについては、この後のステップ15で行うポジティブシンキング（プラス思考）というトレーニングが効果的です。

⑩過去・現在・未来の試合や練習の様子が自由にイメージできるようにします。
- 成功した過去の試合を思い出し、失敗した試合は成功したときのようにイメージを修正し、自分の理想的な試合にしてしまいます。
- 過去の試合から得た理想的な試合のイメージを、今日・今の練習や試合に生かすためのイメージトレーニングをします。
- 次にある試合を予想して、自分のやりたいような試合運びのイメージトレーニングを行います。

⑪困難や問題を予測し、イメージトレーニングで対応策を練っておきます。

**自己分析用紙Ⅱ**

　成功・最高だった試合を思い出しながら、そのプラスの原因を大きな順に書いてください。2つでも5つでも、原因があるだけ書いてみましょう。

**1）心理的な原因は？（気分がのっていた・プレッシャーがなかったなど）**

　　①
　　②
　　③
　　④
　　⑤

**2）身体的な原因は？（調整がうまくいった・疲れがなかったなど）**

　　①
　　②
　　③
　　④
　　⑤

**3）その他の原因は？**


**4）コーチの態度・言葉・アドバイスなどは？**


**5）何でも気づいたことを書いてみてください。**

- イメージトレーニングの上級者は、予測できる困難・失敗をイメージし、紙に書いて、この問題が起きたらこう処理すると対応策を練っておきます。そして最終的にこうやって、こうなって自分が、自分のチームが勝つ！と未来の試合を好き勝手にプランしていくのです。

⑫イメージが自由にコントロールできるようにトレーニングしていきます。
⑬普段の身体練習と同じように、毎日トレーニングしていきます。
⑭できれば練習中に時間をとって、イメージトレーニングを行います。

- たとえば柔道などの格闘技だったら、試合を見るとき、ただぼーっと見るのではなく、イメージであの相手がこうきたらこう返すなどと、自分がその相手と戦うイメージの「試合」をするのです。
- たとえばボクシングだったら、他人の試合を見ながら、相手と試合をしているつもりでシャドーボクシングをします。

⑮練習や試合で無意識に活用できるようになるまでトレーニングが必要です。
⑯毎日の生活24時間がイメージトレーニングの時間です。寝ているときも夢の中でイメージトレーニングできます。明日、デートがあるなら、イメージでデートをプランしていきます。たとえば、朝起きてシャワーを浴び、髪をセットして、友達の車を借りて、彼女（彼氏）を迎えにいく。彼女の両親に会うのは恥ずかしいから、時間通り彼女の家の手前の病院の駐車場で待ち、予定の海岸コースをドライブし、お昼はあの素敵なビーチビューレストランで食事をし、夜はあのホテルで（食事だよ）、などとイメージトレーニングできます。スポーツの練習も試合も、このようにトレーニングしていけばいいのです。デートのイメージトレーニングができて、試合のはできないなどとは言わないでしょう?!
⑰ポジティブシンキング（プラス思考）を忘れないこと。

- イメージの中ではいつもパーフェクトであり、マイナス要因などあるわけがありません。いつもハッピーで楽しく、勝つのみです。わかりましたか？チャンピオン！
- もしマイナスのイメージが出てきたら、それをプラスのイメージへ変え、最後はパーフェクトで終わります。

⑱楽しくイメージトレーニングをやること。

- 自分だけの世界です。楽しく自分の好きなようにやりましょう。

⑲ビデオを見ながら。
- 一流選手のビデオを見ながら、自分も一流選手と一緒にプレーをしているようにイメージしてみましょう。
- 一流選手のプレーの動作やテクニックだけでなく、動作と動作の間に何をしているのかチェックしましょう。リラクゼーション、意識の集中、イメージ、サイキングアップやセルフトークとしての声の出し方や気合の入れ方、歩くときや走るときの態度や目の配り、呼吸の仕方、独特のポーズなどを観察し、自分がその選手になりきって、何のためにこう歩くとかこう動作するとか、考えながらイメージします。イメージした後、実際にその動作をまねしてみると、よりその動作の意味が理解でき、イメージも鮮明になります。
- 自分の身につけたいテクニックなどは、一流選手のレベルの高いプレーをビデオで何度も繰り返し見て、イメージし、実際に行い、イメージし、ビデオを見て、またイメージというように、できるだけ繰り返し行いましょう。

- もし、自分と同程度か下のレベルの選手のビデオを見る場合は、自分ならこう動くとか、こうすればこうなると自分なりのイメージを作り、ボールや相手の次の動きなどを予測してイメージします。

　イメージトレーニングは奥が深いことを理解してもらえましたか？　初歩の段階から中級、上級、そして自動化された無意識のイメージトレーニングまで、ちょっとやったからマスターできるというものではありません。あるプロスポーツ選手に「イメージトレーニングを知っていますか？」と聞くと、「いつもやってますよ」と答えてくれましたが、内容を聞くと初歩の段階でしかやっていない状況でした。プロの選手でさえこうですから、あなたもかなり時間をかけてこのトレーニングをする必要があると思います。

## イメージトレーニング用のビデオを作成しよう

　イメージトレーニングをするための身体的・肉体的な練習方法は、自分のオリジナルなものを作ってみてください。ここでは試合用のビデオをどう作るかを紹介しましょう。作成後は、このビデオを活用して試合に対する心理的準備としてのイメージトレーニングを行いましょう。
　試合の日時や場所がわかったら、ビデオカメラを持って試合場に行き（または行ってもらい）、ビデオを編集し、それを繰り返し見ることで、イメージトレーニングを中心とした試合のための心理的準備をします。

### ビデオの作成方法
①自分たちの練習風景
②学校・職場・選手の家の風景
③地元の駅、空港など試合に出発する場所の風景
④電車、飛行機、バスの中の様子
⑤試合場のある町の駅、空港、バス停などの風景
⑥ホテルなどの宿泊先に行くまでの風景、試合場までの風景
⑦ホテルの全景から入口、ロビー、従業員、フロント、部屋まで

⑧部屋の中の様子、ベッド、シャワー、お風呂、トイレ、窓からの風景
⑨ホテルから出発して、試合場までの道のりと風景
⑩試合場の全景、周りの風景
⑪試合場の入口から会場内、ロッカールーム、トイレ、客席など
⑫試合場に入り、選手がプレーする場所、そこから見た客席などの風景
⑬グラウンド、プール、トラック、スキー場、スケート場などのコンディション
⑭同じ会場で前もって試合があるようなら、会場の様子や観客、審判、コーチ、チームメイト、試合場独特のざわめきなどを編集で入れる。
⑮試合前の理想的ウォーミングアップや、心理的準備の様子を編集で入れる。
⑯コーチがいつもする試合前の行動や動作、アドバイスなどを編集（コーチが話しすぎる、試合前から怒っている、脅している、いつも言っていることを繰り返すだけ、指導をしている、選手の気分を盛り上げていないなど、これはやらないほうがいいと思うことをチェックして編集でカットする）。
⑰試合直前の状況、やるべき心理的・身体的準備、コーチとの打ち合わせなど。
⑱試合開始、開始すぐ、途中、タイムアウト、有利な状況、終了直前、終了。
⑲必ず勝ったときのシーン、優勝の感激シーン、表彰式、観客の喜び、選手やコーチの表情などを編集する。他のチームやオリンピック選手の、金メダル獲得などのシーンを入れてもかまいません。
⑳あなたが一番に知らせたい人への報告シーン。ガールフレンド、ボーイフレンド、奥さん、だんなさん、両親、家族、友達に報告し、互いに喜んでいるシーンを、勝ちを確信したリハーサルだと言って撮らせてもらいましょう。

　また、毎試合ごとに朝から試合が終わるまでのビデオを撮っておくと、次の試合への反省や参考にもなります。

## イメージトレーニングの実践例

> 練習時間の無駄を省くイメージトレーニング（練習の質を高める）。

　私たちが指導する高校野球のチームでは、イメージノックやイメージゲーム（試合）をしています。監督がシートノックをすれば、監督と捕球する選手が1対1になるため、他の選手は待ち時間が長くなります。そこで、監督がサードにノックをした場合、ファーストを除いた他の内野手・外野手全員が「自分のところにボールがきたとイメージして、捕球し、内野はファーストへボールを投げる、外野はバックホームするなど」イメージトレーニングとしてノックを受け、自分のやりたい理想的なプレーをしていくのです。このイメージノックを行えば、監督のノックが自分のところに回ってくるまでに何十回とノックを受けたことになります。このように時間の無駄をなくす目的を兼ねることもできます。

　また、高校野球の甲子園練習のとき、あこがれの場所での最初のノックでミスをしてしまうと、選手の心の中に「悪いイメージ」として大きく残ってしまい、本番で自分のところにボールが飛んできても、頭の中で一瞬その「悪いイメージ」が浮かび、集中力がなくなり、同じミスを繰り返す可能性が高くなります。そこで、最初の数本のノックをイメージノックにして、自分のところにきたボールを、自分の理想とする最高のプレーで処理するイメージを作り上げ、身体や心の調整を練習します。

> 　イメージトレーニングをより実践的な試合形式にして、シミュレーショントレーニングへ発展させましょう。

　イメージゲームとは、仮想（イメージ）試合のことです。甲子園練習において、1回の表（または裏）の守りにつきます。ピッチャーが第1球を投げ、野手全員が自分のところにボールがきたとイメージして、自分の最高のプレーで処理をし、1球でワンアウト。同じように、2球でツーアウト、3球でスリーアウトのチェンジ。次に、最終回の守りについたイメージで、同じよ

うに3球で試合終了。整列して、挨拶をして、ホームベースに横一列となり、勝利の校歌斉唱をするというところまでやります。このようにイメージトレーニングを発展させて、試合形式でより実践的にやる方法を「シミュレーショントレーニング」ともいいます。

> 目標設定をし、その目標を達成する具体的プランを立てることもイメージトレーニング。

ある高校の監督から、春の全国選抜大会の前に心理的サポートをしてほしいと電話がかかってきました。私が何度かメンタルトレーニングの講習をしたチームで、ある選手が個人戦で全国大会に出場するとのことでした。そこで、この選手に「イメージを使った2つの目標設定」をさせました。ひとつは最高の試合をしたとき、もうひとつは最悪の試合をしたときです。この2つからどちらの目標がいいかと選ばせ、彼は最高のイメージ目標を選びました。今度は、その最高のイメージ目標を具体的にどのように達成するのかを紙に書かせました。その内容は、毎試合相手にセットを取らせずに勝ち続け、優勝するというものでした。彼はほとんど無名の選手でしたが、自分の立てたイメージの目標と、具体的なイメージの試合展開で勝ち上がり、全国大会で優勝をしてしまいました。これも、自分のやりたいことを目標として設定し、どのように目標を達成するかイメージして、自分のやるべきことを明確にし、行くべき道筋（試合の青写真・イメージ）を脳にインプットしたために、自分の目標を達成する可能性を高めたと考えられます。

> **イメージトレーニングを実施する際の要点**
> - 他人の良いプレーを見る・まねする・自分のものにする（技を盗む）。
> - 成功イメージ（自分のベストプレー）がいつでも思い出せるようにする。
> - 成功イメージを目標に練習する。
> - もし悪いプレーをイメージしたら、良いプレーに修正できるようにする。
> - プラス思考でイメージトレーニングを行う。
> - 自分のやりたいこと・やるべきことを楽しくイメージする習慣をつける。

第8章　気持ちをコントロールするためのトレーニング

どうですか？ イメージトレーニングの大切さがわかりましたか？ イメージを鮮明に描けるようになると、そのイメージが現実のものになるのです。視覚効果によるイメージトレーニングは、イメージ能力を発展させるのにとても有効です。あなたの状況に合ったビデオを作って、イメージトレーニングの参考にし、心理的準備をしましょう。ビデオなどの機器を活用することは、勝利を目指しているチームにとって常識です。

## ステップ……13
## 集中力（コンセントレーション・フォーカス）

　多くのコーチは、「集中力が必要だ！」とか「集中力の重要性」を選手に言い聞かせます。しかし、果たして何人のコーチが集中の仕方や集中力の発揮法を指導してくれるでしょうか？　まず、集中力（コンセントレーション）とはどんなものなのか、どうすればそれを身につけられるのかを知ることが重要です。ただ「集中せんかー！」とか「集中力をつけろー！」と叫んでいても、選手が身につけられるかは疑問です。

　それでは、集中力とは何でしょう？　アメリカで心理学を取り入れたテニスの本を出版したティモシー・ガルウェイ氏は、集中力を4つの段階にわかりやすく分類しています。

---

①注意を払う→②興味を持った注意→③心を奪われる→④無我夢中

---

　つまり、子供がテレビのアニメ番組に夢中になり、お母さんが「ごはんですよ！」と何度言っても聞こえない状態や、遊びに夢中になっている姿が、理想的な集中の姿なのです。また、多くの選手が試合に勝ったときや最高のプレーをしたとき、「周りが気にならなかった」、「プレーにしか意識がなかった」、「自然に身体が動いて、自分が自分でないようだった」、「楽しくて、心理的にも身体的にも余裕があった」などと話してくれます。このことから、最高のプレーをするときは意識を集中し、身体動作と一致させ、リラックスし、心が落ち着いている、不安を感じていない、自然なプレーをして実力が

最高度に発揮できる、安定した状態だといえます。

　しかし集中力を理論的に考えると、かなり複雑なのです。この本では難しい理論をできるだけ簡単に説明したり、省いてありますが、次のことは頭に入れておいてください。集中力の程度・範囲・方法は、種目によって、個人差やポジションによって、海外での試合など場所、試合の程度、相手によって違ってくるということです。そのために段階的なトレーニングと、いろいろな要因を想定した集中力トレーニングが必要になってきます。このステップ13では、その試合に必要な、選手に合った、場所に合った、相手に合った、そしてスポーツにおける理想的な集中力を見つけ、発揮するためのトレーニングを紹介します。

## 集中力のトレーニング例

　スポーツにおける集中力のトレーニング例をいくつか紹介しましょう。
① 今まで述べてきた呼吸法、リラクゼーション、メディテーション、サイキングアップ、イメージトレーニングを利用していきます。
- 呼吸が集中力の発揮に重要な役割を持っています。特に吐く息に意識を集中しましょう。
- 集中力にはリラクゼーションが必要です。リラックスと集中力は兄弟関係であり、リラックスしているときは集中もしているはずです。
- メディテーション（瞑想）が、集中力がどんなものか教えてくれます。
- サイキングアップによる適度な緊張も必要です。
- イメージが大きな役割を果たしてくれます。
- 自分に自信を持つことが集中力の発揮に役立ちます。
- ちょっとした身体動作が役に立ちます。

② リラックス状態を作ります（リラックスと集中力は同居しています）。
③ イメージトレーニングで、過去の失敗・成功の原因（自己分析用紙）を思い出し、自分の不利になる事柄をシャットアウトできるようにします。
④ イメージトレーニングの中で、プレーを邪魔するプレッシャーや雑音・雑念をなくしていきます。

⑤目を開け、身体を少し動かしながらのイメージトレーニング。
- 周りの風景や、状況、相手、役員、審判、観客などを観察しながら、瞬間的に一点に集中し、また気を散らし、再度集中するなどのイメージを使いトレーニングします。

⑥試合と同じ状況を練習中から作り、プレッシャーやストレスのかかる状態にして練習します。

⑦観衆の雑音、声援など、スピーカーを使ったりして試合場と同じかそれ以上の状況を作り、身体練習やメンタルトレーニングを行うようにします。

⑧ストレスやプレッシャーのかかる状態で、どうプレーできるか、精神状態はどうであるか、分析・確認をします。
- 気の散ることをシャットアウトできるようにトレーニングします。

⑨試合場と同じ状況や雰囲気の中で、足し算・引き算・かけ算・割り算などをして、興奮した状態でも平常心で物事の判断ができるようにトレーニングします。

⑩自分が集中力を発揮できるための合図・きっかけ・引き金を見つけ、いつでも、どこでも、好きなときに集中力が発揮できるようにトレーニングします。
- 動作を急に変えたり、声を出したり、何かを見たり、手をたたいたりして、これをやれば集中力が回復しよみがえるという合図です。

⑪ポジティブシンキング（プラス思考）。
- コーチに怒られても、コーチは自分のことを心配して怒ってくれているのだなと。
- 「もうダメだ！」などのマイナス思考をやめ、「いける！」などのプラス思考を。

⑫セルフトーク（プラスの方向に自分と会話をして、自己暗示をかける心理的スキル）。
- 「俺は天才だ！　これくらいじゃまいらないぜ！」と自分に話しかけ自信を保ちます。
- 「よーし！」、「やるぜー！」など独り言をいいます。

⑬集中力のテクニックを、試合などで無意識に使えるようにトレーニングを

積む必要があります。
⑭普段から自信を持つように心がけ、自信を持っている行動をとります。
- 自信がなくても、あるようなふりをすることから始めましょう。
- 言葉遣い、胸を張る、目線、余裕のある呼吸、そして顔の表情など。
⑮グリッドエクササイズ：ばらばらになった0〜100の数字を、0から1、2、3……と順番に1分間でどれだけ見つけることができるか、という数字探しテスト。
- 東ヨーロッパでは選手の適性検査として、最近はアメリカのオリンピックチームでも盛んに用いられています。
⑯ボールなどを注視して、集中力を高めていきます。
- また、あるものから急に目線を変え、ラケットとかバットなどを吐く息に合わせてじーっと見つめ、目と身体と心の焦点を合わせていきます。
- 相手の選手を注視し、相手の呼吸や気持ちが読めるようにし、次に何をすべきか「予測」することで集中力を高めていきます。
⑰過剰学習。
- 伝統的に行われている方法で、うまくできるようになっても何度も何度も

繰り返して、動きを自動化してしまい、何も考えなくても身体が動く状態にし、心理的に自信を持たせ、雑念やストレスの入り込む隙間もないようにします。

⑱武道のコツを学びます。
- 空手の息吹や型を練習します。
- 呼吸と身体の動きを使って集中していきます。試し割りでよく見られる呼吸法などです。
- 合気道、剣道、太極拳、または禅などの呼吸や声の出し方を参考にします。

⑲鏡を見ながら、自分の目が生きているか死んでいるか、血走っているかチェックし、自分の表情や目の鋭さを変化させトレーニングします。
- 集中したとき、リラックスしたときの表情と目の輝きを確認しておきます。

⑳試合場の下見をして集合場所、登録場所、トイレの場所などを確認します。
- 試合当日に驚いたり、あわてたり、雑念が入り込まないように。
- 試合場で何が起きてもあわてない、不安を持たない、すぐに対応ができるように。
- 起こりうる問題を予測し、イメージトレーニングで処理法を練習しておきます。

## 試合前・試合中などに簡単にできる集中法（もちろん普段からやっておく）

①目を閉じ、呼吸法、特に深呼吸で吐くときに口をとがらせ、吐く息を強く長くし、意識を吐く息に集中させていく。
②一点に視線を集中し、まばたきをしないで①の呼吸法を行う。
③大声で長く叫ぶ。
④オーム、オーーム、オーーームと重低音で声を出し、声に意識を集中させる。
⑤空をじーっと見上げてスマイル、よーしやるぞー！　と心で言い聞かせる。
⑥相手をにらみ（目をきる・メンチをきる）アイファイティングをする。相手が目をそらすまで自分から目をそらさない。
⑦自分の好きな音楽をポータブルプレーヤーで聴く。普段からこの音楽を聴くと意識が集中し気分が落ち着くというものを見つけ、聴いてトレーニングしておく。

⑧試合前のパターンを決めておき、相手や周りのことを気にする暇がないようにする。
⑨息を吸って手のひらを顔につける。息を吐くと同時に手が離れ、手のひらの一点を注視する。
⑩集中している状態は、リラックス状態であることを確認する。
⑪楽しむこと、スマイルを忘れないこと。
⑫自信を持つこと、なくても自信があるふりをすること。
⑬心拍数・脈拍をチェック。
⑭呼吸をチェック。
⑮鏡で自分の目をチェック。
⑯プレーとプレーの間のちょっとした時間を利用して、いつでもどこでもすぐに集中できる動作などの合図を作っておく。

## 集中力の理論的な考え方

　ここで集中力の理論的な、また専門的な話を付け加えたいと思います。集中力とは、英語でコンセントレーション（Concentration）とかフォーカス（Focus）という言葉を使います。専門的には、コンセントレーションは、一点集中とか意識をひとつのことに集中することなど「狭い集中」に関して使われるようです。フォーカスは、スポーツにおけるいろいろな状況での集中力のことをさして使います。サッカーやバスケットボールなどの球技で、周りが予測できない状況が1秒ごとに変わり、味方がどこにいて敵がどこにいるのかを瞬時に判断するような「広い集中」が必要な場合によく使われます。多くのスポーツでは、この広い集中と狭い集中、さらに自分の身体の内部（筋肉、心臓の音、フォームなど）に意識を集中する「内的な集中」、また自分の身体の外からの情報（音、声、目に見える情報など）に意識を集中する「外的な集中」を使います。つまり、集中力という言葉を専門的に分析すると「広い・狭い・内的・外的」という4つの集中があるのです。この4つの集中を選手たちはうまく使い分けたり、切り替えたりして、プレーをしています。

> 集中力には、広い・狭い・内的・外的の4つの集中の仕方(方向)がある。

　たとえば、射撃やアーチェリーのように、的を見て、その一点だけに意識を集中する「狭い集中」と、自分の心臓の鼓動や呼吸に合わせて矢を放つなど「内的な集中」を多く使うスポーツもあります。一方、サッカーやラグビーなどは、試合場全体を、また相手チームや自分のチーム全員の動きを見て、その状況で判断し、さらに次の流れを予測をしながらプレーする「広い・外的な集中」を必要とするスポーツです。しかし、基本的にはすべて（4つ）の集中をうまく使い、その場その場で切り替えながらプレーしています。

　テニスのサーブを例にして考えると、①相手のコートと相手を見て観察（情報収集）する「広い集中」や「外的な集中」、②あそこにボールを打とうと打ちたい場所に一点集中する「狭い集中」、③風向き（追い風・向かい風・横風）や相手の構えている位置を見て確認をする「外的な集中」、④その打ちたい場所にこのようなボールを打とうと頭の中でイメージする「内的な集中」、⑤手に持っているボールを3回コートにポポンポンと打ちつける動作でボールに意識を集中する「狭い集中」、⑥ボールを投げ上げてサーブの動作でボールに意識を集中する「狭い集中」、⑦ボールを打つという身体の使い方や筋肉などに意識を集中する「内的な集中」、⑧サーブを相手が打ち返すこと（サービスリターン）をイメージして、それに反応するためのポジションやコースを予測する「内的な集中」、⑨相手の動きを瞬間的に監察する「広い集中」、⑩相手のサービスリターンを返すためにボールを見て意識を集中する「狭い集中」……などなど、細かく説明すれば頭の中が混乱するような分析もできるわけです。

　ここでこのような説明をしたのは、あなたのプレーする種目の場面場面で使える集中力をスキル（技能）として身につけ、そのスキルをトレーニングし、試合で勝つために活用する必要があるということを理解してほしいからです。

## ウォーミングアップに集中力のトレーニングを入れる方法

　ステップ9のリラクゼーション（心理的・心のストレッチング）は、基本的には筋肉や心のリラックスを目的として実施したのですが、同時に集中力を高めるトレーニングとしても大きな効果があると考えています。
①音楽でリラックスすると同時に**音楽に意識を集中**すれば、音楽を利用した集中力トレーニングとなります。もちろん、音楽に意識を集中するということに対する理解と目的を持っておくことが前提ですが。
②呼吸法で心身のリラックスと同時に**呼吸に意識を集中**することを意識します。
③漸進的筋弛緩法により、身体の各部位に意識をして順番にリラックスさせながら、同時に各部位に、またそのリラックス感に対して**順番に意識を集中**していきます。そして**身体全体に意識を集中**します。
④イメージを活用しながら簡素化した自律訓練法（ここでは温感と涼感のみを採用）により、使い捨てカイロを手に持って、それが温かくなるイメージをすることで、**イメージに意識を集中**するトレーニングと、「手があったかーい」と繰り返し言うことで、**同じ言葉を繰り返すということに対する意識の集中**ができます。これは、セルフトークで自分自身に言い聞かせる暗示を含みます。
⑤特にメディテーションでは、かなり高いレベルの集中力を得ることが可能です。横になり（横になるのが初級・イスに座るのが中級・立って行うのが上級・動きながら行うのが最上級と勝手に位置づけしています）、目を閉じて鼻で静かに呼吸しながら、頭の中を無の状態にする努力をします。この状態を「**静的な（静かな状態での）集中力**」だと考えています。この目を閉じて静かにしている時間（メディテーション・瞑想）は、あなたに気持ちを落ち着けるとは何か、意識を集中するとは何かを教えてくれるでしょう。これだけは自分で体験して、その集中やリラックスという感覚に包まれ、どの程度の集中力やリラックスが自分にとって最適なのかを見つけてください。つまりフロー、ゾーン（理想的な心理状態）を見つけることが、あなたの「思考のプレー」をいつでもどこでも発揮できることにつ

ながるのです。

　身体のストレッチングは、2つの方法を考えています。ひとつは、音楽を聴きながら身体の各部位に意識を集中して、自分の身体と会話をするという考え方。もうひとつは、音楽を聴きながら、周りの人たちとワイワイ言いながら楽しい会話に意識を集中して、心身ともにリラックスと集中力を高めるという方法です。つまり、静かな音楽を聴きながらストレッチをするという、心理的に余裕のある状況を作り、今から練習や試合を行う自分の身体と向かい合う時間を意識して過ごすことで、気持ちを集中していくという目的もあります。

　サイキングアップは、気持ちをのせることがひとつの目的でした。しかし、サイキングアップの方法によっては、集中力を高めることも可能なのです。たとえば、音楽にのりながら口ずさめば音楽に意識を集中でき、音楽に合わせて手をたたいたり、ジャンプをするという動作も加えれば、その動作をするという**無意識の集中**ができています。また、ボクシングや肩たたきゲームは、相手の動きに意識をして相手をたたく、また自分はたたかれないようにすることに意識を集中し、**アクティブ（動的な）動きの中で集中力を高める**という意図があります。手と手を合わせた状態から相手の肩をたたくゲームは、リラックス状態から相手の動きを読んで受けや攻撃をするという、スポーツのどこにでもある状況を設定してトレーニングをする目的です。手と手を押し合うプッシュゲームやあっち向いてホイも同じ目的を意識してやります。ここで一番重要なことは、このような**楽しいゲームを通して集中力を高めるのだという理解**をしているかどうかです。あなたが「楽しい」と感じているときの集中力は、すばらしいものになっているはずです。

　今までの基本的な集中力の高め方を踏まえて、これからの普段やる身体のウォーミングアップがどんな目的でやるものなのかを意識しなければなりません。目的を理解し、そのプランを立て、効果を確かめながらやることが、より質の高い集中力を高めるトレーニングになります。

| どうすれば、集中力は高まるのかを知っておくこと。 |
|---|

何をすれば集中力が高まるのかを知っていれば、いつでもどこでも集中力のトレーニングができます。そのための基礎トレーニングが、リラクゼーションやサイキングアップには含まれています。このような理由から、リラクゼーションやサイキングアップだけは、毎日実施してほしいトレーニングとして位置づけているのです。

> 集中力を高めるトレーニングとして、リラクゼーションやサイキングアップは毎日必要です。いつでもどこでも集中力がすぐ高まるように…

## ステップ……14
## ポジティブシンキング(プラス思考)

人間が感情に左右されることは、われわれの生活を通して実感できることです。スポーツにおいても、苦しいときどう考えるかでプレーや記録、成績が変わった経験をしているのは私だけではないと思います。私の好きなマンガに『はじめの一歩』(雑誌『少年マガジン』連載中)というのがあります。これはボクシングのストーリーで、いじめられっ子だった一歩君がボクシングと巡り会い、素質を開花させ強くなっていく根性を売りにした物語です。

この、ボクシングという殴り合いの痛く苦しいスポーツの中で、ポジティブシンキング(プラス思考)と次のステップ15のセルフトーク(自己会話)が頻繁に出てきます。「立つんだ！」、「僕は強くなったよね！」、「負けるもんか！」、「勝つのは僕だ！」、「僕はボクシングが好きなんだ！」などと試合中に頭の中で考えているのです。これらのシーンはスポーツをしている人ならよく理解でき、その気持ちもわかるでしょうし、作者の取材努力がうかがえます。

とにかく、スポーツのいろいろな場面において、そのときの「感情」や「気持ち」がプレーや結果などに反映されるものなのです。そこで、その感情や気持ちをどうコントロールし、自分の能力を発揮できるようにするかというのが、このステップ14、15です。

日本は「マンガ大国」ともいわれ、子供から大人までがマンガを楽しみ、日本独特の文化を作り出しています。その中でもスポーツを題材にした作品が多いことに気づいていますか？　プロ選手から大学、高校、中学、小学生まで、ほとんどのスポーツマンたちが読んでいるのではないでしょうか。その魅力は何でしょう？　私はストーリーはもちろんのこと、精神力や根性などの心理的な駆け引きに魅力があるのではないかと考えています。スポーツを通して多くの人が経験したり、イメージの中でこうやれたらなぁといった夢を実現させてくれることが魅力のひとつなのでしょう。

　ここで私が提案したいのは、マンガから「こういう場面ではこうやってるんだー」、「このテクニックを応用しているんだな」、「この選手はプラス思考だな」などと気づくことで、メンタルトレーニングへの理解を深め、マンガを読むたびに自然にイメージトレーニングなどの心理的スキルを使えるようにすることです。それがスポーツに活用されるようになったときの効果は大きいものだと考えます。

　もうおわかりのように、誰もが無意識でメンタルトレーニングの心理的スキルを使っているのです。マンガを利用してでも積極的に行うことで、大きな効果が得られるのです。

## 何でもプラスに考える自己暗示法

　それでは、このステップの核心に触れていきましょう。ポジティブシンキングとは、物事をプラスの方向に考える心理的スキルであり、何事も自分にプラスになるように持っていけるようにトレーニングをしていきます。つまり、いかなるときでも自分の能力を発揮できる精神状態を保つための自己暗示です。強気の考え方、落ち込まない考え方、プレッシャーに打ち勝つための考え方、マイナスの要因をプラスの要因に変えていく考え方、そして自分を幸せにする考え方などがそうです。「こんなの当たり前だ」と思うかもしれませんが、普段の練習ではもちろんのこと、日常生活でもトレーニングし応用していなければ、試合などの重要な場面では活用できません。

　たとえば、コーチに怒られたとき、選手は何を考えるでしょうか？
①あーあ、また始まった！　このコーチは怒るだけ。返事だけしとこ！　は

い！　はい！
② 何言ってんだよ。おまえの采配ミスじゃないか！　俺らのせいにすんなよ！　しかし、返事は「はい」。
③ 何言ってんだよ。おまえの采配ミスじゃないか！　こんなコーチのもとではやってられない！　でも、俺はこのスポーツが好きだ。俺は俺のやり方でコーチを見返してやる！
④ コーチは僕らのことを考え、心配して怒っているのだな。よし次は頑張ろう！

この４つは典型的なパターンです。あなたはどのパターンですか？

①は怒られることに慣れてしまって、何も考えておらず向上心もありません。返事をしないともっと怒られたり説教が長くなるので、大きい声で返事をしてわかったふりをしてその場をしのごうとしています。

②はコーチに対する不平や不満を持ち、マイナス思考になっています。

③はコーチに対して反感や不満を持っていますが、その怒られた原因を考えており、まだやる気や向上心を持っています。

④はコーチを信頼し、「そうか、それで怒っているのか」と原因を素直に分析し受け入れ、やる気と向上心を持って次のチャンスをものにしようとしています。つまり、④のケースがポジティブシンキングであり、物事をプラスの方向へ持っていこうとする考え方をしているのです。

このプラス思考ができるようにトレーニングするには、普段の生活から態度や気持ちを切り替えていく必要があります。友達から「今日はキマってるね！」と言われ、「ありがとう！」と言えるか、「なんだこの野郎、お世辞ばかり言いやがって！」と心の中でマイナス思考をするかの違いです。いつでもどこでもプラス思考をしていると、人生が楽しくなるし、気持ちも晴れ晴れとしてきます。

一方、自分のことをよく根暗（ネクラ）だと思う人はマイナス思考です。「失敗したらどうしよう」、「こういうと笑われるかな」、「やっぱり、やめとこ」など気持ちが消極的で、物事をやる前から不安を抱き、結局自分の本当の能力を発揮できず、ずるずると落ち込んでいくのではないでしょうか。

あなたの友達や選手の中に、ホラをふく人はいませんか？　このような人

をよく観察してください。彼らはやる気があるからこそホラがふけるのです。やる気や向上心のない人はホラもふけないはず。ただ、ホラをふきすぎて信用されなくなったり、ウソツキになる人もいるので用心が必要ですが…。

　また一流選手や、試合でのっている選手を観察してください。彼らの行動や言葉遣いにプラス思考が見えませんか？　以前、プロ野球のチームの心理テストをしたとき、非常に元気で周りの人たちを気持ちよくしてくれる選手がいました。態度や言葉遣いから「この選手はのっているな」とわかる選手もいました。実施した心理テストは本書で使うものと同じで、かなり多くの質問で時間がかかりました。それでも気持ちよくやってくれた選手もいました。彼らの名前は挙げませんが、試合での活躍を見ていると「やはりな」という思いでした。もちろん、心理テストの結果は企業秘密ですのであしからず！

　ポジティブシンキングは、「やれヨ！」と言われてなかなかできるものではありません。さあ159ページからのプラス思考用紙を使って、プラス思考のトレーニングを毎日実施しましょう。日々の練習日誌・日記にプラス思考の項目を付け足し、生活の中で何％ぐらいできたかなど書いていくのです。

　たとえば、英語の授業で先生から「君の発音はおかしいね」と言われた。今までなら「何言ってんだよ。おまえは英語話せんのか？」という気持ちになっていたのが、「この先生は僕の弱いところを教えてくれた。ありがたいことだ！」と本気で思えるようになった。クラブの練習では、先輩から「挨拶が悪い！」と怒られた。これは僕の態度が元気なく落ち込んでいるのを、「元気出せよ！」と思いやってくれたのだな、と考えることができるようになった、という具合です。

　今まで、プラス思考（ポジティブシンキング）のことを中心に話をしてきました。

---

　プラス思考は、前向きの気持ち、強気、気持ちの切り替えがうまい、練習が好き・楽しい・うれしい・おもしろい、気持ちがのる、調子がいい、感謝する気持ちでいっぱい、などの表現ができます。

## タイプA

「だっリー。早く帰ってパチンコ行きてーのに。もういいよ。」

マイナス思考どころか
何も考えてない！

## タイプB

「つるせーな。オレらのせいじゃねーよ。おまえの練習のせいで負けたんだよ。」

マイナス思考
成長がない。実力が発揮できない。

なんだ今日の試合は！　気合が入ってない！

## タイプC

「ったくいつまで言ってんだよ。おめーなんかにゃついて行けねもんだよ。いつか見てろ、オレはぜったいに有名な選手になってやる！」

マイナス思考＋プラス思考
競技をやめるか、
すごい選手になるかどちらか。

## タイプD

「はい。さすが監督オレはこの監督についてイクぞ！！」

プラス思考
トップ選手に多い。

一方、スポーツ選手には、マイナス思考（ネガティブシンキング）が必ず関わってきます。

> 　マイナス思考は、弱気、気分が暗い、雰囲気が悪い、気持ちが落ち込む、練習が嫌い・おもしろくない・楽しくない、調子が悪い、他人が悪い、環境が悪い、道具が悪い、天気など自然が悪い、監督が悪い、審判が悪い、やる気がない、という言葉で表現できます。

　試合で負けた、ミスをした、監督に怒られた、調子が悪い、スランプだなどという原因から、多くの選手が落ち込んだり、考えすぎたり、悩んだりするマイナス思考に陥ります。マイナス思考は、スポーツ選手にとってよくないということはご存知だと思いますが、では、なぜよくないのでしょうか？

> 　試合になると身体が動かなくなり、実力が発揮できなくなるのはなぜか？

　あなたは、「スポーツ選手が試合になると身体が動かなくなり、実力が発揮できなくなるのはなぜか？」という疑問を持ったことはありませんか？　つまり、選手が自分の実力を発揮できない状態が試合において起こるという事実があるのです。多くのコーチや選手たちが、「うちのチームがあのチームになぜ負けたのか原因がわからない」、「うちのチーム（自分）のほうが実力があるのに、なぜあんな相手に負けたのだろうか？」、「考えられない負け方だ」などと話をしています。
　このように実力を発揮できない一番大きな原因のひとつが「プレッシャー」だと私は考えています。プレッシャーは、「見えない重圧・見えない金縛り」などと表現する選手もいるように、多くの場合、原因のわからない「重圧感・威圧感・不安感」みたいなものだといえます。このプレッシャーが選手の「心」に影響を及ぼし、その心（感情）の波が、「身体」の動き（プレー）まで狂わせてしまうのです。
　プレッシャーを感じた選手の頭の中を分析してみると、次のような思い・

状況が連鎖的に起こると考えられます。たとえば、試合で勝ちたい、勝たなければならないなどの「結果」を考えると、

---

**マイナス思考（ネガティブシンキング）の例**
　不安になる→考え始める→心配になり→より考える→不安感が強くなり→悩み始める→考えすぎる→ため息をついたりして呼吸が乱れる→自分のプレーに集中できなくなる→手に汗を握ったり、目がキョロキョロ動き始め→集中力が低下し→身体（筋肉）の動きも乱れる→プレーがおかしくなる→何がおかしいのかさらに悩み始める→ミスをする→ミスをしたことが頭に残り→マイナス思考になる→またミスをしたらと考え弱気になる→自分のところにボールが来ないようにと考え始める→再びミスを犯す→いろんなことが頭の中で交錯し真っ白に→自分が何をしているのかわからない状態に陥る→プレーや試合に恐怖感を持つようになる→試合の悪いイメージが頭に残り、試合のたびに思い出されて、ある場面や試合で全く身体が動かなくなる→本番に弱いとレッテルを貼られ、試合で使ってもらえなくなる→コーチに嫌われていると悩み始め→練習までもおもしろくなくなり→好きなスポーツをやめることにもなります。

---

**選手の考えるプレッシャー（マイナス思考）の原因**
- 試合で勝たなければと結果を考えることによるプレッシャー。
- いつものプレーができるかなという不安。
- 前に試合でミスをしたことが思い出されて心配になる。
- 失敗（ミス・負け）をしたらどうしようと不安になる。
- ミスをしたら怒られるという練習環境のため、ミスを恐れる思いがある。
- 監督が、試合でミスしたら許さない（怒る）とプレッシャーをかけている。
- 監督が、勝たなければ許さないぞ（怒る）とプレッシャーをかけている。
- プレッシャーの原因を他人、物、環境のせいにする習慣（考え方）がついている。

　このようなプレッシャーの原因の多くは、試合で勝たなければとか、他人や環境の責任にする考え方（マイナス思考）からきています。この考えは、スポーツ経験の中で培われた（学習された）もので、この考え方を直すこと

がプラス思考を可能にします。

> 実際は、選手自身が自らプレッシャーをかけているということを理解する必要がある。

## プラス思考にするための考え方

マイナス思考をプラス思考に変えるための考え方を紹介します。

① 試合で勝たなければならないという思いを、プレッシャーではなく励みにするとか、やる気を高めるきっかけにする。

② いつものプレーができるかなという不安を、毎日これだけ練習してきたんだ、いつも通りやればいいだけだと自分に言い聞かせる。また、ミスをしても死ぬわけじゃないし、いつもできることができないプレッシャーこそが試合のおもしろさだよな、などと考える。

③ プレッシャーがあるからスポーツはおもしろいと考える。

④ ミスをしない選手はいない、ミスを少なくすることが楽しみだし、これを克服するのがスポーツのおもしろさだと考える。一流選手はミスをしても当たり前だと考える。それよりミスをした後の、気持ちの切り替えが大事だと普段から思っておく。反省は試合が終わった後、試合中は試合で自分のやるべきことに意識を集中すると決めておく。

⑤ 監督はわれわれ（自分）を勝たせたいと思っているから、頑張れよという代わりに強い口調ではっぱをかけてくれていると理解する。

⑥ 監督は、おまえたちは勝つだけの実力があるんだ、勝つのが当たり前なんだ、負けるわけがない、俺が保証するという気持ちから「勝たなければ許さないぞ」と言っていると理解する。

⑦ 監督は、おまえの実力はこんなもんじゃないんだ、やればもっとできるはずだという気持ちを伝えたいから怒るんだ、などと考える。

⑧ 一流選手ほど、プレッシャーの原因を他人（監督・審判・観客・親・先輩など）のせいにしない、また自然や環境（雨などの天気・温度・風・グラウンドコンディション・体育館のコンディションなど）のせいにしない、もちろん道具（試合で使うボールなど）のせいにしない。相手も同じコン

ディションだ、この条件で自分ができることをやると考える。

このように考えれば、マイナス思考など持てるはずがありません。ある事柄をプラスに考えるかマイナスに考えるかは考え方次第です。あなた自身がプラス思考やマイナス思考を作り出していることを理解しましょう。

> 究極のプラス思考の方法がある。それは、自分のコントロールできないこと（不可能なこと）は、考えるだけ無駄なことだと理解する。

究極のプラス思考では、⑧で説明した「他人・自然や環境・道具」などは、自分がコントロールできないことだと理解しましょう。具体的にいうと、

- 「監督が嫌だ」とあなたが思っても、監督をクビにしたり、監督の考え方を変えさせることはほとんど不可能です。
- 「この審判は下手だ」と思っても、試合中にその審判を代えることはあなたの力では不可能です。
- 「雨よやめ」と思っても、あなたに雨をやめさせることはできません。自然現象を変えることはあなたの力では不可能です。
- 「自分のお気に入りのバットが折れた」。しかし、バットを元に戻すことは不可能です。

　ここで私が言いたいのは、不可能なこと（コントロールできないこと）など考えるだけ時間の無駄だということです。そんなことを考えて集中力をなくし、自分がガタガタになるより、今の条件・環境・道具で何がベストかと考えることが究極のプラス思考になるのです。

> 　プラス思考とマイナス思考が、身体の動きやプレーにどのような影響を及ぼすのか？

　皆さんは、「プラス思考とマイナス思考が、身体の動きやプレーにどのような影響を及ぼすのか？」を知っていますか？　たとえば、あなたが監督だと考えてください。あなたのチームに、技術や体力面が同じくらいのレベルであり、メンタル面においては「プラス思考・強気・前向きの気持ち・やる気」を持った選手と「マイナス思考・弱気・元気のない・やる気のない気持ち」を持った選手がいたら、どちらの選手を試合で使いますか？　スポーツにおいて常にプラス思考や強気で試合をしたほうがよいことは、言われなくてもわかっていることと思います。では、大事な試合前にチームの雰囲気がマイナス思考的な場合には、どのような対処をしますか？
　本当は常にプラス思考にして試合に挑むべきだと思うのですが、今まで日本のスポーツ現場では、このプラス思考を作るのは「選手まかせ」でありました。監督たちも、どのように指導していいのかわからなかったというのが現実です。しかし最近では、スポーツ心理学という学問からメンタルトレー

ニングという方法が開発され、選手たちのプラス思考をトレーニングさせるプログラムができ、選手まかせではなく、監督またはチームや個人が「メンタル面強化のトレーニング」を行うことが可能になったのです。そのスポーツ心理学の考えから、プラス思考とマイナス思考の長所や短所を考えてみましょう。

> このプラス思考は、試合前のやる気、相手に対する準備や対策、試合や相手に対する闘志、目標に対する達成意欲、自分の試合に対する心理的な準備をする気持ちを与えてくれます。試合が始まると、予期できなかったことへの気持ちの切り替え、開き直り、ミスや失点からの立ち直り、最後まであきらめない気持ちなどを準備してくれます。また、ピンチに立ったときのセルフコントロール（気持ちのコントロール）、集中力発揮、決断力、予測力、判断力、そしてチームワークを良い方向へ導くことが可能になると考えられます。つまり、自分たちの実力を最高度に発揮する気持ちを作り、それ以上のチャレンジの気持ちを用意し、試合では信じられないプレー、記録、結果を出す可能性をも高めてくれます。

一方、マイナス思考は、試合前のやる気のなさ、燃えない気持ち、相手をなめている気持ち、相手に対してどうでもいい気持ち、行き当たりばったりの気持ちなどになりかねません。試合中でも、すぐあきらめる、気持ちが切れる、ミスや失点でも気持ちの切り替えができない、監督の言うことがすべて説教に聞こえ、話やアドバイスを聞かない・聞こえない状態になる、ミスや失敗をすべて他人や物または環境のせいにして自分が反省をしない、などの状況に陥ります。

結局、このプラス思考を作るための「トレーニング」として、メンタル面強化をすることが、試合において常にポジティブな感情でいるための準備になります。

**監督・コーチ（指導者）にお願いしたいこと**
もうひとつ大事な点として、コーチの言葉遣いや態度、そして考え方があ

ります。選手をポジティブな状態にするには、コーチの選手を「ほめる」という気持ちや態度、そして言葉遣いが必要になります。逆をいえば、コーチが「怒る・悪い言葉を使う・冷たい態度をする・説教をする・ミスを指摘する・良いプレーをほめない・欠点を指摘し、欠点修正ばかりを指導する」ということは、選手にマイナス思考を植えつけていると考えられます。コーチがプラス思考で選手をほめたり、やる気の出る言葉をかけてやったり、笑顔で指導してくれたり、長所を伸ばすアドバイスをもっとしてくれれば、選手もプラス思考のいい刺激をもらい、より上達や試合での実力発揮につながるでしょう。つまり、選手のメンタル面（心理面）を考慮した指導が、選手を上達させ、試合での成功を高めるのです。

## 野球を例にした実戦場面の想定

　まず、野球の試合においてピッチャーが考えるであろう例を挙げてみます。

### マイナス思考例

- ヒットを打たれた場面（自分に対する怒り・なぜだという思い・相手に対して）
- フォアボールを出して歩かせた場面（悔しい・監督に怒られる・みんなに申し訳ない）
- ストライクと思う球をボールと判定された場面（審判への怒り・俺の責任じゃないぞ）
- 連続してヒットを打たれた場面（悔しい・交代かな・監督の顔が気になる）
- 味方の野手がミスをして点数が入った場面（悲しい・何やっているんだという思い）
- 監督がピッチャー交替を告げた場面（悔しい・どうしてという思い）
- 自信のある球をホームランされた場面（悔しい・ショック）

### プラス思考例

- 自信のある球で三振をとった場面（うれしい・よしいけるという思い）

- 簡単に打ち取った場面（うれしい・気分がのってくる・監督の笑顔を感じる）
- ダブルプレーがとれた場面（打ち取ってうれしい・野手に感謝の気持ち）

> マイナス思考を、どのようにしてコーチやチームメイトが読み取るか？

## 1）目・目線・姿勢・態度・言動・行動・雰囲気などのチェック

- 目がキョロキョロしていないか？
- 目線が下を向いていないか？
- 肩が落ち、小さく縮こまっていないか？
- 自信のない、落ち着きのない態度をしていないか？
- いつもうるさい選手がおとなしくないか？
- いつもおとなしい選手が、舞い上がっていないか？
- 何かぎこちないおかしな行動をとっていないか？
- 何か雰囲気がおかしくないか？
- チームメイトとの会話や試合前の練習が何かおかしくないか？
- しかめっ面をしていないか？
- 笑ったりする余裕があるか？
- 物事を冷静に見る、余裕のある動作があるか？

## 2）いつもと何が違うか？　観察する目が必要

- 勝つときは勝つべき目・目線・姿勢・態度・言動・行動・雰囲気がある。
- 負けるときは負けるべき目・目線・姿勢・態度・言動・行動・雰囲気がある。
- 勝つときは勝つべきしっかりとした準備（心・技・体）をしている。
- 負けるときは負けるべき、何かの準備（心・技・体）を忘れたり、いらないことをしている。

## ピッチャーのマイナス思考をプラス思考にする具体的な方法

**【マイナス思考例】**

- ヒットを打たれた場面（怒り）
- フォアボールを出して歩かせた場面（悔しい）

- ストライクと思う球をボールと判定された場面（怒り）
- 連続してヒットを打たれた場面（悔しい）
- 味方の野手がミスをして点数が入った場面（悲しい）
- 監督がピッチャー交替を告げた場面（どうしてという思い）
- 自信のある球をホームランされた場面（悔しい）

①キャッチャーからボールをもらい、センター方向へ振り向き、胸を張り頭を上げて、深呼吸、「しまっていこー！」と声をかけ、プレートに足を置き、深呼吸、キャッチャーのサインを見て、キャッチャーミットに意識を集中し、投球動作に入る。この動作の中でマイナス思考をプラス思考へ修正（気持ちの切り替え）をします。

②キャッチャーからボールをもらい、センター方向へ振り向き、胸を張り頭を上げて、ロージンバッグを拾い、前の投球の「怒り・悔しさ・悲しさ」をロージンバックに押し込むように強く握りしめ、ロージンバッグを地面にたたきつけると同時にネガティブな感情も捨てるイメージ（気持ち）、深呼吸、「しまっていこー！」と声をかけ、プレートに足を置き、深呼吸、キャッチャーのサインを見て、キャッチャーミットに意識を集中し、投球動作に入る。これは、ロージンバックという道具を利用して、マイナス思考をプラス思考へ修正する方法です。

③キャッチャーからボールをもらい、センター方向へ振り向き、胸を張り頭を上げて、センター方向にある旗など（フォーカルポイント）を見て気持ちを切り替える、深呼吸、「しまっていこー！」と声をかけ、プレートに足を置き、深呼吸、キャッチャーのサインを見て、キャッチャーミットに意識を集中し、投球動作に入る。これは、フォーカルポイント（気持ちを切り替えるポイント）を利用する、気持ちの切り替えの方法です。

④キャッチャーからボールをもらい、センター方向へ振り向き、帽子を右手で押さえて、同時に帽子の上から頭押さえるようにしてネガティブな感情を帽子の中に注入するイメージで、次に勢いよく帽子をとり、その帽子に注入したネガティブな感情を、帽子を振り払うと同時に捨てるイメージを持つ、胸を張り頭を上げて、深呼吸、「しまっていこー！」と声をかけ、プ

レートに足を置き、深呼吸、キャッチャーのサインを見て、キャッチャーミットに意識を集中し、投球動作に入る。これは、帽子を利用して、マイナス思考をプラス思考へ修正して、気持ちを切り替える方法です。

## 打者のマイナス思考をプラス思考にする具体的な方法
【マイナス思考例】
- いい球を見逃した場面（悔しい・監督から怒られる）
- チャンスに打ち取られた場面（悔しい・みんなに申し訳ない・どうして）
- わざと歩かされた場面（悔しい・なぜ俺と勝負しない？・打ちたかった）
- 三振した場面（悲しい・悔しい・監督に怒られる・申し訳ない）
- ボール球をストライクと判定された場面（怒り・この審判はダメだ・なぜ？・悔しい）
- デッドボールされた場面（悔しい・怒り・痛い・ケガをしたらどうする）

①打席をはずして1〜2度、素振りをする。素振りと一緒にネガティブな感情を振り払う。素振りという動作で、気持ちを切り替える努力をする方法。

②イチロー選手のようにバットを大きく回す動作（パフォーマンス・ルーティン）を行い、集中力の回復、自信の回復、「さあいつでもこい」という心の準備をする。彼はこの動作をすでにルーティン（自分のリズムやタイミングをとり、集中力を高める手順）として確立させ、集中力を高めたり気持ちを切り替えることに使用しています。

③打席の中で足場をならす動作をして、バットでホームベースをチョンチョンと軽くたたき、自分のリズムをとる、そしてバットを見つめながら深呼吸、構えてピッチャーをにらみつけ、深呼吸をして構える。自分のリズム（呼吸）をとることで、マイナス思考からプラス思考への流れを作る方法です。

④毎打席ベンチから同じように歩いて、ネクストバッターズサークルに入り、毎回同じストレッチや素振りをし、また同じように歩いて、打席に立ち、打席の中でも同じルーティンを繰り返す。自分のプレー（打つ）前の心の準備として、プラス思考（強気）の気持ちを作っていく方法です。

**野手のマイナス思考をプラス思考にする具体的な方法**
【マイナス思考例】
- エラーをした場面（悲しみ・悔しさ・監督の目が気になる・申し訳ない）
- 自分のミスでダブルプレーができなかった場面（悔しい）
- 自分のミスで負けが決まった場面（落ち込み・申し訳ない・監督に怒られる）

①ピッチャーが投げる動作に合わせて、集中力を高める。同時に「さーこい！俺のところに打ってこい！」とセルフトーク（自己会話・自分に言い聞かせる）をして、強気（プラス思考）を準備する方法。

②ピッチャーが投げ終わると同時に気持ちをリリース（リラックス）し、集中していた気持ちを解放し、ピッチャーが投げる動作に合わせて集中力を高める。集中力を持続させるとか、いつもプラス思考でいることは不可能です。そこで、どこかで気持ちを抜く（無心にする）時間をとり、気持ちを切り替える際の流れを作る方法です。

③ピッチャーが投げ終わると同時に気持ちをリリース（リラックス）し、ストレッチをしたり、「しまっていこー」などと声を出し、集中していた気持ちを解放する、ピッチャーが投げる動作に合わせてグラブをポンポンとたたくような動作（ルーティン）をし、気持ちの準備をして、呼吸に合わせて集中力を高める。これは、グラブという道具を利用し、たたくという動作で気持ちを切り替えるきっかけを作る方法です。

## プラス思考になるための50の質問

　それでは、もっと簡単にプラス思考を理解し、プラス思考になるための実践方法を紹介します。次の50の質問に答えるだけでプラス思考になれるという用紙を作成したので、ぜひ試してみてください。すでに1000名以上の選手に実施し、95％以上の選手がプラス思考になれたと答えてくれた方法です。
　この質問に答えることで、プラス思考とはどんなものなのかを理解しましょう。

**質問**：次の50の質問に「Yes・No」で答えてください。必ずどちらかに丸をつけます。もし、あなたがどちらか迷う質問があれば、それがあなたの問題点かもしれません。その番号に丸をつけ、後でその理由を考えていきましょう。

**1）** チーム内に不平・不満があると、やる気や集中力などの練習の「質が低くなり」、いくら練習をしても上達につながらないと思う。

Yes　　No

**2）** チーム内に不平・不満があれば練習の質が低くなり、結局は試合にも勝てないと思う。

Yes　　No

**3）** 不平・不満があるということは、自分が悪いのではなく誰かが悪いのだと思う。

Yes　　No

**4）** 自分でなく誰か（他人）が悪いのだから、自分は反省する必要がないと思う。

Yes　　No

**5）** 反省がなければ、人間は努力をやめてしまうし、そこには上達はないと思う。

Yes　　No

**6）** やる気がないのは、自分のせいだと思う。　　Yes　　No

**7）** 練習が楽しくないのも、今やっているスポーツが楽しくないのも、自分のせいだと思う。

Yes　　No

8）チームの雰囲気が悪いのも人のせいだし、このまま自分が泥沼にはまり込んでも仕方がないと思う。

　　　　　　　　　　　　　　　　　　　　　　　　　　　Yes　　No

9）どうせやる気がないし、練習ものらないから、楽しくないこの状況を誰かが何とかしてくれるだろう。

　　　　　　　　　　　　　　　　　　　　　　　　　　　Yes　　No

10）勝てないのは監督のせいだから、監督の考えが変わるのを待とう。いつまでも！

　　　　　　　　　　　　　　　　　　　　　　　　　　　Yes　　No

11）メンタルコーチ（または誰か）が何かしてくれるだろう。

　　　　　　　　　　　　　　　　　　　　　　　　　　　Yes　　No

12）今の状況でやれることをやるしかない。　　　　　　　Yes　　No

13）人に流されるのも、頼りにするのも、結局は自分次第だ！

　　　　　　　　　　　　　　　　　　　　　　　　　　　Yes　　No

14）何でも人のせいにしたり、不平・不満を言うのは、マイナス思考だ。

　　　　　　　　　　　　　　　　　　　　　　　　　　　Yes　　No

15）マイナス思考では、何も解決できないと思う。　　　Yes　　No

16）どうせやるなら、楽しいほうがいいに決まっている。　Yes　　No

17）私は、何をすればプラス思考で、楽しくプレーをできるか知っている。

　　　　　　　　　　　　　　　　　　　　　　　　　　　Yes　　No

18）練習、試合、チームメイト、先輩、後輩、監督、コーチが好きだ。

　　　　　　　　　　　　　　　　　　　　　　　　　　Yes　　No

19）自分は上（18）の意見に賛成できないマイナス思考人間だ。

　　　　　　　　　　　　　　　　　　　　　　　　　　Yes　　No

20）自分のマイナス思考は他人に絶対迷惑をかけないと宣言します。

　　　　　　　　　　　　　　　　　　　　　　　　　　Yes　　No

21）他人に迷惑をかける（足を引っ張る）ようならクラブをやめます。

　　　　　　　　　　　　　　　　　　　　　　　　　　Yes　　No

22）自分のマイナス思考で、人には絶対迷惑をかけていない。

　　　　　　　　　　　　　　　　　　　　　　　　　　Yes　　No

23）自分のプラス思考は、チームに貢献していると思う。　　Yes　　No

24）今やっているスポーツが好きだ。　　　　　　　　　　　Yes　　No

25）今やっているスポーツが好きなら、練習も楽しいはずだ。

　　　　　　　　　　　　　　　　　　　　　　　　　　Yes　　No

26）練習が好きなら、うまくなるはずだ。　　　　　　　　　Yes　　No

27）試合が好きなら、勝つ可能性も高まるはずだ。　　　　　Yes　　No

28）勝ちたければ、練習が基本となるべきだ。　　　　　　　Yes　　No

29）勝ちたければ、私生活も節制すべきだ。　　　　　　　　Yes　　No

30) 勝ちたければ、授業・仕事・生活などすべての内容も役に立てるべきだ。

　　　　　　　　　　　　　　　　　　　　　　　　　　Yes　　No

31) 勝ちたければ、監督を信頼すべきだ。　　　　　　　Yes　　No

32) 勝ちたければ、監督とコミュニケーションをとるべきだ。

　　　　　　　　　　　　　　　　　　　　　　　　　　Yes　　No

33) 勝ちたければ、チームメイトとコミュニケーションをとるべきだ。

　　　　　　　　　　　　　　　　　　　　　　　　　　Yes　　No

34) 勝ちたければ、勝つための練習をすべきだ。　　　　Yes　　No

35) 勝つために、毎日練習している。　　　　　　　　　Yes　　No

36) 勝つことより、大切なことがある。　　　　　　　　Yes　　No

37) 勝つための努力をすることで、何かを学ぶことができる。

　　　　　　　　　　　　　　　　　　　　　　　　　　Yes　　No

38) 異性との交際、パチンコなどのギャンブル、バイトなどで、大学生選手がダメになるケースが多いと言われている（高校生はゲームなど、プロや社会人は酒などに置き換えてください）。たしかにそうだ。

　　　　　　　　　　　　　　　　　　　　　　　　　　Yes　　No

39) 異性との交際やパチンコ、ゲーム、マンガなどは気分転換として有効だ。

　　　　　　　　　　　　　　　　　　　　　　　　　　Yes　　No

40）異性、ギャンブル、バイト（遊び）などで自分がダメになることは絶対にない。

　　　　　　　　　　　　　　　　　　　　　　　　　　Yes　　No

41）生活が楽しくて仕方がない。　　　　　　　　　　Yes　　No

42）高校・大学生・社会人・プロ生活が送れるのは、親のおかげだし感謝している。

　　　　　　　　　　　　　　　　　　　　　　　　　　Yes　　No

43）スポーツができることに感謝している。　　　　　Yes　　No

44）学校・寮・会社・チームでの人間関係は、将来役に立つと思う。

　　　　　　　　　　　　　　　　　　　　　　　　　　Yes　　No

45）体育・スポーツ界の体質は会社組織と同じであるため、社会に出るための準備となる。

　　　　　　　　　　　　　　　　　　　　　　　　　　Yes　　No

46）体育会系の先輩・後輩制度は、社会の縮図（社会の形態と同じ）である。

　　　　　　　　　　　　　　　　　　　　　　　　　　Yes　　No

47）卒業後・現役引退後に自分のやりたいことは決まっている。

　　　　　　　　　　　　　　　　　　　　　　　　　　Yes　　No

48）今やっているスポーツが将来に役に立つ。　　　　Yes　　No

49）自分の人生にスポーツは必要なものである。　　　Yes　　No

**50)** 今、スポーツをやることが、自分の人生を豊かにしてくれるだろう。

　　　　　　　　　　　　　　　　　　　　　　　　　　　Yes　　No

ここまで50の質問に答えて、プラス思考になれましたか？　　Yes　　No

その理由は何ですか？　何を感じましたか？　感想を書いてください。

---

## ステップ......15
## セルフトーク

　セルフトーク（自己会話）とは、自分自身と話をすることであり、自分で自分に自己暗示をかけていく方法です。たとえば「俺はうまい！　強い！　世界一だ！　そうだろ？　そうだ、俺は勝てる！」と自分に言い聞かせるように、また独り言をいうように自分と話をするのです。そして不安を打ち消し、自信を持つことが必要です。

　ステップ14で、『はじめの一歩』というマンガの話をしました。これと類似したテクニックを使っていたのが『柔道部物語』というマンガです。加えて、原作者は一緒ですが『風光る』と『4P田中君』というマンガも、メンタルトレーニングをかなり取り入れてあるようです。マンガ家の先生もかなりの取材をしているのが理解できます。

　話を戻して、スポーツでは誰もが無意識のうちにこのようなテクニックを

使っていることを説明しました。それでは、もっと積極的にセルフトークを使い、プラス思考で自信を持つための方法を紹介しましょう。ただし、あまり派手にやると周りから「あいつ大丈夫か？」などと言われるでしょう。しかし、これが平気でできるようになる頃には、あなたはプレッシャーとは縁のない世界にいるかもしれません。

### 俺は強い、天才だ、勝てる！

①鏡の前で自分の顔を見て話をしてみましょう（スマイルが基本です）。
- どんな話ができますか？　他人がいると恥ずかしい人もいるでしょう。
- 一人でやるトレーニング法です。
- 「おはよう！」「ウィース！」「調子は？」「オーケーイ！」など。

②鏡の自分とプラス思考で話をします（マイナス思考は絶対しない）。
- 「オー、目が輝いてるな」「当たり前ヨ、やる気マンマンだぜー」など。
- 「大丈夫か？」「何を言ってる。俺は天才だー！」など。

③セルフトークのとき、身体的態度を自信があるようにする。
- 目線をやや上に、空を見上げるように。
- 胸を張り、あごを上げ、自信たっぷりの姿勢をする。
- 「よし、よし、よーし！」と言いながらガッツポーズをして力を込める。
- 普段の動作でも余裕や自信がある態度をとり、「来なさい！」という気持ちで。

④練習や試合で活用していく。
- 苦しいとき、「いける！」「よっしゃー！」「まだまだー！」など。
- 苦しくて、もうダメでも「さーこい！　来なさい！」と余裕があるふりをする。

⑤セルフトークに慣れてきたら、冷静な判断をしているようなセルフトークをする。
- 「危ないなー、でも大丈夫。予定通りだ！」「次はこの作戦があるよ！」。
- ミスをしたとき、「くそー！」「神様じゃないんだぜ、次はうまくやるさ！」。

⑥もっと慣れてきたら、セルフトークを楽しむ余裕を持つ。
- 「ここで打たれたら負けるな。この緊張感がたまんないネー！」。

- 「楽しいなったら楽しいなっとー！」気分を盛り上げ自分でのっていく。
- たまにはホラをふきましょう。ただし、ふきすぎると人から信用されなくなります。

⑦呼吸法を用いたセルフトーク。

- 下を向き小さな声で「ヨーシ！」、正面を向き普通の声で「ヨーシ！」、少し上を向きちょっと大きな声で「ヨーーシ！」、上を向き大きな声で手を強く握りしめガッツポーズをとりながら「ヨーシ！」と、呼吸を強くしていく方法で気分をだんだんと高めていくのです。
- 同じように言葉を変えて、「楽しい！」「こい！」、そして究極は「俺は天才だ！」などの士気を高める言葉を、呼吸と動作に合わせて繰り返す。

楽しむぞ！

- 個人でもチームでもやってみましょう。試合場で平気でできるようになれば、プレッシャーなど飛んでいくでしょう。
- 試合前のサイキングアップとしても使えます。

⑧イメージを用いたセルフトーク。
- 自分の望む光景や動作をイメージし、「よーし、そこだ、やったー！」とか、「いける、いける、いったー！」などとやってみましょう。

⑨ビデオを用いたセルフトーク。
- 好きなプロ選手、一流選手のビデオを見ながら、「おーさすが○○だー、でも俺ならこうする、そしてチャンピオンだー！」「おいおい、待てよ、ここはこうするんじゃー、そら見ろ！」というような具合です。ついでにイメージトレーニングと予測のトレーニングもやってしまいましょう。

⑩繰り返し繰り返し口に出す。
- 自分の希望することを何度も何度も繰り返し言う。
- 「できる！　できる！　できる！　できる！　できる！　俺は天才だー！　できる！」という感じで身体に力と気持ちを込めて、激しい口調で、もちろん上を向いて胸を張って目を開き輝かせ、身体中からエネルギーが発散するように繰り返しましょう。

⑪動作を用いたセルフトーク。
- 胸を張り、目を輝かせ自信を持った態度またはふりをしてセルフトークをする。
- 何かひとつの動作をやるとエネルギーが湧いてくる、というルーティンを持ち、「来た、来た、来た、よーし！」というような感じです。

　ステップ9の「リラクゼーション」で、自律訓練法という心理学の療法を取り入れたトレーニングを紹介しました。「手が温かーい、手が温かーい」とか「額が涼しい、額が涼しい」などを約10回ほど繰り返し、リラクゼーションをしながら集中力を高めるというものです。この自律訓練法の一部を取り入れたリラックス方法には、同じ言葉を繰り返すという「セルフトーク」の心理的スキルも含まれていました。同じ言葉を繰り返すことには、呼吸法としての意図、その言葉に意識を集中し、集中力を高める意図、その言葉の意

味を「暗示」していくという意図があります。たとえば、「気持ちを切り替えよう」という言葉を口に出すことでひとつの目標設定となり、それを繰り返し言うことで、これをやろう、これをやりたい、これをやるべきだ、これをやればこうなるというイメージ（プラン作成）ができます。つまり、これから自分のやるべきことの道筋（プラン）を決めたわけですから、あとは迷わず、悩まず、やるべきことに意識を集中してやるというひとつの理想的なパターンが出来上がります。それが良いプレーや気持ちの切り替えとなり、試合での成功の可能性を高めることにつながるのです。

> 毎日の生活をセルフトークのトレーニングの場として活用し、試合場面でも生かせるようにしましょう。

### 日常生活でセルフトークをする具体例

セルフトークの基本は、プラス思考でプラス方向の言葉遣いをすることです。たとえば、話すときは、プラス思考でプラスの言葉遣い、人をほめたり、いろんなことに関心を示したり、感激をするなどです。これを朝起きてから寝るまでの間に活用して「トレーニング」を積むというやり方を紹介しましょう。

- ベッドの上でストレッチをして、「よーし、今日も頑張るぞー」とセルフトーク。
- 歯を磨きながら、鏡に向かい、自分に挨拶。「おはよー、元気？」、「ウィース」など。
- 朝起きて、家族に「おはよう」と元気よく挨拶し、「さあ、今日も頑張ろう」など声をかける。
- 朝の気持ちのいい空気を吸いながら散歩をし、会う人に「おはようございます」と挨拶。
- 朝ごはんを食べながら、明るい雰囲気で、楽しい会話をする。
- 学校や仕事場で「おはよう」と元気よく挨拶し、朝から元気のいい張りのいい声で勉強（仕事）。

- 練習でも「チュワーッス」と元気よく挨拶し、「先輩、頑張りましょう」、「監督、今日もよろしくお願いします」など明るく、楽しい、気持ちののった会話から入るように。
- 練習の声がけも、「OK！　いいねー、ナイス、もういっちょう、ドンマイ、気にしない、さーいこー、頑張っていこー」などプラス方向で行う。

　頭の中がプラス思考でなければ、このような言葉の使い方や態度はできないものです。だからこそ「トレーニング」として位置づけ、毎日の生活をトレーニングの場として活用すれば、試合場面でもプラス思考やプラスのセルフトークができるようになるはずです。試合のときだけ使って成果を上げようなど、そんな虫のいい話があるわけありません。地道な毎日のトレーニングの積み重ねが、試合で大きな成果として表れるのです。

　セルフトークは、プラス思考で元気よく、楽しい言葉で、自分の気持ちがのること、また他人をも気持ちよくし、互いに気分がよくなるようにし、試合でいいプレーができるように、気持ちが切り替わるように、自信が持てるようにし、最終的に試合で勝つという目標への心理的スキルであることを認識することが必要です。

## ステップ……16
## サイキアウト

　このテクニックは、相手に対して、やる気をなくさせるような言葉、会話、そしてアクションなどを積極的に用いるものです。ただし、相手の短所やプライベートなことなどで非難、中傷、罵倒を浴びせるものではありません。つまり、許される範囲で相手を迷わせることで、心理的に優位に立とうというものです。

　ボクシングのモハメド・アリがリング上やリング外でよく使っていたのがこのテクニックですが、彼の場合は行きすぎもあったようです。野球では、ヤクルトと阪神の監督を歴任した野村克也氏が選手時代に使っていたと聞い

ていますが、その内容が詳しくわかりませんので、そうであったとだけ紹介しておきます。

具体的にいうと、相手の選手が「今日は蒸し暑いなあ！」と挨拶がわりに言ったときに、それにどう答えるかで相手の出鼻をくじくことになります。「この暑さは俺にとって最高さ！」というように、「お！　なんだこいつは、やる気マンマンじゃないか！」と思わせるような、ちょっとした駆け引きだと思ってください。あまりエスカレートすると人間関係をも壊しかねないし、卑怯な人間だと思われかねませんので、さりげなく、きれいに、がポイントでしょう。

また、言葉だけでなく表情や態度、動作でもこのテクニックは有効です。たとえば、自信を持った表情や態度、動作を身につけていれば、相手が考えて、勝手に自信をなくしてくれることもあるのです。試合前にオドオドして目をキョロキョロしていれば、「あいつは自信がないな。プレッシャーに負けている。よーし、この試合もらった！」と、相手に余裕を持たせることになります。しかし、あなたが自信たっぷりの態度で余裕を持ってプレーをしていると、「あいつはいやに余裕あるなー！　かなり自信を持っている。大丈夫かなー？」と勝手にサイキアウトしてくれ、彼本来の能力を出させないで済むかもしれません。大きな大会や国際大会、相手をよく知らないとき、また知っていても相手に「お、何だ何だ！」という意外感を抱かせたり、相手の注意や集中を邪魔する際に使える、さりげないテクニックです。ただ、このテクニックばかりに気をとられて、自分がサイキアウトしてはどうしようもありませんよ！

表情や態度で特に有効なのが「目」です。余裕のスマイルや目の輝き、精神力を表すアイファイティング（ガンを飛ばす、メンチをきるなど、相手とのにらみ合いで目をそらさずに威圧する）などを、普段の練習でトレーニングしていくのです。もし試合前に相手と握手をするなら、握手の仕方、握力の入れ方、目線、胸の張り方、スマイルなどをどう活用するかで、この試合が決まるかもしれないのです。ボクシングでは試合前によくアイファイティングをしています。目線を先にそらしたほうがどれだけの確率で負けるか、観察してみてください。また、そのように殺気立っている相手を手玉にとるテ

クニックも必要でしょう。靴のヒモを結び直すような「間を取る」とかタイムアウトなどは、相手のリズムを狂わせてイライラさせたり、逆に自分のリズムを取り戻す意味も含まれています。

つまり、相手の考えを読んで、自分が心理的に優位に立てるようにするテクニックがサイキアウトなのです。このテクニックを洗練して、相手の作戦や次のプレーが読めるようになれば理想的です。

このサイキアウトのトレーニングも、練習や試合はもちろんのこと、日常生活で行います。学校や職場などで友達に対して使って試行錯誤し、少しずつ理解しながらテクニックを身につけましょう。言葉ひとつで、態度で、周りの人がどう反応するか観察し、応用してください。人間関係を損なうようなマイナスの言動や態度はせず、プラスの方向で試してください。

また、サイキアウトのテクニックを逆に応用すると、相手の気持ちを理解し、相手を気分よくさせ、ビジネスや人間関係を成功させ、あなたや周りの人を幸せにすることもできるのです。これは一般向けのメンタルトレーニングとして世界中で使われているものです。

たとえば、あなたがチームメイトに活用するとしたら、「オー！　調子よさ

そうだネ！」「元気いいなー！　がんばれヨ！」「やる気マンマンだなー！」「目が輝いてるネ！」「今日もがんばろー！」などと声をかけ、そして気持ちのよい挨拶やスマイルをするのです。練習や試合の始まる前からしかめっ面をしたり、大声で怒鳴りつけると、自分のチームメイトにサイキアウトのテクニックを使っていることになり、気分を悪くさせたり、やる気をなくさせたり、リズムを壊すことになるのです。あなたの本心としては「元気出してがんばってくれ！」という気持ちで気合を入れているのだとしても、それが逆効果であることは選手たちからの多くのデータが示しています。本気で勝ちたいのなら、いかに自分とチームメイトをのせるかです。選手がコーチをのせることができるようになれば、試合で勝つ可能性も高まるに違いありません。

# 第9章

# 心理的スキルを毎日の生活や練習で活用する

## ステップ……17
## セルフ・コンディショニング（自己調整）

　毎朝、起きたときの気分はいかがですか？　気持ちよく快適に目覚めていますか？　それとも何か重ーい気持ちと疲労感でまだ寝たいヨーという気分でしょうか？　また大事な試合の数日前や前の日に、興奮してよく眠れないことはありませんか？　そうです、ここでは普段から朝気持ちよく目覚め、気持ちよく寝ることもトレーニングとして実施していこうと思います。また潜在能力を引き出すトレーニングとしての役割もあります。
　その具体的な方法とテクニックを紹介しましょう。内容は違いますが旧ソビエト連邦のオリンピック選手は、このセルフ・コンディショニング・トレーニングを毎日、朝と夜に実施していたといわれています。このプログラムは、練習時間だけの時間ではなく生活に密着したもので、選手自身の日常生活に役に立つものでもあります。
　このセルフ・コンディショニングは、言葉が示すように「選手が自分で、心理的な準備・調整をする」ということが基本です。

> 選手が気持ちの調整やコントロールをし、一日の準備をすることが、試合で勝つ可能性を高め、上達を促してくれる。

　世界各国のオリンピックチームをはじめとして、私たちが指導するチームには、朝の散歩の中でこの心のコンディショニング（心の調整）をチームとして実施してもらっています。合宿や遠征ではチームとして行動することが多いので、チームの全員で実施する場合がほとんどです。しかし基本的には、個人で毎日やるものだということを認識しておいてください。トップレベルの選手の多くは、自分なりの気持ちの調整方法を持っていますし、チーム全員でやる前に自分なりの調整をしてからチームに合流するようです。

　一日のスタートを「気持ちよく起き、ゆっくりとした時間をとり、散歩をしてゆっくりと目を覚ましていき、セルフ・コンディショニングのプログラムを実行し、心理的な調整をし、朝食前に約30分ほどの行動をすることで朝ごはんをおいしく食べる、という流れを作ります。いろいろな研究から、朝の目覚めがいいとか朝ごはんをおいしく感じたとき、試合で勝つ可能性が高まるといわれています。勝つ可能性を高めるために、このようなことをプログラム化して、その効果を出そうという考え方です。もちろん、このセルフ・コンディショニングを終えて、朝の練習を気持ちよく開始してもいいでしょう。これをやることで朝の練習の効果が格段に上がると思います。

> これは実際に実施するプログラムです。読むだけで終わらないようにしてください。

**朝のセルフ・コンディショニング**（快適に目覚め一日を気分よく過ごすために）
①目覚し時計に合わせてリラクゼーション・ミュージックが流れる。
●タイマーでセットしておきます。
②目を開けてスマイル！
●スマイルで顔のリラックスをします。スマイルが気分もよくしてくれます。
③ベッドや寝床の中で大きく深呼吸をします（3回）。
④寝たまま大きく背伸びをしてあくびをします。

⑤セルフマッサージをします。
- 顔、頭、首、肩、腹、足、足先へとゆっくり軽く刺激を与えていきます。

⑥音楽に合わせてストレッチングとリラクゼーションをします。
- 呼吸に合わせて、手や足の指、かかとを伸ばしたりすることから始め、筋弛緩法、そして普通のストレッチングへと実施してみましょう。
- ゆっくりと時間をかけて、少しずつ体温や呼吸数を上げていきます。
- 筋肉や身体の調子を確かめるように。
- つま先やかかとを伸ばしたり、首や肩を中心にゆっくり呼吸に合わせて動かしたり、腰を伸ばすような、目が気持ちよく覚めるストレッチを見つけましょう。

⑦メディテーション(瞑想)をします。
- 何も考えずに、呼吸に意識を集中していきます。
- 座禅を組むようにして、最初は数分からだんだん延ばしていきます。

⑧今日の予定をイメージトレーニング。
- 寝る前に書いた日記の「明日の目標」を見て。
- 今日一日の予定をプラス思考ですばやくイメージ。
- 今日一日がうまく、充実したものであることをイメージで確認したら、セルフトークで「よーし！　今日も最高だー！」という具合に気合を入れます。

⑨軽快な音楽に変え、音楽に呼吸とリズムを合わせていきましょう。
- ややテンポが速く気分がのってくるものを選びましょう。
- 元気よく起きたい人は、「ロッキーのテーマ」や軍艦マーチなどの行進曲を。

⑩その音楽にリズムを合わせながらベッドから起きます。

⑪リズムに合わせて軽いシャドーボクシングやエアロビクスダンスなどを行います。
- 気分をよくすることが目的なので、ハーハーいうまで行う必要はありません。
- 朝のダンスを楽しむ感じで、自分の気分をのせていきます。

⑫鏡で自分の目の輝きや表情をチェックし、スマイル！

⑬鏡の前でセルフトーク。
- 「おはよう！」、「ウィース！」、「調子は？」、「オーケーイ！」など。

第9章　心理的スキルを毎日の生活や練習で活用する

- のってきたら「ヨーシ、よーし、よーし、よーし！　今日もやるぜー、俺は天才だ！　やればできる！」、「ハハハハハハー」と大声で笑います。
- 返事をするときに声を強め、だんだん声を大きくし、目線や顔を上げて胸を張るようにします。
- 目を輝かせ、自信たっぷりのスマイルとガッツポーズ！

⑭歯を磨き、顔を洗い、シャワーを浴びて。
⑮散歩、森林浴、ジョギング、朝練などへ。
⑯家族や仲間がいる場合は、自分から気持ちよく「おはよー！」と声をかけます。
- 楽しそうな笑顔や態度は、他の人をも楽しくするものです。
- 朝からきびきびと動くことは自分の気持ちを高めてくれます。

⑰朝ごはんも楽しく気分よく食べましょう。もちろん栄養学で計算された食事で。
- 家族や仲間と楽しく話しながら。
- 合宿でシーンとして「話をするな！」と言われ、緊張してもくもくと食べるのでは、わざわざ気分を悪くしているようなものです。
- 食べるということは、人間を楽しくさせます。それを活用するのです。

⑱出かける前にもう一度、鏡で目と表情をチェック、スマイル！

### 夜寝る前のセルフ・コンディショニング（寝るためのトレーニング）

- 今まで行ってきたリラクゼーション、呼吸法、ストレッチング、セルフマッサージ、熱いシャワーやお風呂、よく眠れる音楽などを活用して、自分なりのテクニックを確立することが必要です。
- 普段の寝る時間、試合のときの寝る時間、睡眠時間、昼寝の時間、そして起きる時間などを認識しておきます。
- 自分の体調をベストにするための睡眠時間などの確認も必要でしょう。
- 季節による問題。
- エアコンやヒーターなどの使用に関する問題。
- ルームメイトがいれば、いびき、環境、その人間関係なども考えます。
- 外国での国際大会における時差の問題。
- いつ、どこでも、すばやく寝て、体力や気力の回復が図れるようにトレーニングするのです。

①リラクゼーション・ミュージックを流します。
②簡単なリラクゼーションをします。
③メディテーション（瞑想）をします。
- 何も考えずに、呼吸に意識を集中していきます。
- 座禅を組むようにして、最初は数分からだんだん延ばしていきます。

④練習日誌・日記をつけながらイメージトレーニング。
- 今日のことを思い出しながら、よかったことは強く何度もイメージし、次回も同じことがスムーズにできるように、繰り返しイメージトレーニングします。
- 反省することや、ミスをしたことをイメージの中で修正していきます。
- 日記に書いたことを簡単にプラス思考でイメージしていきます。
- 目標設定用紙を見て、自分の夢に対するイメージを広げていきます。
- 明日の目標を決め、明日を予想してイメージトレーニングをします。
- 続けるには楽しく冗談も交えて日記を書き、楽しんでイメージトレーニングを行うこと。「しなくてはいけない」などと義務感を持たないようにプラ

ス思考で。
- スマイル！

⑤もう一度ベッドや寝床で音楽に合わせてストレッチングやリラクゼーションを行います。
- どうすれば眠くなるのか、自分で見つけましょう。
- やり方によっては目が冴えて寝られなくなるので気をつけましょう。
- ゆっくりとひとつの動作を30～60秒かけて、深呼吸に合わせて行います。
- このまま寝ることができればけっこうです。
- リラックスすることが重要です。

それでも寝られない人は、
- 少しのお酒。
- お風呂。
- セルフマッサージ。
- 難しい本を読む。おもしろくない本を読む。
- 眠くなるまでとことん起きておく。
- 足を温める。

**【器具を使って】**
- ボディーソニックチェア。
- クラシック音楽：バッハ／ブランデンブルク協奏曲など。

　以上のようなことを常に考え、トレーニングとして実行し、対策を立て、ひとつのテクニックとして確立してほしいのです。

# 第10章

# 試合のための心理的準備

> 毎日の練習や生活で、心理的スキルをトレーニングすることが試合への準備となります。

　試合で勝ちたい、勝つ可能性を高めたいというのが、競技スポーツをしている選手の一番の目標だと思います。そこで、この本では「**試合で勝つために何をしたらいいのか？**」という疑問の答えとして、メンタル面の強化が必要であり、その強化の方法がメンタルトレーニングだと紹介してきました。このメンタルトレーニング、専門用語でいう「心理的スキルトレーニング」を、皆さんがすぐ使えるように説明してきましたが、第10章では、ここまで「トレーニング」としてやってきたことを、「試合で活用する」ことを目的に、もう一度まとめ直してみます。下記に示した要点を思い出しながら、これらをいかにして試合で活用するか考えてみましょう。

1．**心理テストでの自己分析**──試合に勝つための心理的な準備のひとつ。
2．**目標設定、プラン作成、練習日誌**──やる気を高め、練習の質をよくする。
3．**リラクゼーション、サイキングアップ**──自分の気持ちをコントロール

する。
4．イメージトレーニング──予測・判断・決断力を高め、成功の準備をする。
5．集中力のトレーニング──練習の質やプレーの成功を高める。
6．プラス思考の強化──監督との人間関係や自信・強気・前向きの気持ちを作る。
7．セルフトーク──自分のやるべきことを確認し気持ちを切り替え、自信を強める。
8．試合に対する心理的準備──心理的スキルをトレーニングして試合で活用する。
9．2度目の心理テスト──本当にメンタル面が強化（強く）できたのか？を確認する。

　上の1～9をプログラム化（系統的・段階的・合理的にする目的）して、より効果的にメンタル面を強化し、競技スポーツの目的である「試合に勝つ・勝ちたい」という目標を達成するための心理的準備を理解してください。また、これらを試合の日にどのように活用するのかを紹介していきます。

> メンタル面強化を、より効果的にするためにプログラム化しました。

　プログラム化した心理的スキルを下記のようにまとめました。

## 1．心理テストでの自己分析
　まず、メンタルトレーニングを始める前に実施した心理テストと同じ心理テストを、今シーズンの最も重要な試合か大会の前に実施します。この2つの心理テストのデータを、個人・チームで比較してみましょう。メンタル面が強くなっているのを確認できましたか？　自分のメンタル面が強くなったと確認できれば、自信を持って試合に臨むべきです。まだメンタル面が強くなっていなければ、その問題点を確認し、試合が始まるまでに修正したり、気をつけるようにするなど、今からできる準備をします。

> 自分の心理状態やメンタル面の強さなどを定期的にチェックしましょう。

## 2．目標設定、プラン作成、練習日誌

　目標設定をしたことでやる気が高まり、練習でのやるべきこと、やりたいことが明確になり、自分の夢を達成するために努力をして、自分が上達したと感じますか？　また、夢を達成するために立てたプラン通りに実行していますか？　良い方向へ修正するのはいいことですが、実行できなくて妥協し、低いレベルへの修正をしていないでしょうね？　もちろん、毎日練習日誌をつけて、毎日の練習の「目標達成確認」、「予習・復習」、「練習を思い出し、明日はどうすべきかというイメージトレーニング」をしていますね？　試合当日の朝、もう一度自分の目標設定用紙を見て、この試合で勝つことが自分の人生やスポーツ人生にとってどんな意味があるのかを確認して、やる気を高めてから試合場へ向かいましょう。試合に対して、①結果目標を決める、②その結果を達成するためのプロセス目標を決める、③自分が何をしたいのか、やるべきなのかプランを立てる、④プランを実行することでどうなるのかを明確にする、⑤プランを実行する、⑥プランの実行が予定通りか練習日誌をつけて毎日確認し、良い方向へ修正していくなどを確実に実行できることが、試合で勝つ可能性を高めてくれます。

> 　自分のやりたいこと、やるべきことを確認し、自分でやる気を高めましょう。

## 3．リラクゼーション、サイキングアップ

　朝起きたとき、夜寝る前にセルフ・コンディショニング、練習前にリラクゼーションやサイキングアップをやり、練習の質が高まっていますか？　試合前のリラクゼーションやサイキングアップによって自分の実力を最高度に近い形で発揮できるようになりましたか？　また、プレッシャーのかかる場面でうまく自分の気持ちをコントロール（セルフコントロール）できるようになりましたか？　試合当日、朝のセルフ・コンディショニングをやり、気

持ちよく起きたり、ゆっくりとした気分で散歩をしたり、今日の試合への気持ちの準備をして、おいしく朝ごはんが食べれるようにしましょう。もちろん、試合の1週間前、いや毎日これができていれば、いつも通りのメンタル面の準備ができていることになります。朝から、やる気のある、試合がしたくてたまらない気持ちにすることが、勝つ可能性を高めていくのです。たまには身体がきつかったり、筋肉が痛いこともあるでしょう。そんなときこそ気持ちをリラックスさせ、気持ちだけでもやる気やノリを作りましょう。心身（心と身体）を良い状態にすることが、あなたの上達や試合で勝つ可能性を高める準備になることを理解してください。

> 朝・練習前・試合前に、気持ちの準備をして、試合で勝つ可能性を高めましょう。

## 4．イメージトレーニング

　練習日誌を書きながら、今日の練習の反省と、明日の練習でやるべきことのイメージトレーニングができます。また、ビデオやTVを活用する良いプレーのイメージ作り、好プレー特集などで成功イメージを作るトレーニングをやっていますか？　今までの「最高の試合の日」に書いた練習日誌を読み返してみましょう。そして、そのときのことを思い出し、朝から何をし、何を食べ、どのようにして試合場へ行き、試合場に着いて何をし、どんなウォーミングアップをして、試合中はどんなプレーをして、そのときの気持ちはどうだったかなどをイメージし、それと同じように今日の試合をイメージして、成功するイメージトレーニングをしましょう。うまい選手のプレーを見て、良いプレーのイメージや、その選手のテクニックを盗むことも可能です。

　イメージをうまく活用したり、自分の思うままにコントロールできるようにトレーニングを積みましょう。試合のときだけイメージを使うなんて気持ちがあるとしたら、それは「インスタント」の効果しかないでしょう。本当に効果を求めるのであれば「毎日のイメージトレーニング」が必要です。イメージトレーニングのすごいところは、24時間いつでもどこでも、あなたがやろうと思えばできる点です。ケガをしたときは、メンタル面強化をするこ

とで、普段できない最高のトレーニングになるでしょう。

> 　練習日誌は、うまくなるための、試合で勝つためのイメージトレーニングになります。

## 5．集中力のトレーニング

　リラクゼーションによる静的な（静かな状態での）集中力を高めることができるようになりましたか？　サイキングアップによる動的な（活動的な状態での）集中力の高め方ができるようになりましたか？　プレーとプレーの合間にルーティン（集中力を高める動作や手順など）を活用して、いつでもどこでも集中力が回復できるようになりましたか？　試合当日は、毎日のセルフコントロールの「トレーニング効果」を試すときです。普段の練習では感じない試合でのプレッシャーを、リラクゼーションでうまくコントロールし、サイキングアップで気持ちを高めて、理想的な心理状態（フロー、ゾーン）にメンタル面を調整しましょう。つまり、試合で最高能力を発揮するための、メンタル面の準備をするということです。

> 　試合当日に、大事な場面で集中力を高めることができるようにすることが目的です。

　ルーティン（集中力を高めたり、気持ちを切り替える手順）やフォーカルポイント（集中力を高めるポイントを決め、活用するテクニック）を使って、気持ちの切り替えや集中力の回復がすぐできるようになりましたか？　試合では、自分の予測しないことが起こることがあるし、相手に先行されたり、ミスをすることもあるでしょう。そんなときに気持ちを切り替え、集中力を回復し、やる気を高め、最後まであきらめない気持ちを持つことが大切です。これらを当たり前にできるようになるために、集中力を高めるトレーニングをするのです。これができるようになれば、メンタル面強化のトレーニングにおいて大きな意味があるでしょう。

> 集中力を高めることが常に調子がいい状態、良いプレーへとつながります。

## 6．プラス思考の強化

　プラス思考（ポジティブシンキング）は、スポーツ選手にとって最も重要な考え方だと思います。このプラス思考がひとつの心理的スキルとして「トレーニング」できていますか？　トレーニングするとは、心理的技能（スキル）を身につけ、いつでも使えるようにするということです。この言葉は、口に出すのはたやすいのですが、実行することが非常に難しいものです。試合で使えなければ意味がありません。そのために「トレーニング」をする必要性があるのです。毎日の生活が一番のトレーニング場所になります。自分の生活、学校や職場での人間関係、そして毎日の練習でプラス思考を身につけるトレーニングをし、試合のいかなる場面でも、練習のきつい場面でも活用できるようにしておきましょう。特に、監督やコーチとの人間関係・師弟関係には、すばらしい効果を期待できる心理的スキルです。

　プラス思考の基本は、「今やっているスポーツが好き・楽しい・おもしろい」です。「試合が好き・試合が待ちきれない・楽しみでしょうがない・早く試合をしたい」などの気持ちを作ることが、試合に対しての最高の心理的準備になります。この気持ちを持ち続ければ、試合前のプレッシャーを感じても、相手に先行されても、ミスをしても、「これがスポーツのおもしろいところだ。思うようにいかないときに自分がどう対処するかで決まる。この窮地（追いつめられた状態）を楽しもう」などの「悟り（プラス思考）」があれば、試合中に「チャレンジ」ができるはずです。

> プラス思考が、あなたの悩みや問題を解決する万能薬となるでしょう。

## 7．セルフトーク

　セルフトークとは、あなたが口に出す言葉や自分に対する問いかけのような独り言で、自己会話（内言）と訳すことができます。これをうまくコント

ロールして、ちゃんとした使い方をすれば、集中力を高めたり、気持ちを切り替えたりして自信を持ち、良いプレーをするのに必要な武器になるという心理的スキルです。セルフトークを「トレーニング」として行うには、毎日の生活で「プラス方向」の言葉遣いをするようにしましょう。たとえば、挨拶は元気よく力強い口調で「おはようございまーす。今日もいい天気ですねー。がんばりましょう」。毎日の生活はもちろんのこと、練習や試合の会話のはしばしで「すごい、いいねー、うまい、よし、まだまだ、やるぞー、がんばろう、もういっちょ、元気出して、もっと」などの言葉を使い、口癖のようにプラス方向の言葉が自然に出るようにしましょう。そうすれば言葉が自分自身に対する良い方向の暗示となり、気持ちもどんどんプラス思考になるはずです。プレーの直前には、自信を持つための気持ちの切り替えのテクニックにもなります。プラス方向の言葉を使えば、頭の中のイメージも自然に良い方向（成功イメージ）へ変わっていくはずです。自分の気持ちを楽しく、良い方向へ持っていき、練習の質を高めたり、試合で良いプレーをしたり、勝つ可能性を高めるのに効果的な心理的スキルとなります。

　ここで実験をしてみてください。鏡の前に立ち、プラス方向のセルフトークを続けます。たとえば、「おはよー、元気？　いい顔してるねー、目も輝いて、やる気マンマンだね。今日の試合で何をしたいの？　勝ちたい？　じゃ勝つために何をすればいい？　気持ちをのせる、何をどうしたら気持ちがのるかな、音楽？　いいねー、サイキングアップでのる、それそれ」などと自分と話しをしてみてください。これが朝起きたときの、また試合前の「心の準備」にもなります。また友達やチームメイトとの会話も、できるだけ楽しい、気持ちがのるような内容にしましょう。自分で自分の気持ちをのせ、自信をつけ、やる気を高め、やるべきことに集中力を高める言葉遣い、話し方、そして自分自身への話し掛けがセルフトークです。マイナス思考になったらこのセルフトークでプラス思考に気持ちを変えていきましょう。

---

　自分の気持ちをうまくコントロールし、自信をつけるセルフトークをしましょう。

---

## 8．試合に対する心理的準備

　試合で勝つための気持ちの準備をすることが、この心理的スキルです。①目標を決める、②その目標を達成するイメージ（プラン）、③試合で起こりうる出来事をイメージし、それに対処できるイメージトレーニング（心の準備）、④プレーの前にはルーティンをして集中する、⑤ミスしたらフォーカルポイントやセルフトークを使い気持ちを切り替える、⑥コーチと良いコミュニケーションをとる、⑦試合当日はこうしてこうする、⑧この試合が自分のスポーツ人生にこのように役に立つから、この点だけはおさえよう──。このような「気持ちの準備」をしていくことが、試合で勝つ可能性を高め、相手が強くても自分ができることを準備し、悔いのないプレーをし、実力が最高度に発揮できることにつながるのです。

> 　心理的スキルを組み合わせてトレーニング、試合への準備、そして試合中での活用を。

## 9．2度目の心理テスト

　メンタルトレーニングを実施した後の効果を確認するスポーツ心理テスト（ポストテスト）として、メンタルトレーニングを始める前に実施したスポーツ心理テストをもう一度実施します。つまり、メンタルトレーニングをやったことでどれだけメンタル面が強くなったかをチェックし、トレーニング効果を確認する目安にします。たとえば、やる気は？　試合で実力を発揮できるか？　イメージ能力は？　協調性は？　など前に弱かった点の補強ができているのかどうかもチェックしたりします。このスポーツ心理テストを、シーズン前、シーズン最後の大切な大会前などに定期的に実施し、選手個人やチームのデータベースを作ります。心理テストは年に2回を基本にしましょう。

> 　スポーツ心理テストで科学的なデータベースを作り、活用しましょう。

## ステップ……18
## 試合に応用するテクニック

　それでは、初級編のまとめでもある最後の仕上げの段階に入っていきましょう。試合のための心理的準備が、最も実戦的ですぐに応用できるものです。もちろん、今までのステップを省いてしまっては効果も半減するでしょう。ここまでコツコツと積み上げてきたメンタルトレーニングの心理的スキルを、総合的に試合で応用・活用していく方法を紹介しましょう。

### ①試合場の下見・確認をして、その場や家、寄宿舎などでイメージトレーニングをする

- 可能なら、試合にできるだけ近い形式の練習などを行い、イメージが鮮明に浮かべられるようにする。もし下見に行けなければ（遠方、時間の都合、外国など）、ビデオや写真を見てイメージを作る。
- 下見は、できるだけ試合の日のスケジュールに合わせて、起きる時間、朝食、出発の時間を確認しながら行う。

- 可能なら試合の数週間前に試合場へ来て、試合の心理的準備となるイメージトレーニングのための情報収集をしましょう。
- もちろん、試合の数日前や前日に、イメージの確認ややる気を高める目的で何度か試合場を訪れましょう。
- 試合当日は、朝目が覚めたら、試合当日の心理的・身体的コンディションをどう整えるか考え、気分よくゆっくりと朝食を取り、余裕を持ってその日の準備をして、家や寄宿舎を出るまでをイメージしておきましょう。
- 自分の家や寄宿舎から、どのような方法（バス、電車、車など）、ルートで試合場に行くとか、誰と行くかなどを予測してイメージしておく。
- 試合場のある場所、試合場の周りの環境や状態、天候、温度、施設、観客、ライバル、友達、チームメイト、役員、補助員などを予想してイメージを浮かべる。
- 可能なら、数日前に同じ試合場で、同じ時間に練習しながらイメージトレーニングも行う。練習できなければ、試合場に立ってイメージトレーニングをする。
- 予想できる試合の状況をできるだけイメージし、何が起きても驚いたり、自分を見失わないように心の準備をしておく。
- マイナスのイメージは絶対持たない。もしマイナスの状況イメージが浮かんだら、プラスのイメージに変えていく。
- 必ず、自分が勝ったり、優勝するプラスのイメージを持つ。
- 起こりうる問題に対しての対処法をイメージで確認する。
- 自分がコントロールできるものと、自分でコントロールできないものを確認する。自分の力ではどうしようもない事柄を気にしないようにしましょう。たとえば、天気、審判の判定、試合場のコンディション、交通渋滞など。

## ②選手とコーチが必ずミーティングをする（両側通行のコミュニケーション）

　ほとんどのチームが、何らかの形で試合前のミーティングをしていると思います。しかし、そのミーティングの内容はどんなものでしょうか？　メンタルトレーニングでは、このミーティングの内容も計画・プログラム化して、チームや選手が最高度の能力を発揮できるようにします。もちろん、毎日の

ミーティング、試合前日、試合当日、試合直前、試合中、試合後のミーティングなど、状況によって内容も変わってくるはずです。

　今から紹介する方法は、選手とコーチが本気で話し合ってほしい内容です。本当に試合で勝ちたかったら、このようなことまで気をつけて、プログラム化してほしいのです。

　ここでコーチに注意してほしいのは、ミーティングで選手に命令したり指図するなど、独りよがりで一方通行のコミュニケーションをしないでほしいのです（日本人の典型的な悪いコミュニケーション例）。これでは、選手たちがそのやり方に対して不平・不満をためるだけです。多くのコーチは、毎日の練習でしつこく言っていることを試合の前にまた繰り返すことでしょう。ここでは注意や警告、「もし負けたら…」などの脅しは避けてください。どうすれば選手の能力が発揮できるかを考えて行動し、もし選手とコーチが話し合う時間があれば、数日前にしておきましょう。

- コーチが選手から意見を聞き、指導に対するフィードバックの場とする。
- コーチが選手に、何をしてほしいか聞く。
- 選手がコーチに、こんな状況では声をかけてほしい、絶対怒らないでほしい、自分に（自分たちに）任せてほしい、指示をしないでほしい、指示をしてほしい、ほめてほしい、声をかけてほしいなど、選手自身が最も能力を発揮できる状態を要求し、話し合い、互いに納得して試合で実行する。
- ミーティングで選手、チーム、そしてコーチの目的・目標を確認する。
- チームの中で、興奮しすぎていたり、不安、落ち込み、自信喪失、またリラックスしすぎているメンバーをチェックしたり、平常心に戻す手助けをする。
- どうすれば選手の能力が発揮できるかを話し合う。
- 選手やチームの雰囲気を少しずつ、理想的な心理状態へ盛り上げていく。
- 試合の日は、コーチではなく選手が主役になるように気を使う。

### ③チームメイトとミーティングをする（選手同士のコミュニケーション）

　野球などのチームスポーツは、人間関係がチームワークに大きな影響を及ぼします。特に日本独特の「先輩・後輩」の人間関係は、選手やチームの最

高能力を発揮するために邪魔になることが多いとも考えられます。つまり自分たちが勝利を得るためには、何をすればよいのかを真剣に話し合い、また話し合える雰囲気を作る必要があります。

　選手同士で、お互いの表情、目の輝き、動作、言葉などを観察します。心理的に不安定であると必ず何かの兆候が表情（泣きそうな情けない顔など）、目の輝き（目が落ち着かなくキョロキョロするなど）、動作（いつもと違う動作、コーチの助けやアドバイスが欲しいような目つき、コーチを気にするなど）、言葉（騒いだり、言動がおかしかったりなど）に出ます。

　たとえば、あるラグビーのチームの練習。下級生が上級生に本気でタックルをしなかったり、真剣に激しい闘志でタックルすると上級生が下級生を怒ったり説教したりして、本気で練習しないのです。練習で試合と同じ状況や同じ闘志を作らないで、試合で勝とうなど非論理的です。このような現実が、日本の多くの学生チームなどでは見られるのです。これはやはり下級生が本音を言えない片側通行のコミュニケーションが原因だといえます。

### ④妻、ガールフレンド、家族、友達、関係者、後援者などとのコミュニケーション

　試合に集中し自分の能力を発揮するために、無視できないコミュニケーションの要因です。彼らの一言が、選手やチームの勝利を左右するかもしれません。これらの要因は、コーチにもコントロールが不可能で、選手にとって大きな心理的プレッシャーや悩みの原因となります。

- たとえば、若い選手たちにとっての異性は、大きな心理的影響を受ける関心事です。試合の日にガールフレンドが見に来てくれるだけで、力を発揮する選手は多いはずです。また、ボーイフレンドとケンカをして試合に臨むと、全くいつものプレーができない選手もいるし、中にはそのスポーツまでもやめてしまう選手さえいるかもしれません。
- 中には、男女交際を禁止しているチームがあり、陰では交際して逆効果を招いている選手もよく見かけますし、その逆もあります。
- 家族がプラスの応援をしてくれることも多いのですが、たまにはプレッシャーになったり、コーチの指導を邪魔するようなマイナスの応援をすることもあります。

### ⑤ 合宿（キャンプ）のプログラム

　皆さんは、合宿をするときにどのようなプログラムを作り、どのように実行していますか？　試合前の合宿や泊まりがけで試合に行くにあたり、プログラムを作成して効果的に実行すれば、試合に対する心理的準備としても大きな成果が上がり、試合での勝利を呼び込むことになります。その際、ルームメイトの選択には気を使う必要があります。これをミスすると、合宿の練習効果が半減する結果にもなります。

　また、レクリエーションや息抜き、コーチと選手が気楽に話しができる雰囲気や状況を作る必要があります。オーバートレーニングが選手の心理面に圧迫感、心理的疲労、スランプ、ケガなどを引き起こすことを注意する必要があります。

### 【チェックポイント】

- 合宿の目的は？　効果は？
- 身体的調整や練習だけでなく、心理的調整や練習は？
- コーチと選手のコミュニケーションの時間は？
- 選手同士のコミュニケーションの時間は？
- ルームメイトの選択は？
- 疲労回復もトレーニングのうちですが、その時間は？
- 心理的な疲労回復と、気分ややる気を高めていくプログラムは？
- いつも同じ内容の合宿ではありませんか？
- いつも同じ場所ではないですか？
- 食事の内容はチェックしていますか？
- 選手が合宿を嫌がっていませんか？　その原因は？
- コーチだけが酒を飲み騒いでいませんか？　二日酔いの顔を選手に見せていませんか？　息が酒臭くないですか？
- 毎日、どのような顔で練習場に現れますか？
- オーバートレーニングはしていませんか？
- レクリエーションの施設や時間はありますか？
- 洗濯の施設、時間などは十分ですか？
- 思いきり自由時間を設けて、コーチは選手がどう時間を使うか観察し、彼

らが何を必要としているのかチェックしましょう。
- 今まで集めたデータなどについて話すのにもいい機会です。

### ⑥マスコミ対策

　プロ選手や、高校野球などでも話題にのぼる選手やチームは、マスコミの報道や報道関係者、そして一般のファンなどから受ける影響に対しても対策を立てておく必要があるでしょう。心理的な影響が、プレーや試合にどのような効果や弊害を及ぼすか考えておきましょう。

### ⑦オーバートレーニングを防ぐ

- 練習量ではなく質を考える。
- 選手の疲労（心理も）の蓄積をチェックし、メンタルトレーニングでカバーする。
- ケガの原因として、オーバーワーク（練習のやりすぎ）からくる心身の疲労が集中力を低下させることが証明されています。
- 目的や理論的根拠のあるオーバーワークならいいのですが、時間だけを長くするとか、罰としてやらされるのでは、選手のやる気が低下し、コーチへの不満がつのるばかりです。

### ⑧試合の調整は、身体同様心理的な面をも行う

- 身体の疲れをとり、最高のコンディションに持っていくと同時に、気分ややる気なども高めていく。
- イメージトレーニングが大きな役割を果たしてくれます。
- ケガをしているときの練習として、メンタルトレーニングはかなりの効果を発揮します。
- 練習日誌につけているチェックリストを表にして、試合前の心理的状態を確認し、調整をしていく。
- 前に成功した試合、勝った試合のデータと見比べて、どう調整すればいいか確認。

### ⑨コーチの行動や言動（※コーチにお願いしましょう）
- 試合で指導しない。指導は練習で終えておく。
- 怒らない、命令しない、悪い言葉は使わない。
- どうすれば選手が力を出し切れるかを考える。
- プレッシャーをかけない。

### ⑩試合前の心理状態評価用紙を書く
- 試合の前の心理状態を選手自身が確認・評価し、試合の結果と比較する。
- 前の試合や最高だった試合の心理状態のデータをチェックし、現在の心理状態と比較し、どのような心理状態が自分の能力を最高度に発揮できるか、確認します。

### ⑪試合後の心理状態評価用紙を書く。試合中の心理状態について調査する
「あー試合が終わった」ではなく、積極的に試合後の心理状態評価用紙で具体的な自己反省をし、次の試合につなげるためのデータにします。また試合の結果と比較しましょう。

### ⑫自分が何を必要としているのかを確認する
選手は自分が今、何を必要としているのか（どんな練習か？　疲労回復か？　調整か？　など）を確認し、自主性を生かし、やる気や気分の盛り上がりを増大させます。

### ⑬ほめてほめて、ほめまくる！
選手同士でお互いにほめまくりましょう。激励は効果的な心理テクニックです。

### ⑭「何何をするな！」「何何はダメだ！」というようなマイナス教示は使わない
選手同士で「何何をしよう！」「何何はいいよ！」というようなプラスの教示を。

### ⑮試合で勝ったとき、負けたときの対応（※コーチにお願いしましょう）

　勝ったときは素直にほめてあげましょう。多くの選手が「勝って当たり前だ！」というコーチの言葉や態度に不満を持っています。「おまえらの実力はこんなもんじゃない。もっとがんばってくれ！」という気持ちはわかるものの、「勝ち方が悪い、内容が悪い」と説教されると失望するものです。

　また負けたときには、コーチの処理、言葉、態度、行動が、選手に大きな影響を及ぼします。ただ責めるのではなく、愛情のある言葉や態度をすることが原動力となり、選手の今後の上達や次の試合での活躍を促すのです。

### ⑯毎日の、試合前日の、試合当日の食事メニューをチェック

- 最近はスポーツ選手用の栄養学の本が数多く出ているので、参考にしてください。
- 気分を盛り上げるためには、栄養学のメニューの中から自分の好きなものを食べることも必要です。これを食べると自分は調子がいい、というジンクスや思い込みがある選手も多くいます。これを活用するのも心理的には効果があるでしょう。

### ⑰試合の心理的準備のビデオテープを活用したイメージトレーニング

　イメージトレーニングのところで作成した「試合の心理的準備のビデオテープ」を活用してイメージトレーニングをし、何が起きても驚いたり、気が動転しないように心の準備をします。もし自分に不都合なことが起こっても、それにすぐ対処してうまくいくように処理する方法を、イメージトレーニングの中で実施しておきます。上級者は、予想できるかぎりのプラスとマイナスの出来事をイメージトレーニングしておきます。また、試合前に見るとやる気の高まる好プレー特集なども活用しましょう。

# 第11章

# 現場でのメンタルトレーニングと心理的サポート例

　この章では、実際にメンタルトレーニングや心理的サポートを取り入れているチームをいくつか紹介します。どのように実施し、どのような成果を上げているか、ぜひ参考にしてみてください。

## 東海大学サッカー部の実践例

　東海大学サッカー部は2001年4月より、おそらく日本サッカー界初の試みである専属メンタルコーチ（スポーツ心理学者）の指導によりメンタルトレーニングと心理的サポートを開始しました。その内容は、毎日の練習での「観察・分析」から始まり、心理テストやアンケートによる自己（チーム）分析、そして週1回の講習と毎日の練習に心理的スキルを導入し、メンタルコーチがチームや個人に対する心理的なサポートを実施しました。
　具体的には、リラクゼーションやサイキングアップを取り入れた心理的なウォーミングアップを、身体的なウォーミングアップに組み込ませること、また練習前・中・後にイメージ、集中力、プラス思考、セルフトークなどを導入するメンタルトレーニング・プログラムを実践しました。本来ならば時

間をかけて初級編からじっくりと実施すべきところですが、メンタルトレーニングを開始してすぐに総理大臣杯サッカートーナメントの予選が始まったため、試合に対応しながらプログラムを進めていきました。

特に、音楽を利用してのセルフコントロールに焦点を絞り、練習前・中・後に音楽がある環境を用意しました。サッカーだけでなくすべてのスポーツにおいて、技術や戦術、体力や身体的コンディショニング、そして心理面やメンタル面のコンディショニングなど、これらすべての調和がとれた状態が競技力向上の重要な要因だと考え、メンタル面の強化や準備を毎日の練習や試合に付け加えた形式でした。

その結果、メンタルコーチによるメンタルトレーニングと心理的サポートを始めて、わずか2カ月半という短い期間で、新人戦準優勝、関東大会3位、7年ぶり全国大会出場権獲得、また総理大臣杯全日本大学サッカートーナメントに優勝しました。前年まで神奈川リーグで戦っていたチーム（4月の段階で関東2部リーグ8位）が急激な変身を遂げた理由として、コーチングスタッフやドクター、トレーナーなどとの連係により「心・技・体」のバランスが調和したと考えられます。その後も、秋の関東2部リーグで準優勝、インカレ3位と1年を通して安定した実力を発揮できるようになりました。

ここで紹介する東海大学のサッカー部の例は、著者が専属のメンタルコーチとして、毎日の練習や毎試合に帯同して心理的サポートをしたものです。この予想もつかないほどの成功をおさめたプログラムを、あなたも実行してみませんか？　できれば、まず一度これをそのまま、まねをして体験し、それからトレーニングとして実施し、基本的な心理的スキルが身についてから、自分のオリジナルプログラムを作っていきましょう。

## 毎日の練習におけるメンタルトレーニング

①練習前の心理的準備：音楽の利用
②リラクゼーション（心理的ストレッチング）
③身体のストレッチング
④サイキングアップ（心理的ウォーミングアップ）
⑤身体のウォーミングアップ（ブラジル体操）

⑥普段の練習（音楽をかけての練習）
⑦練習後の身体的クーリングダウン
⑧リラクゼーション（心理的クーリングダウン）
⑨練習後の音楽利用

　また週1回の講義で、メンタルトレーニングの目的、理解、知識、理論的背景、実践例、心理テストによる自己分析やフィードバック、具体的方法などを学んだほか、大学の授業で体育心理学、スポーツ心理学特講、コーチング心理学などを受講する学生もいたので、多くの時間をメンタル面強化に費やすことができました。

## 毎日の練習におけるメンタルコーチによる心理的サポート
①選手の中から学生メンタルコーチ5名を選び、サポートの助手をさせる
②練習前の心理的準備：音楽の用意（選手が集まる前から音楽を流す）
③練習前の選手との雑談と観察（普段と違う選手をチェックしサポート）
④リラクゼーション指導（心のストレッチという言い方で実施）
⑤ストレッチ時の雰囲気作りと観察（選手の心理状態の確認）
⑥サイキングアップ指導（心のウォーミングアップという言い方で実施）
⑦ブラジル体操時の雰囲気作りと観察（選手の声の出し方や気持ちのノリを観察）
⑧練習中の観察・ケガをした選手へのサポート（ケガをした選手をプラス思考へ）
⑨練習後のクーリングダウン指導と観察（心の疲労回復と気持ちの切り替え）
⑩練習後の雑談や雰囲気作りと観察（個人へのコミュニケーションと観察）
⑪練習後の個人的な話や相談など（各選手への個人的なサポート）
⑫大学の授業における関わり（学問的背景からの知識や情報の提供）
⑬学生メンタルコーチの育成と指導（選手たちが自分たちでやる目的）

## 試合（大会）におけるメンタルコーチによる心理的サポート
①選手が起きる前の散歩場所の下見（その日の天候や環境等のチェックと場

所選び）
②ホテルのロビー集合時の観察とチェック（選手の心理的コンディションの確認）
③朝のセルフ・コンディショニング指導（朝気持ちよく起き、今日一日の心の準備）
④散歩時の観察とサポート（選手個人のコンディションをチェック）
⑤朝食時の観察とサポート（できるだけおいしく朝食を食べる雰囲気作り）
⑥試合へ出かける前の成功ビデオ指導（試合前に成功イメージを作り気分をのせる）
⑦トレーナー室でのサポート（マッサージやテーピングをしている選手との会話）
⑧ミーティングでのひとこと（気分をのせるプラス方向の言葉を準備しておく）
⑨試合場へ移動する時のサポート（音楽の利用や楽しい雰囲気作りや会話など）
⑩選手が試合場へ来る前の下見（リラクゼーションの場所を見つけておく）
⑪ロッカールームにおける音楽の準備と心理的・身体的準備をする場所の確保
⑫選手を笑顔で迎える、声をかける（選手のチェックと雰囲気作り）
⑬着替えをする選手の観察と声がけ（いつもと違う雰囲気の選手はいないかなどの確認）
⑭ピッチへの散歩。下見を選手と（試合場の下見で心の準備や気持ちの切り替え）
⑮ピッチを散歩中の選手の観察と声がけ（選手の心理的準備の確認）
⑯ロッカールームにおける雰囲気作り（音楽や会話で試合前のいい雰囲気作りをする）
⑰ミーティング時の観察とチェック（監督の話を選手がどのように聞いているのかの確認）
⑱リラクゼーション指導（心と身体のリラックスをさせ、集中力を高めさせる指導）

⑲ストレッチ時の観察と雰囲気作り（各選手のチェックと緊張を和らげる雰囲気作り）
⑳サイキングアップ指導（心のウォーミングアップで気持ちのノリを演出する）
㉑ブラジル体操時の観察と雰囲気作り（準備運動をできるだけ気持ちがのるようにさせる）
㉒ピッチでの練習時における観察とのせ方（試合直前の試合場での練習と心理的準備）
㉓試合開始直前のロッカールームにおける雰囲気作りと観察（試合数分前の雰囲気作り）
㉔監督・コーチのひとことおよびその後の気持ちののせ方（最後の気持ちのノリを作る）
㉕ロッカールームから出て行くときののせ方（試合場へ向かうときの気持ちのノリを演出）
㉖ハーフタイムにおけるリラクゼーション、気持ちの切り替え、集中力の回復、心的エネルギーの回復、もう一度気持ちをのせて後半戦の試合場へ送り出す（後半への心理的準備）
㉗試合後の心理的クーリングダウンとチームや個人へのサポート（試合後の心の整理運動や各選手へのメンタル面でのサポート）

## 関東大学選抜サッカーチームの実践例

　このチームは、全国各地区から選抜チームが出場するデンソーチャレンジという大会に向けてメンタルトレーニングを取り入れました。東海大学のメンタルトレーニングと同じプログラムを採用し、強化合宿での講習会、朝の散歩、練習前・後でのメンタルトレーニングのほか、大会直前の合宿や大会期間中のサポートも実施しました。
　目標の大会ではAチームが優勝、Bチームが3位という成績をおさめました。前年がそれぞれ5位と7位ですから、試合結果という面ですばらしい躍進があったといえます。また、メンタルトレーニングを始める前と後に実施

したスポーツ心理テストの結果では、すべての項目にメンタル面強化の成果を示していました。選手やコーチからの報告にも成果が認められました。つまり、試合の結果、選手やコーチの意見、スポーツ心理テストという科学的な評価方法、そのどれにおいても成果があったと考えられます。

## 青山学院大学サッカー部の実践例

　このチームでは、年2～3回の講習会を定期的に6年以上継続して実施しています。当時、私は遠距離（大阪）から指導に来ていたため、2日間で約15時間ほどの時間を使って講習会形式で指導を行いました。メンタルトレーニングを始めて半年でリーグ優勝、1年で全国大会準優勝（総理大臣杯大学サッカートーナメント）、その後3年目にまたリーグ優勝し、関東サッカーリーグ1部へ昇格して現在も活躍中です。このチームも、練習前や試合前のリラクゼーションやサイキングアップを毎回行い、これを練習プログラムに組み込んでいます。

　毎年春に初級編の講習会を繰り返し実施し、中級編や上級編も定期的に実施しました。講習会を繰り返し行うことは、年々選手のレベル（メンタル面の強さ）が上がっているために、同じ内容でも受け取り方が違い、新しい発見をするものなのです。また2001年度からは、関東地区メンタルトレーニング・応用スポーツ心理学研究会を青山学院大学で毎月開催しているので、やる気さえあれば選手が研究会に参加し、よりメンタル面の強化をできるチャンスも増えています。

## 1995年ユニバーシアード日本代表サッカーチームの実践例

　このチームには、大会2カ月前の強化合宿で15時間の講習会やスポーツ心理学者として心理的サポートを施しました。また、福岡で開催された2週間の大会期間中も試合や練習、また選手村での心理的サポートを実施しました。そして、このチームは日本サッカー界初の国際大会金メダル獲得という快挙を成し遂げました。強化合宿の練習後の夜、毎晩1時間の講習会で目標設定、

リラクゼーションやサイキングアップ、イメージ、集中、プラス思考、セルフトーク、試合に対する心理的準備などの心理的スキルの説明などを行いました。特に、朝の散歩時間のセルフ・コンディショニング、練習前のリラクゼーションやサイキングアップ、練習中のサポート、練習後の心理的クーリングダウン、そして個人的なサポートなどは、大会期間中にも実施しました。チームの合言葉を「スマイル＆リラックス」とし、気持ちのコントロールができるようにすることを強調しました。このときの代表選手は、ほとんどがJリーグで活躍してくれ、この中から1998年のフランスワールドカップ、2002年のトルシエ日本代表にも2名選ばれています。

　2年おきに開催されるユニバーシアードでは、この1995年大会を機にメンタルトレーニングが定期的に導入され、計4回もの世界一（金メダル）を獲得しました。2006年ドイツワールドカップには、ユニバーシアード代表チームでメンタルトレーニングを実施した2名の選手が、代表選手（ジーコJAPAN）として選出されました。

## 柔道ナショナルチームの実践例

　2004年のアテネオリンピックへ向け、柔道のナショナルチームのメンタル面強化のサポートをしました。2000年から日本オリンピック委員会（JOC）の強化スタッフ・スポーツカウンセラーとして関わり、ある選手のメンタルトレーニング指導や心理的サポートをしました。その後、アテネオリンピックを目標に、全日本柔道連盟のメンタル・サポートスタッフとして、年間を通して実施される合宿や試合などで心理的なサポートをしました。たとえば、シドニーオリンピック、ミュンヘンでの世界選手権、日本国際、ドイツ国際などの国際大会に帯同したり、日本国内の試合や合宿では、個人やチームに対していろいろなサポートをしました。同時に、次の世代を担うジュニア選手の合宿や、実業団のチームや選手に対する講習なども実施しました。

　オリンピックでは多くのメダルを獲得し、すばらしい成果をあげてくれました。しかし、メダル獲得が絶対視されていた選手がいろいろな理由でメダルを逃したという事例もあり、スポーツにおける「心・技・体」のバランス

の重要性を再認識させられました。

## その他の競技の実践例

　これまでは、現在、私が関わっているサッカーや柔道の実践例を取り上げましたが、ここでは1985年から2006年現在までの22年にわたり、いろいろな機会に指導し、心理的サポートをしてきた競技または選手の種目の例をいくつかリストアップしてみます。
　プロや実業団はもとより多くのチームや選手にとって、メンタル面強化とは企業秘密とかプライベートなことです。守秘義務という言葉が示すように、メンタル面強化や心理的サポートをする専門家は、その対象者を公にすべきではないと考えています。もちろん、選手や監督、そしてチームからの許可が得られれば問題ないのでしょうが、可能なかぎり成功例や失敗例などは、チーム名や個人名を出さないようにしています。
　ここに挙げるのは、ほとんどチーム名や個人名を明かしていない種目の例です。直接・間接的な指導やサポート、依頼された講演や研究会活動など、私が関わったもので数千チーム、数万人に及びます。

**プロレベル**
　野球、サッカー、ゴルフ、テニス、ボクシング、プロレス、競輪、カーレース、ビリヤード、プロ格闘技（K-1、PRIDE）、ジョッキーなど。
**オリンピックや日本代表選手レベル**
　柔道、ソフトボール、アーチェリー、野球、サッカー、水泳、ヨット、カヌー、トランポリン、卓球、陸上、バレーボール、ソフトボール、女子バスケットボール、ラグビー、フィギュアスケートなど。
**国体レベル**
　ほとんどの種目。
**実業団レベル**
　野球、バスケットボール、バドミントン、ラグビー、柔道、ソフトボールなど。

## 大学レベル

　サッカー、野球、柔道、水泳、陸上、テニス、バレーボール、バスケットボール、ラクロス、アメリカンフットボール、ラグビー、ボート、スキー、空手など。他にも大学の授業では、ほとんどの種目の選手たちがメンタル面強化の授業を受講してくれました。たとえば、1999年まで近畿大学のスポーツ推薦学生に講義していた「応用スポーツ心理学」や「教養ゼミ：競技力向上のメンタルトレーニング」からは、多くのオリンピック選手や日本代表選手、全日本学生チャンピオンが生まれました。2000年から東海大学体育学部へ移り、週11回ある授業のほとんどで、メンタル面強化の内容で授業を実施しています。

## 高校レベル

　高校での普及が最も多く、多くの場合はコーチの皆さんが興味を持ち、講習を受けたり練習に導入するなど、ほとんどの種目で何らかのサポートをしています。チームや選手の直接指導、各県の指導者講習会などを通しての間接的指導やサポート、研究会などの講習会、個人的依頼からのサポートが主です。今までその効果として報告をいただいたものには、全国大会優勝を果たしたチームや選手も数多くあり、全国大会出場にいたっては数えきれないほどです。最近では、メンタルトレーニング・応用スポーツ心理学研究会や、定期的に実施する集中講習会に参加されるコーチや選手が増えています。いくつかの高校では、体育科・スポーツ科の授業で取り上げられています。

## 中学レベル

　剣道、サッカー、野球、バスケットボールなどですが、中学ではまだ本格的に導入するチームは少ないのが現状です。主に各県の指導者講習会などでコーチを指導し、間接的にメンタル面強化をしているチームは多いと思います。

　ある県のバスケットボールの選抜チームは、3年一貫プロジェクトとして、3年連続で強化において心理的サポートを実施し、その県の10チーム以上がメンタルトレーニングを導入するようになりました。ここでは、東海大学スポーツサポートシステムのメンタルトレーニング部門の学生が、専属のメンタルトレーニングコーチとして心理的サポートをしています。また、ある県

の中学サッカーチームにも専属スタッフがサポートについています。さらに2006年からは、２つの中学野球部に対して、東海大学の学生サポートスタッフをつけています。

　うれしいことに『中学サッカー小僧』や『中学バスケットボール』などの雑誌でも、中学生の年代のトレーニングとして紹介されました。またＪリーグ・アカデミーでは、ユースやジュニアユースの年代にメンタルトレーニングを導入するために、指導者の講習会やユースチームへの指導などが行われています。以前に比べると、中学レベルのコーチの方々にもメンタルトレーニングへの興味は確実に広がってきています。

　このように、ほとんどの種目や競技レベル、また幅広い年齢で活用されています。

## 段階的プログラム例

　私たち（メンタルトレーニング・応用スポーツ心理学研究会）は、段階的にメンタルトレーニングができるように次のようなプログラムを作成し、現場のコーチや選手に実践してもらい、その成果を報告してもらうという「理論と現場のキャッチボール」を1994年から続けてきました。その過程で、このような方法（プログラム化）がより効果を上げるということがわかり、現在はこの方法を皆さんに紹介し、実践してもらっています。

**紹介編**
　メンタルトレーニングとはどんなことをするのかを紹介する、３～５時間の講習。
**初級編講習**
　具体的な方法や理論を紹介し、これをやることでどんな効果が期待できるかなど、目的や意味を理解し、興味を持ってすぐに始めることができる内容で、６～20時間の講習会形式です。

### 初級編の実施

6～12カ月かけて、毎日の練習や試合などで実践していく過程です。書き込み用紙、練習日誌、試合前後のチェック用紙、教科書を使いながら自分でトレーニングを行うための用紙などが用意してあり、プログラムに沿って（まねして）実施する段階です。

### 中級編講習

基本的に、2年目から、より深い段階での心理的スキルの活用法を学びます。初級編で学んだ知識や実践した内容を、ある特定の状況や場面に照らし合わせて、自分のオリジナルプログラムを作る方法を紹介します。ここでは『大リーグのメンタルトレーニング』（ベースボール・マガジン社）を教科書に、どの種目でも活用できる書き込み用紙、野球用、ソフトテニス用などのプログラムを作っています。野球用の書き込み用紙は『ベースボールクリニック』誌（ベースボール・マガジン社）で連載しているので参考にしてください。野球選手以外でも、野球を例にとりながら自分の種目に考え合わせれば、誰でもが活用できるようにしてあります。

### 中級編の実施

講習会で紹介した教科書や書き込み用紙を使い、選手個人が自分のオリジナルプログラムを作成できるようにするために、講習や教科書から学んだ心理的スキルやテクニックを毎日の練習や試合で、試行錯誤し、身につけて洗練していきます。

### 上級編講習

『トップレベルのメンタルトレーニング』（ベースボール・マガジン社）を教科書に、オリンピックや国体レベルの選手が、より活用できるプログラムを作成しています。

### 上級編の実施

基本的に3年目に行い、完全に自分のオリジナルプログラムを完成させる内容です。同時に、ここまでやればその選手が指導者になったときに、コーチングのテクニックとしても使えるでしょう。

### コーチ用の講習

コーチがどのようにしてメンタル面強化の心理的スキルをトレーニングと

して、毎日の練習や試合に活用するかの方法の紹介や、興味を持ってもらうための講習です。また、私が東海大学体育学部で担当している「コーチング心理学」という授業の内容も取り入れ、スポーツ心理学やメンタルトレーニングの理論をコーチングに活用してほしいことを紹介します。

### コーチ編の実施

これまでに多くのコーチにお願いして実践してきたことは、「ほめる」指導、選手が「考えて自分で行動する（自立）」指導や、心理的スキルを実施しての選手の変化を観察してもらったり、アンケート調査をすることで選手の考え方を理解してもらうなどを多く実施しました。つまり、「コーチが変わる（考え方や指導法）」ことにより、選手がどれだけ良い方向に変わるかという実験です。多くのコーチが月1回・週1回の研究会に出席し、情報交換および実践での問題や悩みを話し合う機会を持っています。またいろいろな種目のコーチが集まり、情報交換をする中でコーチ同士で向上していくプログラムです。

### 専門家育成編

これについては、巻末に「東海大学における専門家育成プログラムの試み」を紹介していますので参考にしてください。

# 第12章

# メンタルトレーニングを実施しよう（まとめ）

**いつから始めるか？**
　最初に下記の質問に答え、今、自分がどんなスポーツをどのレベルで実施しているのかを確認してください。

---

**質問1**　あなたの種目は何ですか？（　　　　　　　　　　）
　　　　　ポジション等は？（　　　　　　　）

**質問2**　スポーツ経験年数は？（　　　年）
　　　　　年齢は？（　　　歳）

**質問3**　どのレベルで種目を実施していますか？

　プロ1軍（トップチーム・12回戦など）　プロ2軍（サテライト・6／4回戦など）　オリンピック　日本代表　日本代表候補　地区選抜・代表　県選抜・代表　国体　実業団　大学　高校　中学　プロユース　シニアリーグ

ジュニアリーグ　町道場やジム　その他（　　　　　　　　）

---

　なぜ、このようなことを聞くのかというと、あなたの実施している種目やレベルで、メンタルトレーニングを始めるタイミング（時期）があるからです。たとえば、

- プロ野球ならば、秋のシーズンが終わってからスタートするとか、春のキャンプなどシーズン前からなどが考えられます。
- 学生（大学・高校・中学）ならば、３年生が引退して、新チームになったときか、新入生が入部してきた４月などがタイミングとしていいかもしれません。
- しかし、実際は、やりたいと思ったときに始めるチームや選手がほとんどです。
- 多くの場合、負けるわけがないチームに負けたとか、どうしても試合で実力が発揮できない、これはあとメンタル面に問題があるしかないと気づいたときにスタートするチームや選手が多いのが事実です。
- メンタル面強化が自分には必要だとかもっと上を目指したいと思ったとき。
- 何かのきっかけで、メンタル面強化ができると知って、興味を持ったとき。
- 他のチームや他の選手がやってすごい効果が出たと聞いて、自分もと思ったとき。
- 監督が興味を持って、とにかくやるぞというケース。
- 一番効果が出るのが、選手たちからメンタル面をしたいと監督に申し出たとき。
- 監督の意向でチームではやらないが、個人でやりたいと思ったとき。

> 　効果的にメンタル面強化をしたいなら、このスタートのタイミングも重要です。

　メンタルトレーニングを始めるにあたって、今まで私のところに寄せられ

た相談にはいろいろなケースがありました。たとえば一番悲しいケースが、選手が自分やチームに必要だから、メンタル面強化をやろうと監督に申し出て、「そんなもん、いらん！」などと反対されて、やりたいのにあきらめたときの落ち込みよう。さらにその後、監督と選手の間に「心・気持ち・考え方の溝（ギャップ）」ができて信頼関係や人間関係がガタガタになり、チームの成績が下がるというケースがあまりにも多い事実があります。

　もちろん、監督も同意してチームとして実施したほうがより効果は上がるでしょうが、基本的には、個人でやるという考え方のほうがいいと思います。選手の皆さんは、まず自分で実施してみてその効果を確かめ、その上でチームとして取り入れる形に持っていくといいでしょう。監督がメンタル面強化に興味がないからダメだとか、考えてやるのをあきらめるのは、本当にもったいない話です。

　チームの練習以外の時間も使って、1日24時間を活用してみましょう。多くのチームの練習は、だいたい3～4時間前後だと思います。そうすれば、あと20時間は時間があると考えれば、1日のどこかにメンタル面強化の時間をとることができるでしょう。あとは、あなたのやる気次第です。強くなりたい、うまくなりたい、速くなりたい、勝ちたいという思いが強ければ、何も問題はありません。

## いつまでやるのか？

　次の質問に答えて、メンタル面強化の目的やその目的を達成するためのプランを考えてみましょう。

---

**質問1**　メンタル面強化の目的は、何ですか？

**質問2**　いつまで続けるのか、あなたの考えに当てはまるものに丸をつけましょう。

　　一生続けたいですか？　現役を引退するまでですか？　3年以上ですか？

2〜3年ですか？　1年だけですか？　このシーズンだけですか？　効果が出ればいいですか？　次の試合までですか？　今日だけですか？　今やりたいと考えているだけですか？　やりたいけど無理かなと考えていますか？　いつまでやるなど考えたこともなかった　魔法みたいにすぐ効果があると思っていた　どうでもいい　監督の言うがまま　このままでいい　自分のやり方で一流になれる

> その目的と、いつまでやるのかをスタートする前に決める（考える）ことが重要です。

　なぜこのようなことを聞いたかというと、この答え方であなたのメンタル面強化のやる気や知識がわかるからです。本当にやる気があり、メンタル面強化の意味や目的を知っていれば、3番目までの中から答えを選ぶでしょうし、何かすぐに効果が出る魔法のように考え、メンタル面強化の目的や意味を理解していない人は、4番目より後ろから選ぶでしょう。
　メンタル面を強化する目的で、心理的スキルを「トレーニング」するということですから、「トレーニング」を続けないと心理的スキル（技能）が身につかない、そのレベルが落ちると考えてください。身体的な技能を毎日トレーニングしないとうまくなれない、試合で勝てないというのと同じだと理解してほしいと思います。世界的には、最低3年以上の継続が必要だといわれています。なぜなら、ある選手はすぐに効果が出るかもしれませんが、ある選手は1年後、2年後、3年後に急激に効果が出ることもあるからです。基本的に、競技レベルの高い人は実力発揮という点からすぐに効果が出ることが多いようです。競技レベルが低い人は、練習の質を高めて1、2年後の上達による効果が多く見られます。
　とにかく、あなたの興味、やる気、どれくらい時間をかけてやるか、またコーチの協力などの要因により、いつ効果が出るのかわからないというのが現状です。しかし、試合の結果だけでなく、やる気が出た、気持ちが前向きになった、気持ちの切り替えができるようになったなどの個人的な効果は、

すぐに表れるでしょう。あとは、この個人的な効果を練習や試合でどう生かすかということになります。

**何を目的としてやるのか？**

　前のところで、メンタル面強化の目的を聞きました。あなたは、何と答えましたか？　私（専門家）の考える目的とあなたの考えの答え合わせをしましょう。私は、メンタルトレーニングには大きく２つの目的があると考えています。

> １．練習の質を高めて上達する（うまくなる・強くなる・速くなる）。
> ２．練習で身につけた実力（技術や体力など）を発揮する。

　まだ年齢的に若い小学生や中学生、またそんなに厳しい練習を経験していない選手やチームなどで、技術や体力もなく、「心・技・体」すべてを向上（上達）させたい場合には、1.練習の質を高めて上達する（うまくなる・強くなる・速くなる）ことを目的として、メンタルトレーニングのプログラムを実施しましょう。専門家の心理的サポートを受ける場合も、１をメインの目的にしたほうがいいでしょう。また、チーム内のメンタルコーチを決めて、みんなで実施する場合にも、この目的とプログラムを確認してからスタートしましょう。

　一方、もう技術や体力はかなりのレベルにまで達している選手やチームの場合や、試合直前で勝つことを目の前の目標にしている場合には、2.練習で身につけた実力（技術や体力など）を発揮することを目的にしたほうがいいでしょう。つまり、実力発揮のための「準備」としてのメンタルトレーニングです。しかし、基本的にこの２つを同時進行していくのが理想です。私たち専門家は、２つの目的でサポートしながら、その時期やニーズ（必要性）にしたがって、指導やサポートの方法を変えていきます。

**これをやるとどうなるのか？**

　メンタル面強化の効果を知らなければ、何でこんなことをやるの？　これ

をやってどんな意味があるの？　だるいなー！　めんどくさいなー！　まだやるのー？　ということになります。スタートする前に、どのような効果を期待するのか、これをやれば何がどうなるのかを確認しておきましょう。これについては、ステップ3をもう一度、確認しましょう。

**これをやってどうなりたいのか？**

　それでは、メンタルトレーニングのプログラムを始めると決めたら、あなたやチームがこれをやることでどうなりたいのかをイメージしておくことが必要になります。いくつか質問するので答えてみましょう。

---

**質問1**　あなたのスポーツにおける最終目標は？


**質問2**　次の試合に対する目標は？


**質問3**　今からやる・今やっているメンタルトレーニングの効果をどう期待しますか？


**質問4**　今からやる・今やっている心理的スキルをどのように応用・活用しますか？


**質問5**　メンタル面強化を続けることで、あなたはどんな選手になれますか？

---

ここで確認してほしかったのは、あなたがどうなりたいのかです。目的や意図を十分理解してメンタルトレーニングを実施し、あなたの夢や目標達成に活用してほしいと考えているからです。

### 年間計画

　ステップ4で目標設定や、その目標を達成するためのプラン作りをしました。これをもう一度見ながら、この1年で勝負をかける目標とその計画（プラン）を立ててみましょう。

　ここではシンプルに、今年の何月にピークを持っていくこと、そのピークの月までにやるべきことを明確にするというもので結構です。また、ステップ4で書いたプランを見ながらイメージトレーニングしたり、より細かく修正してもいいでしょう。ここでは、いつまでにこれとこれをしたら、こうなるという道筋（青写真・イメージ）を作ることが目的です。

### スタート

　スタートしたら、できるだけ楽しくやりましょう。楽しくやるためには、これをやれば自分がうまくなる（上達する）、試合で勝つ可能性が高まるという自信（確信）を持って実行してほしいのです。これは役に立つと思いながらやるトレーニングと、なんでこんなことをやるのかなという思いでやるトレーニングでは、その効果に大きな差が出るからです。どうせやるなら、効果があり、役に立つほうがいいと思いませんか？

　メンタルトレーニングは、毎日やることが基本です。最初の半年ぐらいまでは、少し時間をかけて実施しましょう。1日24時間をうまく活用してやりましょう。

### 1日24時間を活用した実施

　自分の1日のメンタルトレーニング・プログラムを作りましょう。以下の時間帯に何をすれば選手として最高のメンタルトレーニングができ、最高の選手生活ができるか？　などと考えながらプランを立てて、実際に24時間を使い実行してみましょう。

- 朝起きたとき
- 朝食
- 学校に行くとき
- 学校・授業中
- 昼食
- 練習に行く途中
- 更衣中
- 練習場に着いて
- ストレッチ時
- ウォーミングアップ時
- 練習開始時
- 練習中
- 休憩中
- クーリングダウン時
- 練習後
- 帰宅中
- 夜の過ごし方
- 練習日誌を書く
- 寝る前

　たとえば「朝起きたとき」は、ベッドの中で簡単なリラクゼーションをする。静かな音楽が流れる目覚ましタイマーを設定し、目が覚めたら寝たまま、深呼吸を数回、背伸び、ストレッチ、筋弛緩法、体を起こしてストレッチ、座った姿勢で30〜60秒のメディテーション、消去動作、立ってストレッチなどをする。次に、軽快な音楽を流しながら、軽く身体を動かしたり、ボクシングなどの動作などをし、音楽のリズムにのりながら歯を磨いたり、トイレで用を済ませるなどです。運動着に着替えて、朝の散歩に行く。朝、気持ちよく起きて、気持ちよくゆっくりとした時間を過ごし、今日やりたいことややるべきことのイメージトレーニングやプランニングをする。その後、朝練習をして、朝食がおいしく食べられるようにする。このようにプランを立て

て、実際に実行してほしいのです。この部分は、ステップ17の「朝のセルフ・コンディショニング」(174ページ)という項目を参考にしてください。

**毎日の練習での実施**

　基本的に、練習前にリラクゼーションとサイキングアップをチームでやるのが理想です。監督やコーチからやろうという場合は問題ありませんが、選手がやりたいと申し出ても、興味を示さない指導者も多いと思います。コーチがやらせてくれないとか、チームではやれないと言う前に、自分で時間を作り、個人的に実施してみましょう。たとえば、家に帰り、自分の自由時間や朝の散歩の前に少しでも時間をとり実施してみましょう。ベースボール・マガジン社から出ている『実践！メンタルトレーニング』のビデオを見ながらひとりでやることも可能だし、またその方法を覚えて、いつでもどこでもできるように実施してみてください。イメージトレーニングは、自分の好きな時間にでき、プラス思考やセルフトークは、1日24時間の生活の中で活用（トレーニング）できます。

**試合での実施**

　試合の日も、毎日の練習でやるのと同じリラクゼーション、ストレッチ、サイキングアップ、ウォーミングアップをして、普段通りのことをすればいいのです。逆に、試合の日だけいつもと違うことをやれば、いつもと違う心身の仕上がり（調整）になる可能性が高くなり、いつもと違う精神状態や身体状態となり、いつもと違うプレー（たぶん負ける可能性が高くなる）になります。種目によっても違いますが、プレーとプレーの「間」に何をするのか、つまり気持ちの切り替え、集中力回復のためのルーティンなどを練習時と同じようにやればいいのです。

　メンタルトレーニングは、試合で実力を発揮するための準備ですから、毎日の練習や生活で実施している心理的スキルを活用すればいいわけです。試合ですぐに役に立つ心理的スキルは、成功イメージ、プラス思考、プラスのセルフトーク、集中力などであり、試合までに可能なかぎりの準備をすることが、試合に対する心理的準備です。

**最後に、**
　この本は読むだけの本ではありません。実際に本を読みながら「実践」してほしいという目的で書いた本です。今までに何千チームの何万人の選手がこの本の内容を活用してくれて、その効果を確かめています。この本の内容が、あなたの上達や試合での実力発揮に役に立つことを信じています。
　この本を実践して、もっと勉強したいと思った方は、コーチ用を読んでみてください。「あなたが自分自身のコーチだったら自分をどう指導するか」という観点からスポーツを考えられたときに、あなたは格段の進歩をすると思います。メンタルトレーニングの基本は「セルフコントロール」であり、自分で自分の気持ちや感情をうまくコントロールして、上達や試合で勝つ可能性を高める競技力向上をすることが目的です。

## コーチの皆さんへ

　この本は選手用として書きましたが、あなたがコーチならば、この本のコーチ用を読んでみてください。この本を使いながら、選手に指導する方法が具体的に書いてあります。この本は、中学生レベルからプロまでが理解できるように簡単にまとめてあります。なぜこのようなことをするのか理由が知りたいという場合には、コーチ用を参考にしてください。また、選手に「自分が自分自身のコーチならばどうするか」という立場でコーチ用を読ませてみるのも、大きな効果を期待できるでしょう。

# 紹介
# メンタルトレーニングを学びたい人へ

∞

　ここからは、「メンタル面強化」や「心理的サポート」に興味を持ち、これから勉強したい、専門家になりたいという若い人々への情報提供です。

　ここで紹介する心理的サポートとは、スポーツ心理学者やメンタルトレーニング指導士・指導士補（日本スポーツ心理学会認定の資格）などの専門家がいろんな形で「心理面」からお手伝いする（サポートする）ことを言います。世界的には、「心理的コンサルティング」という専門用語で使われますが、日本では「心理的サポート」とか「心理サポート」という言葉で使われます。世界的な考え方では、下記のような心理的サポートの方法があります。

　米国オリンピック委員会、米国心理学会、北米スポーツ心理学会、国際応用スポーツ心理学会、国際メンタルトレーニング学会、さらに各国のスポーツ心理学会など世界30カ国以上で採用している心理的サポート（心理的コンサルティング）の概念から紹介します。加えて、日本の現状も紹介します。

---

3つのタイプ（役割分担）の心理的サポート
1．競技力向上を目的とした心理的サポート
2．選手の心の問題点などを解決する目的の心理的サポート
3．研究や教育的なことを目的とする心理的サポート

---

　**1．競技力向上を目的とした心理的サポート**は、メンタル面強化のメンタルトレーニングを中心として実施されます。これを指導する専門家は、「競技力向上の専門家」ともいわれ、選手、チーム、コーチ、その他のスポーツ関係者への指導（教育的アプローチでコーチがコーチングするのと同じ手法）を行います。その方法は、グループなどの少人数からチームなど大勢を対象にした講習会形式や選手個人を対象に1対1などのやり方があります。基本的に、選手やチームが試合で勝つとか上達するという競技力向上を目的にし

ています。

　世界的には、国際メンタルトレーニング学会や国際応用スポーツ心理学会の競技力向上の専門分科会が研究や実践の中心的存在になっています。ここでの心理的サポート（心理的コンサルティング）は、**体育・スポーツ科学系の教育的背景**（大学院博士課程）を持っている人々が活動しています。日本でも、ほとんどが体育学部や教育学部の体育学科などの体育・スポーツ科学系の教育的背景を持った日本スポーツ心理学会の会員が、研修や審査を受け「メンタルトレーニング指導士・指導士補」の資格を取っています。2002年現在は、約50名が資格を取得しています。

　一方、日本スポーツ心理学会が資格などの検討をする前の1994年より、国際メンタルトレーニング学会の支部会的な活動をしている「メンタルトレーニング・応用スポーツ心理学研究会」という組織があります。この研究会は、ほとんどの研究者が論文を書くなどの「研究」を中心に活動していた日本スポーツ心理学会の会員の活動とは別に、スポーツの競技力向上を目的に、現場のニーズ（勝ちたい・うまくなりたい）に応えるべき現場での応用をするという活動をしてきました。ここでは、研究より現場での実践を中心に毎月全国各地で情報交換の勉強会を実施しています。参加者のほとんどが、現場のコーチや選手で、理論を現場で応用し、現場のニーズを持ち帰り討論するなど、現場と研究のキャッチボールを中心に活動を行っています。その中には、「専門分科会コーチングプロジェクト」というコーチを対象とした分科会があり、現場のコーチが選手たちの心理的サポートをどのようにしてやればいいのかという目的で毎月1回の情報交換の勉強会を実施しています。日本では、中学や高校のチームが専門家に頼んだりすることは経済的な面から不可能に近い現状があります。そこで、監督やコーチがメンタル面強化の知識を持ち、コーチングのひとつとして応用するという考えで、情報交換や研究会を通して選手の講習会や心理的サポートをしていく活動をしています。

---

　心理的サポートの専門家がいない（現場のニーズに応えられない）現状から、コーチがコーチングのひとつとして、心理的サポートをやるという考え方が出てきた。

---

しかし、2000年に日本スポーツ心理学会がスタートさせた「メンタルトレーニング指導士・指導士補」の資格認定制度ができた今、この研究会の会員もこの資格を取る努力をし、1名が指導士、5名が指導士補の資格を取りました。現在は、多くの会員が今までの現場での経験を生かしながら、この資格を目指し、コーチングの中での心理的サポートから、専門家としての心理的サポートへの役割分担へと移行しています。まだ混沌としている日本の現状ですが、これからの発展に希望が持てるようになってきました。日本スポーツ心理学会のワークショップで報告された、現場のニーズの95％が競技力向上であるということから、この競技力向上を目的とした心理的サポートは、海外のようにさらなる発展をすると考えます。

　**2．選手の心の問題点などを解決する目的の心理的サポート**は、臨床スポーツ心理学やカウンセリングの手法を中心に実施されます。海外では、競技力向上に関わらない生活、家庭、人間関係、学業、仕事、恋愛問題など、一般生活などの心の問題を解決することが中心にされます。特に、摂食障害、薬物問題、躁鬱(そううつ)病などの一般生活において支障をきたす心の問題に関わることが多いようです。北米では、心理学の博士号を取り、資格を持った専門家がこの役割を担当します。国際応用スポーツ心理学会では、カウンセリングの方法も次の4つに分類しているようです。医学カウンセリング（精神科の医師が担当）、臨床カウンセリング（心理学科で学び資格を持った心理学者が担当）、臨床スポーツカウンセリング（心理学と体育やスポーツ科学系の単位を取り資格を持った専門家が担当）、スポーツカウンセリング（体育やスポーツ科学系の博士号を持ち、カウンセリングなどの単位も取り、資格を取った専門家が担当）という役割分担です。

　日本では、まだ法律的な規制などがないために、誰が何をやってもいい状態ですが、臨床心理士などの資格を持った専門家が関わるケースが多いと思います。臨床心理士の資格は、多くの人が大学や大学院の心理学科で学び、研修やスーパーバイズ（指導）を受けて、資格を取っておられるようです。最近は、体育系大学の大学院などでカウンセリングや臨床心理学を学び、臨床スポーツ心理学的な方向で研修をし、臨床心理士という資格を取得したり、それを目指している人々が多くなっています。日本は、北米などと法律や学

位などいろいろな面で違うために単純には比較できませんが、この分野も日本式の方法で発展をしていくのではないかと思います。

最近は、臨床スポーツ心理学やスポーツ選手を対象にしたカウンセリングなどを中心に活動する研究会や学会もできています。また、日本スポーツ心理学会の中でも、心の健康を基本にした「メンタルヘルス」という面で、研究や応用をする人々も増えてきました。多くの大学では、学生相談室という部屋があり専門家がいて、学生が悩みやいろいろな問題を相談できる場所となっています。体育系の大学では、スポーツ選手の悩みや問題などを聞いてくれる学生相談室もできています。ここでは多くの場合、臨床心理士などの資格を持った方々が競技力向上とは違った観点から、心理的なサポートをしています。ここでの心理的サポートは、カウンセリングを中心として、臨床心理学のアプローチなどもされているようです。

**3．研究や教育的なことを目的とする心理的サポート**は、大学や大学院などで教育や研究を目的に実施されるものです。学生に授業、実験、卒業論文などで心理的サポートを指導したり、研究を目的に、データを取り、科学的検証をすることなどを含みます。上に挙げた1や2の分野も含む、あらゆる角度からの研究や実践もされています。ここに関わる専門家は、スポーツ心理学者とか研究者と呼ばれ、研究を目的に論文にまとめる作業を多く実施しています。日本スポーツ心理学会や日本体育学会などの研究組織に所属し、大学で教鞭をとっている人々、大学院の学生などが中心です。

しかし、ここでの問題点として、①教育的観点から学生指導のひとつとして心理的サポートをするために、まだ未熟な学生が研修として関わり、現場のニーズに応えられないケース。②研究的観点からデータを取る作業ばかりを重視するため、選手が求めている心理的サポートに到達しないケース。データを取るために選手がいろいろ要求に応えても、それが終われば放ったらかし状態、一定期間しか心理的サポートが施されないこともあるようです。③研究的観点から多くの場合、研究者や学生の「試行錯誤」や「研究の目的を達成する試み」で心理的サポートが実施されるために、現場での不平や不満につながっているケース。ただし、これから専門家を育てていかなければならない現状から、このような心理的サポートは重要な役割でもあります。

## 現場を混乱させているもうひとつの心理的サポート

　加えて、もうひとつ、日本の現状を説明しておく必要があると思います。先ほど述べたように、日本では、法律などの規則や多くの学会にまたがる共通理解がまだありません。そのために、スポーツ心理学の背景（教育的バックグラウンド・学位など）がない自称専門家やそれを生業とする業者がビジネスとして心理的サポートやメンタルトレーニングの分野に進出している事実があります。そのために、現場の混乱を招いています。このことを危惧した日本スポーツ心理学会では、2000年より、「メンタルトレーニング指導士・指導士補」の資格制度をスタートさせました。将来は、JOC（日本オリンピック委員会）や日本体育協会、さらには各競技団体などを中心に、資格を持った専門家の心理的サポートを受けられるような体制が出来上がるのではないかと思います。

## 心理的サポートの解釈の問題点

　さらに、日本スポーツ心理学会のメンタルトレーニング指導士・指導士補の資格の認定も、広い意味でのメンタルトレーニングと解釈し、上に述べた心理的サポートと同じ意味で使われている経過があります。そのために、「メンタルトレーニング」（心理的スキルトレーニング）の意味が誤解され使われている現状があります。この点については、まだまだ議論の余地があり、今後は、改善されるべきだと考えていますが、ようやくスタートした日本の心理的サポートの体系化の途中経過（プロセス）として仕方のないことだと考えています。このことから、資格を持った人は、誰でも競技力向上のメンタルトレーニングが指導できるというわけでもありませんし、誰でもカウンセリングができるわけでもありません。資格保持者には、上に述べた競技力向上の専門家もいるし、カウンセリングや臨床スポーツ心理学の専門家もいます。また、研究者として研究を中心にしている人々も多いということを認識しておいてください。結局、下記に示すような現実があるわけです。

> 　残念ながら、日本では、競技力向上の心理的サポートをできる人がまだ少ない。

そのために、現場のコーチや選手たちは、「勝ちたい、勝たせたいとか上達したい、上達させたい」という現場のニーズに応えてくれる専門家がいないために、自分たちで何とかしたいと思う気持ちから「メンタルトレーニング・応用スポーツ心理学研究会」などに参加し、情報をもらい現場で実践し、またその情報を研究会に持ち帰り、修正や新しい情報をまた現場にという努力をしています。1994年にできた、コーチや選手の情報交換を目的にしたこの研究会は、現場のニーズに応える形で活動をし、最近は全国に支部会ができて延べ1万人以上のスポーツ関係者が参加しています。研究会のメンバーの中には、多くのチームの心理的サポートをし、すばらしい成果を出すことに貢献している人々が増えてきました。最近では、オリンピック金メダリストからプロ選手そしてジュニアの選手たちまで、幅広くメンタル面強化が行われ始めました。あるメンバーは、自分で日本新記録まで打ち立てた人まで出ています。

## 東海大学におけるメンタルトレーニングの専門家育成システムの構築

現場では、競技力向上の心理的サポートをしてくれるメンタル面強化の専門家を探している現状があります。選手たちは「試合で勝ちたい、うまくなりたい」と思い、監督やコーチは「試合で勝たせたい、上達させたい」と強く思っています。しかし、このような現場のニーズに応えるだけの、メンタル面強化を指導できる専門家が育っていない、育成機関や育成システム（大学・大学院教育）が整備されていないという現状もあります。

2000年より、日本スポーツ心理学会では「メンタルトレーニング指導士・指導士補」の資格制度をスタートさせました。今後は、各体育系大学を中心に「メンタルトレーニング指導士・指導士補」育成のプログラムが整備されていくでしょう。また、体育系の学生たちもこの資格を目標に勉強をすると考えられます。そこで、ここでは競技力向上を目的とした心理的サポートやメンタル面強化の専門家育成の試みを紹介したいと思います。

私は、2000年4月より東海大学体育学部に勤務先が変わり、体育学部の学生をメンタル面強化の専門家にするためのシステム（プログラム）をスター

トしました。最初は、ゼミの学生を中心として、卒業論文作成を目的に、自分の所属するチームに学生メンタルトレーニングコーチとしての心理的サポートやメンタルトレーニング指導をしていました。

　2004年には、体育学部の中に『競技スポーツ学科』ができ、私は「コーチ・トレーナーコース」を担当することになり、この中で本格的にメンタルトレーニングの専門家育成ができるようになりました。具体的には、下記のような目標を立てました。

（1）大学4年間では、「メンタルトレーニングコーチ」（東海大学内部の名称）育成
（2）大学院2年間（合計6年間）では、「メンタルトレーニング指導士補」の育成
（3）メンタルトレーニング・応用スポーツ心理学研究会の内部基準1000単位取得

　つまり、先に述べた日本スポーツ心理学会の認定する**資格取得**とメンタルトレーニング・応用スポーツ心理学研究会の**内部基準1000単位**（プロ）を目標にした専門家育成のシステムを構築したのです。もちろん、まだ途中段階なので多少の変更はしていますが、基本的には、これから紹介する内容がそのメンタル面強化の専門家育成プログラムです。

### 東海大学で育成する専門家の役割

　うまくなる（上達・向上）とか、試合で勝つ可能性を高めるという「競技力向上」を目的とした選手、チーム、コーチ、保護者、関係者へのメンタルトレーニング指導や心理的サポートをすることがその役割となります。

　具体的には、選手、チーム、コーチなどに講習会形式や個人対応形式でメンタルトレーニングの指導をし、選手・チームの上達や向上を目的としたメンタル面強化のサポートをしています。また試合での実力発揮を目的とした心理的サポートなどをしたり、コーチへの協力および保護者や関係者に対するサポートも実施します。

＊ただ、競技力向上に直接関係しない生活上の悩みや相談、一般生活に支障をきたすメンタル面（心理的・精神的な）の深刻な問題は、学生相談室のカウンセラーまたは精神科医（問題が深刻な場合など）へおまかせする立場（役割が違う）をとります。
＊最近は、「メンタルトレーナー」という言葉を使う人もいるが、役割が違うことを考慮して、この言葉は使わないほうがいいと考えています。

**研修制度**　専門化育成の研修システムを下記のように作りました。
①大学（学部）の授業やゼミでの研修
②大学院での授業やゼミでの研修
③東海大学スポーツ教育センター主催トレーニングリーダー研修講座での研修
④東海大学メンタルトレーニング・応用スポーツ心理学研究会での研修
⑤東海大学スポーツサポートシステムのメンタルトレーニング部門での研修
⑥日本スポーツ心理学会のメンタルトレーニング指導士・補の資格習得研修
⑦メンタルトレーニング・応用スポーツ心理学研究会の内部基準での研修
⑧メンタルトレーニング指導士・1000単位取得のプロからの直接指導

**①大学（学部）の授業を通しての研修**
　東海大学では、大学の授業のなかで段階を追って、専門家育成ができるシステムを整備しています。たとえば、下記のような授業を活用してそのシステムを作り上げました。

　スポーツ心理学・スポーツ心理学特講・コーチング心理学・コーチング理論及び実習Ⅰ（メンタルトレーニング）・コーチング理論及び実習Ⅲ・Ⅳ（メンタルトレーニングコーチ研究）3年ゼミ・4年ゼミなどの授業を段階的な内容にしました。たとえば、①スポーツ心理学では、幅広いスポーツ心理学の知識を学び、メンタル面の重要性を認識する内容です。②スポーツ心理学特講では、メンタルトレーニングの初級編を学びます。③コーチング心理学では、指導者がどのようにして選手の心理面を理解した指導をするか、また

メンタル面強化の指導法を学びます。④コーチング理論及び実習Ⅰでは、中級編のメンタルトレーニングとその指導法を学びます。⑤コーチング理論及び実習Ⅲ・Ⅳでは、上級編のメンタルトレーニングとその指導法を学びます。⑥ゼミ（研究ゼミナール：3・4年）では、基本的にどこかのチームの学生メンタルトレーニングコーチとなり、現場での研修をしながら、データも取り、そのデータをコーチや選手にフィードバックし、データを活用したサポートをし、またそれを卒業論文としてまとめるという研修をします。このように体育学部　競技スポーツ学科　コーチ・トレーナーコース担当という面を利用して、コーチ育成（教育）のなかで、メンタルトレーニングコーチ育成を目標にしました。

## ②大学院の授業を利用しての研修

　応用スポーツ心理学特論・応用スポーツ心理学演習・体育学ゼミナール・修士論文などの授業科目で、世界レベルの研究や実践例を中心にした講義を実施しています。しかし、日本スポーツ心理学会の認定する資格には、大学院修了の条件などがあるため、正式な形での専門家になりたい人は、大学院に進学し、合計6年の研修をするようなプログラムです。ここでは、スポーツ科学の幅広い知識や研究という分野までの勉強をします。専門家を目指す研修生は、必ずどこかのチームの心理的サポートを実施しながら、修士論文のデータをとり、それをまとめるという段階まで研修をします。

## ③スポーツ教育センターのトレーニングリーダー養成講座を利用しての研修

　東海大学には、スポーツ教育センターという組織があり、トレーナーやストレングスコーチ育成、さらに選手教育をすでに実施しています。ここでは、授業期間中は、日曜日を使い、毎週のようにいろいろな講習会が開催されています。たとえば、ウェイトトレーニング、栄養学、スピードトレーニング、テーピング、スポーツ障害などがあります。私が担当するメンタルトレーニングの講習は、年に2回のスケジュールの中で7～8時間の時間を講習に当てています。2004年からは、コーチ用のメンタルトレーニング公開講座も行われるようになりました。

④メンタルトレーニング・応用スポーツ心理学研究会を利用しての研修

　東海大学では、授業期間（4〜7月・10〜1月）の毎週月曜日午後7：30〜9：30のクラブ練習が終わる時間帯から研究会（情報交換、講習、ディスカッション、勉強会、特別ゲストの話など）を実施しています。ここでは、誰もが自由に参加できる気楽な勉強会という形式です。最近は、近隣の中・高校生が30〜50名や中・高の指導者、大学生選手、トレーナー、大学の指導者、プロ選手、精神科医など多くの種目のいろんな立場の方々が参加して情報交換をしています。また、メンタルトレーニングの専門家を目指す学生は、話題提供をしたりすることで研修を積ませています。

　2000年からゼミの学生の勉強会として始まり、2001年4月からはゼミ以外の学生やOB、学外からの参加者も含めて、開催されています。授業や研究会で学んだ知識や心理的スキルを練習や試合で応用して、その成果や経過を報告し、各自が話題提供をする「現場と研究のキャッチボール」を実施しています。情報交換、講習、ディスカッション、または特別講師を招いての話といった内容です。たとえば参加者から「メンタルだれ」と私たちが使うマンネリ化、「監督が理解してくれない、どう説得するのか？」、「ケガをしたとき」などの問題が提起され、ディスカッションしました。特別講師としては、春夏の甲子園に出場した高校野球部監督、日本代表として活躍した大学バスケットボール部監督、他にもオリンピック金メダリストや世界選手権代表選手などが参加し、メンタル面に関するいろいろな発言をしてくれました。

　この研究会は、学内だけにとどまらず、高校生、高校野球の監督、大学野球の監督、実業団野球のメンタルコーチ、全日本スケートチームのトレーナー、サッカー専門学校のコーチや選手、大学バスケットボール監督、大学柔道監督、大学体操監督など多くの方々が参加し、学生にとってもいろいろな情報交換ができる場となっています。毎回40名から多いときには130名の参加があり、選手やコーチたちの興味の輪が確実に広がっています。今後は、この研究会を専門家育成の研修の場としても活用していきたいと考えています。研究会後は、近くのレストランで会食をして、より深い情報交換をしています。

## ⑤関東地区メンタルトレーニング・応用スポーツ心理学研究会

　2001年からスタートし、渋谷の青山学院大学で月1回（基本的に毎月最終金曜日の午後6時から約3時間）開催されています。情報交換、トピックス、ディスカッション、講習といった内容です。参加者はコーチ、選手、一般学生、スポーツ関係者で、多いときは130名を超えるようになり、関東地区でも多くのチームや選手がメンタル面強化の導入をするようになってきました。各大学の運動部がチームとして参加するケースも増えています。具体的な内容は、2001年前半は、毎回2時間の初級編講習と研究会をし、後半から2002年は研究会と1時間の中級編講習を実施しました。2003年から2005年現在は毎回トピックスを決めての情報提供や交換を実施しています。さらに、特別ゲストからの話題提供なども可能なかぎり実施しています。研究会後は毎回、近くの居酒屋でより深い情報交換を終電間際まで行います。

　加えて、集中講習会による定期研修制度も導入しており、年に数回、行なわれる初級・中級・上級編講習会を可能な限り参加してもらうようにしています。継続したメンタルトレーニングを実施するために、毎年、初級編を復習として何年も繰り返し受けてもらうようにしています。内容は同じでも参加する学生のレベルが上がるために理解度や忘れていたことを思い出し、より深い理解と、心理的スキルを洗練するためのプログラムとしています。特に、毎年、3月の最終（または第3）週末はサッカー用の講習会を開催しています。

## ⑥東海大学スポーツサポートシステムのメンタルトレーニング部門での研修

　東海大学には、選手やチームに対する総合的（トータル）サポートシステムがあり、ここでは、次のような5つの部門が活動をしています。①トレーニング部門（ウェイトトレーニングやその他のストレングストレーニングなどのプログラム作成や指導）、②メディカル部門（医師によるスポーツ障害の治療やトレーナーのリハビリなど）、③科学的サポート部門（科学的測定とトレーニングへのフィードバック）、④栄養サポート部門（食事のアドバイスや献立指導）、そして⑤メンタルトレーニング部門（メンタル面強化の心理的サ

ポート)。

　このメンタルトレーニング部門は、大学1年生から「スタッフ」を募集し、本格的に専門家を目指したい学生の研修の場を提供しています。基本的に、競技スポーツ学科のコーチ・トレーナーコースの学生を募集しますが、その他の学科や中には他学部の学生も今は受け入れています。つまり、クラブ等に入らずに、本格的に専門家を目指す人には最適です。しかし、中には、クラブをやりながら研修をしたい人もいます。彼らは、空いた時間を利用して、勉強会や研究会に参加しています。

### メンタルトレーニング部門の研修例
（1）毎週の研究会への参加
（2）週2回の勉強会では、スタッフだけの勉強会を実施
（3）合宿を利用しての指導では、多くのチームの夏季合宿に参加し、講習や練習の中にメンタルトレーニングを導入する方法もとっています。
（4）巡回指導では、メンタルトレーニングを導入しているチームに巡回指導をしたり、試合でのサポートも実施し、選手個人のサポートなどを可能な限りやるようにしています。朝の練習、夕方の練習、ウェイトトレーニングの時間、試合などを観察したり、参加することを心がけるようにしています。
（5）学生メンタルトレーニングコーチ制度では、「学生メンタルトレーニングコーチ」というポジションを作り、専門家（高妻）との密なコンタクトをしながら、チームのサポートをしています。最近は、学内約20チームや学外の中・高・国体・実業団・プロのチームにも派遣する形をとっています。
（6）個別サポートでの研修は、選手たちが個人的に話しに来れる環境（場所）を準備しています。チームにサポートするときは、練習前や後の時間、または自由時間などでのサポートや電話・メールでのサポートも盛んに実施しています。また、学内やウェイトトレーニングルームを歩き回りながら、話しかける選手がいたら、少しでもサポートができるようにもしています。

（7）グループサポートでの研修は、毎週1回各クラブの寮に行き、選手を集めたグループ講習やサポートをすることもあります。またあるチームには、毎週1時間の講習をするようにしています。学外のチームにも依頼があれば実施しています。

### ⑦日本スポーツ心理学会のメンタルトレーニング指導士・補の資格習得研修

日本スポーツ心理学会主催の資格認定研修に参加しての研修を実施しています。

### ⑧メンタルトレーニング・応用スポーツ心理学研究会の内部基準での研修

ここでは、研究会の300・1000単位基準での単位取得をすることでの研修が可能です。

詳しくは、HP（http://www.mental-tr.com/mental/）を参考にしてください。

このように東海大学では、メンタルトレーニングや心理的サポートに興味を持つ学生が勉強できる環境と専門家を目指す学生の研修制度を他の大学に先駆けて実施しています。この研修制度には、北米の大学院で行われている専門家育成制度や資格認定制度を参考に世界レベルでの専門家育成ができるようにしたつもりです。この本を読まれた若い人々（特に高校生）、このような分野に興味を持ち、この分野での専門家を目指すようになってほしいと思います。今の段階では、これといった就職先はありませんが、5～10年後には日本のスポーツ界でも、心理面をサポートする専門家が活躍できる時代が来ると信じています。

**各地区研究会情報**

①東海大学メンタルトレーニング・応用スポーツ心理学研究会
　日時：毎週月曜日（祝日・大学の休み期間は除く）　19:30－21:30
　場所：東海大学　15号館4階第1会議室（小田急線東海大学前駅下車徒歩15分）
　会費：無料
　問い合わせ先：0463－58－1211（内線3572）

②関東地区メンタルトレーニング・応用スポーツ心理学研究会
　日時：毎月1回（不定期、基本的に第4金曜日）　18:00－21:00
　場所：青山学院大学（JR渋谷駅下車徒歩15分）
　会費：一般500円　学生200円
　問い合わせ先：①と同じ

③関西地区メンタルトレーニング・応用スポーツ心理学研究会（全体会）
　日時：基本的に毎月第2月曜日　18:30－21:00
　場所：太成学院大学高校　図書館（JR学園都市線鴻池新田駅下車徒歩10分）
　会費：一般1000円　学生500円

④関西地区メンタルトレーニング・応用スポーツ心理学研究会（専門分科会）
　日時：毎月最終月曜日　18:00－21:00
　場所：大商学園高校　視聴覚室（阪急宝塚線服部駅下車徒歩10分）
　会費：一般1000円　学生500円

⑤静岡メンタルトレーニング・応用スポーツ心理学研究会
　日時：毎月1回（基本的に第2金曜日）　18:00－21:00
　場所：清水テルサ（JR清水駅下車徒歩5分）
　会費：一般1000円　高校生以上300円　中学生200円
　問い合わせ先：①と同じ

⑥愛知県メンタルトレーニング・応用スポーツ心理学研究会
　日時：毎月1回火曜日（基本的に第2週）
　場所：愛知学院大学　14号館106号室（愛知高速交通リニモ長久手古戦場駅
　　　　下車）
　会費：一般500円　学生300円
　問い合わせ先：愛知研究会事務局　森　仁徳　090－1474－5690
　　　　　　　（morikimi@quartz.ocn.ne.jp）

⑦北陸（福井・石川・富山）メンタルトレーニング・応用スポーツ心理学研究会
　問い合わせ先：勝木豊成　0776－34－8158

⑧北海道メンタルトレーニング・応用スポーツ心理学研究会
　問い合わせ先：早川真司（名寄農業高校：01654－2－4191）

※情報は06年5月20日現在。
※開催日、場所等は変更される可能性がありますので、事前に研究会HP
　（http://www.mental-tr.com/mental/）にある掲示板および年間計画、もしく
　は各問い合わせ先で確認してください。

# 参考文献

Antonelli,F. (1989) Applied sport psychology in Italy. Journal of Applied Sport Psychology, 1, 45-51.
Biddle, S. (1989) Applied sport psychology: A view from Britain. Journal of Applied Sport Psychology, 1, 23-34.
Biddle, S., Bull, J. S., & Seheult, L. C. (1990) Ethical and Professional issues in contemporary British sport psychology. The Sport Psychologist, 6, 66-76.
Biddle, S., Byrne, T., & Jones, G. (1993) Applied sport psychology in Britain: A reply to Anshel. The Sport Psychologist, 7, 111-112.
Blinde, M, E. & Tierney III, E. J.(1990) Diffusion of sport psychology into elite U.S. swimming programs. The Sport Psychologist, 4, 130-144.
Bond, W. J. (1989) Applied sport psychology in Australia: History, current status and future issues. Journal of Applied Sport Psychology, 1, 8-22.
Botterill, C. (1990) Sport psychology and professional hockey. The Sport Psychologist, 4, 358-368.
Boyce, A. B. (1994) The effects of goal setting on performance and spomtaneous goal-setting behavior of experienced pistol shooters. The Sport Psychologist, 8, 87-93.
Brewer, W. B. & Shillinglaw, R. (1992) Evaluation of a psychological skills training workshop for male intercollgiate lacross players. The Sport Psychologist, 6, 139-147.
Burke, L. K., & Johnson, J. J. (1992) The sport psychologist - coach dual role position: A rebuttal to Ellicson and Brown (1990) Journal of Applied Sport Psychology, 4, 51-55.
Daw, J. & Burton, D.(1994) Evaluation of a comprehensive psychological skills training program for collegiate tennes players. The Sport Psychologist, 8, 37-57.
Dorfam, A. H. (1990) Reflections on providing personal and performance enhancement consulting services in professional baseball. The Sport Psychologist, 4, 341-346.
Eklund, C. R. (1993) Psycholoigical foundations of Olympic wrestling Excellence: reconciling individual differences and nomothetic characterization. Journal of Applied Sport Psychology, 5, 35-47.
Gipson, M., Mckenzie, T., & Lowe, S. (1989) The sport psychology program of the USA women's national volleyball team. The Sport Psychologist, 3, 330-339.
Gould, D., Tammen, V., Murphy, S., & May, J. (1989) An examination of U.S. Olympic sport psychology consultants and the services they provide. The Sport Psychologist, 3, 300-312.
Gould, D., Petlichoff, L., Hodge, K., & Simons, J. (1990) Evaluating the effectiveness of a psychological skills educational workshop. The Sport Psychologist, 4, 249-260.
Gould, D., & Finch, L. (1990) Sport psychology and the professional Bowler: The case of Michell Mullen.The Sport Psychologist, 4, 418-430.
Gould, D., Murphy, S., Tammen, V., & May, J. (1991) An Evaluation of U.S. Olympic Sport Psychology Consultant Effectiveness. The Sport Psychologist, 5, 111-127.
Gould, D., Eklund, C. R., & Jacson, A. S. (1992) 1988 U.S. Olympic Wrestling Excellence: I. Mental Preparation, Precompetitive Cognition, and Affect. The Sport Psychologist, 6, 358-382.
Gould, D., Eklund, C. R., & Jacson, A. S. (1992) 1988 U.S. Olympic Wrestling Excellence: II. Thoughts and Affect Occuring During Competition. The Sport Psychologist, 6, 383-402.
Hall, R. C., Rodgers, M. W., & Barr, A. K. (1990) The use of imagery by athletes in selected sport, The Sport Psychologist, 4, 1-10.
Halliwell, W. (1989) Applied sport psychology in Canada. Journal of Applied Sport Psychologist, 1. 35-44.
Halliwell, W. (1989) Delivering sport psychology services to the Canadian sailing team at the 1988 summer Olympic games. The Sport Psychologist, 3, 313-319.
Halliwell, W. (1990) Providing Sport psychology consulting services in professional hockey. The Sport Psychologist, 4, 369-377.

International Society of Sport Psychology. (1992) Physical activity and psychological benefits: A position statement, The Sport Psychologist, 6, 199-203.
Isaac, R. A. (1992) Mental practice - Does it work in the field？ The Sport Psychologist, 6, 192-198.
Isberg, L. (1989) Applied sport psychology in Sweden: Historical development -today's work- future develpoment. Journal of Applied Sport Psychology, 1, 52-60.
Jackson, A. S. (1992) Athletes in flow: A qualitative investigation of flow states in elite figure skaters. Journal of Applied Sport Psychology, 4, 161-180.
Kendall, G., Hrycaiko, D., & Martin, L. G. (1990) The effects of an imagery rehearsal, relaxation, and self-talk package on basketball game performance. Journal of Sport & Exercise Psychology, 12, 157-166.
Kimiecik, C. J. & Stein, L. G. (1992) Examining flow experiences in sport contexts: Conceptual issues and methodlogical concerns. Journal of Applied Sport Psychology, 4, 144-160.
Krane, V. (1993) A practical application of the anxiety - athletic performance relationship: The zone of optimal functioning hypothesis. The Sport Psychologist, 7, 113-126.
Kubitz, A. K., & Landers, M. D. (1993) The effects of aerobic training on cardiovascular responses to mental stress: An examination of underlying mechanisms. Journal of Sport & Exercise Psychology, 15, 326-337.
Lars - Eric Unestahl (1980) Inner Mental Training: Training Insutructions Orebro University
Lochbaum, R. M., & Roberts, C. G. (1993) Goal orientations and perceptions of the sport experience. Journal of Sport & Exercise Psychology, 15, 160-171.
Loehr, E. J. (1990) Providing sport psychology consulting services to professional tennis players. The Sport Psychologist, 4, 400-408.
May, R. J., & Brown, L. (1989) Delivery of psychological services to the U.S. alpine ski team prior to and during the Olympics in Calgary. The Sport Psychologist, 3, 320-329.
Moore, E. W., & Stevenson, R. J. (1994) Training for trust in sport skills. The Sport Psychologist, 8, 1-12.
Murphy, M. S. (1988) The on - site provision of sport psychology services at the U.S. Olympic team. The Sport Psychologist, 2, 337-350.
Murphy, M. S., & Ferrante, P. A. (1989) Provision of sport psychology services to the U.S. team at the 1988 summer Olympic games. The Sport Psychologist, 3, 374-385.
Murphy, M. S., Fleck, J. S., Dudley, D. G. & Callister, R. (1990) Psychological and performance concomitants of increased volume training in elite athletes. Journal of Applied Sport Psychology, 2, 34-50.
Neff, F. (1990) Delivering sport psychology services to a professional sport organization. The Sport Psychologist, 4, 378-385.
Nideffer, M. R. (1989) Psychological services for the U.S. track and field team. The Sport Psychologist, 3, 350-357.
Ogilvie, C. B. (1989) Applied sport psychology: Reflections on the future. Journal of Applied Sport Psychology, 1, 4-7.
Orlick, T. (1986) Coaches training manual to psyching for sport, Champaign, IL: leisure Press.
Orlick, T. (1986) Psyching for sport: Mental training for athletes. Champaign, IL: leisure Press.
Orlick, T. & Partington, J. (1988) Mental links to excelence. The Sport Psychologist, 2, 105-130.
Orlick, T. (1989) Reflections on sportpsych consulting with individual and team sport athletes at summer and winter Olympic games. Sport Psychologist, 3, 358-365.
Palmer, L. S. (1992) A comparison of mental practice techniques as applied to the developing competitive figure skater. The Sport Psychologist, 6, 148-155.
Partington, J., & Orlick, T. (1987) The sport psychology consultant: Olympic coaches' views. The Sport Psychologist, 1, 95-102.
Partington, J., & Orlick, T. (1987) The sport psychology consultant evaluation form. The Sport Psychologist, 1, 309-317.
Partington, J., & Orlick, T. (1991) An analysis of Olympic sport psychology consultants' best - ever consulting experiences. The Sport Psychologist, 5, 183-193.
Phillips, K. K., & Orlick, T. (1993) Winning after winning: The psychology of ongoing excellence. The Sport Psychologist, 7, 31-48.
Ravizza, K. (1990) SportPsych consultation issues in professional baseball. The Sport Psychologist, 4, 330-340.

Rotella, J. R.（1990）Providing sport psychology consulting services to professional athletes. The Sport Psychologist, 4, 409-417.
Salmela, H. J.（1989）Long - term intervention with the Canadian men's Olympic gymnastic team. The Sport Psychologist, 3, 340-349.
Savoy, C.（1993）A yearly mental training program for a college basketball player. Sport Psychologist. 7, 173-190.
Silva III, M. J.（1989）The evolution of the association for the advancement of applied sport psychology and the journal of applied sport psychology. Journal of Sport Psychology, 1, 1-3.
Sinclair, D. G., & Sinclair, A. D.（1994）Developing reflective performances by integrating mental management skills with the learning process. The Sport Psychologist, 8, 13-27.
Singer, N. R.（1989）Applied sport psychology in the United States. Journal of Sport Psychology. 1, 61-80.
Singer, N. R.（1992）What in the World is Happening in Sport Psychology. Journal of Applied Sport Psychology. 4, 63-76.
Smith, E. R., & Johnson, J.（1990）An organizational empowerment approach to consultation in professional baseball. The Sport Psychologist, 4, 347-357.
Straub, F. W.（1989）The effect of three different methods of mental training on dart throwing performance. The Sport Psychologist, 3, 133-141.
Suinn, M. R.（1985）The 1984 Olympics and sport psychology. Journal of Sport Psychology. 7, 321-329.
Sullivan, A. P.（1993）Communication skill training for interactive sport, The Sport Psychologist, 7, 79-91.
Van Raalte, L. J., Brewer, D. D., & Linder, E. D.（1992）NCAA division II college football players' perceptions of an athlete who consults a sport psychologist, Journal of Sport & Exercise Psychology, 14, 273-282.
Weinberg, R. & Weigand, D.（1993）Goal setting in sport and exercise: A reaction to Locke. Journal of Sport & Exercise Psychology, 15, 88-96.
Weinberg, R., Burton, D., Yukelson, D., & Weigand, D.（1993）Goal setting in competitive sport: An exploratory investigation of practices of collegiate athletes. The Sport Psychologist, 7, 275-289.
F. J. マクギーガン：三谷恵一他訳（1988）　リラックスの科学：毎日のストレスを効果的に開放する　講談社
K. ポーター他：阿江美恵子他訳（1988）　ポーター＆フォスターのメンタルトレーニング　不昧堂出版
L. レゲット：綿井永寿監訳（1995）　コーチの心得　不昧堂出版
Michael Sandrock：和田千津子他訳（2000）　世界の名ランナー列伝：瀬古利彦禅とランニング　陸上競技マガジン第50巻第14号ベースボール・マガジン社 p.170-174
N. シンガー：松田岩男監訳（1974）　運動学習の心理学　大修館書店
R. M. スイン：園田順一訳（1995）　スポーツ・メンタルトレーニング：ピークパフォーマンスへの7段階　岩崎学術出版社
アーサー・サイダーマン：前田啓子訳（1992）　トップ・プレーヤーの目　大修館書店
アラン・S・ゴールドバーグ：佐藤雅幸監訳（2000）　スランプをぶっとばせ！：メンタルタフネスへの10ステップ　ベースボール・マガジン社
アラン・ファイン：白石豊訳（1997）　ゴルフ頭脳革命　大修館書店
ウイリー・バンクス：浅野輝子訳（1990）　ホップ・ステップ・チャレンジ　河合出版
ウォーレン・クロマティ他：松井みどり訳（1991）　さらばサムライ野球　講談社
エルマー・グリーン他：上出洋介他訳（1990）　バイオフィードバックの驚異：心は血圧までコントロールできる　講談社
グロッサー他：朝岡正雄他訳（1998）　選手とコーチのためのスポーツ技術のトレーニング　大修館書店
ケン・ラビザ他：高妻容一他訳（1997）　大リーグのメンタルトレーニング　ベースボール・マガジン社
ジーコ（1995）　ジーコの考えるサッカー LEVEL2 NHK出版
シーラ・オストランダー他：ジャン・マケーレブ英文監修（1989）　驚異のスーパー記憶法　朝日出版社
シーラ・オストランダー他：平井富雄監訳（1980）　スーパーラーニング　朝日出版社
ジェイ・マイクス：石村宇佐一他訳（1991）　バスケットボールのメンタルトレーニング　大修館書店
シェーン・マーフィー：廣淵升彦訳（1997）　アチーヴメント・ゾーン：未来を切り開く心理学　文藝春秋
ジェラール・ウリエ他：小野剛他訳（2000）　フランスサッカーのプロフェッショナルコーチング　大修館書店
ジム・E・レアー：テニスジャーナル編集部編（1987）　勝つためのメンタルトレーニング　スキージャーナル

ジム・レーヤー：小林信也訳（1987）　メンタルタフネス：勝つためのスポーツ科学　TBSブリタニカ
ジム・レーヤー他：小林信也訳（1988）　実践メンタルタフネス：心身調和の深呼吸法　TBSブリタニカ
ジム・レーヤー：スキャン・コミュニケーションズ監訳（1995）　メンタルタフネス：人生の危機管理　TBSブリタニカ
ジム・レーヤー：スキャン・コミュニケーションズ監訳（1997）　スポーツマンのためのメンタルタフネス　TBSブリタニカ
ジョー・ヘンダーソン：山路啓司監訳、渡植理保訳（1994）　ランナーのメンタルトレーニング　大修館書店
ジョン・セイヤー他：浅見俊雄他訳（1986）　スポーティング・ボディーマインド　紀伊國屋書店
ジョン・セイヤー他：池田綾子他訳（1992）　勝つための思考法：どうすれば強い心を持てるか　東急エージェンシー
チャールズ・A・ガーフィールド他：荒井貞光他訳（1988）　ピークパフォーマンス：ベストを引き出す理論と実践　ベースボール・マガジン社
ティモシー・ガルウェイ：後藤新弥訳（1976）　インナーゲーム　日刊スポーツ出版社
ティモシー・ガルウェイ：後藤新弥訳（1978）　インナーテニス　日刊スポーツ出版社
ティモシー・ガルウェイ：後藤新弥訳（1999）　インナーゴルフ　日刊スポーツ出版社
デビット・グラハム：白石豊訳（1992）　ゴルフのメンタルトレーニング　大修館書店
テリー・オーリック：高妻容一他訳（1989）　運動選手とコーチのためのメンタルトレーニング　コーチングクリニック第3巻第1号　ベースボール・マガジン社
テリー・オーリック：高妻容一他訳（1991）　選手を勝たせたいコーチのためのMental Training　コーチングクリニック第5巻第2-10号第6巻第3号　ベースボール・マガジン社
テリー・オーリック：高妻容一他訳（1996）　トップレベルのメンタルトレーニング　ベースボール・マガジン社
トーマス・タッコ他：松田岩男他訳（1978）　スポーツ・サイキング　講談社
トーマス・タッコ：高妻容一他訳（1989）　スポーツサイキング　コーチングクリニック第3巻第1号　ベースボール・マガジン社　p.16-17
トム・ヴージェク：多胡輝監訳（1990）　頭脳を鍛えるメンタル・アスレチック　TBSブリタニカ
トレーニング科学研究会編（1997）　シリーズ[トレーニングの科学] 3コンディショニングの科学　朝倉書店
ドロシー・コリガン：渡辺茂訳（1990）　頭をよくするトレーニング法　三笠書房
ドン・エシッグ：弓場隆訳（2001）　1分間でやる気が出る146のヒント　ディスカヴァー21
ニック・ボロテリ他：海野孝訳（1989）　テニスプレーヤーのメンタル開発プログラム　大修館書店
ハーベイ・A・ドルフマン他：白石豊訳（1994）　野球のメンタルトレーニング　大修館書店
バド・ウィンター：荒井貞光訳（1986）　リラックス：プレッシャーへの挑戦　ベースボール・マガジン社
ハラルド・ポルスター：綿引勝美訳（1999）　リスクトレーニング　ブックハウスHD
ブラッド・ギルバード他：宮城淳訳（1999）　Winning UGLY読めばテニスが強くなる　日本文化出版
ボブ・ロテラ：菊谷匡祐訳（1996）　私が変わればゴルフが変わる　飛鳥新社
ボブ・ロテラ：菊谷匡祐訳（1999）　今のスイングでいい自分のゴルフを信じなさい　飛鳥新社
マイケル・マーフィー他：山田和子訳（1984）　スポーツと超能力：極限で出る不思議な力　日本教文社
ミッシェル・イエシス：古市英訳（1990）　ソビエト・スポーツの強さの秘訣　ベースボール・マガジン社
ラーズエリック・ユネスタール：高妻容一他訳（1989）　スポーツのインナーメンタルトレーニング　コーチングクリニック第3巻第1号　ベースボール・マガジン社　p.20-24
ラニー・バッシャム他（1995）　メンタル・マネージメント：勝つことの秘訣　メンタル・マネージメント・インスティテュート
ランディ・バース：平尾圭吾訳（1990）　バースの日記　集英社
レイナー・マーチンズ：猪俣公宏他訳（1991）　コーチングマニュアルメンタルトレーニング　大修館
レックス・ジョンソン他：豊岡真美訳（1998）　勝者の条件　日刊スポーツ出版社
ロバート・ナイデファー：藤田厚他訳（1988）　テニス・メンタル必勝法　大修館書店
ロバート・ナイデファー他：加藤孝義訳（1995）　集中力：テストとトレーニング　河出書房新社
ロバート・ホワイティング：松井みどり訳（1990）　日米野球摩擦　朝日新聞社
ロバート・ワインバーグ：海野孝他訳（1992）　テニスのメンタルトレーニング　大修館書店
おもしろパワーセミナー編（1994）　プレッシャーに強くなる面白読本　青春出版社
阿部征次（1997）　コーチングあらかると　ベースボール・マガジン社
井上学（1996）　イラスト版スポーツトレーニングが変わる本　別冊宝島263号　宝島社

井上学（1997）　新・能力トレーニングの技術　別冊宝島296号　宝島社
井上学（1999）　マラソンに勝つ　別冊宝島458号　宝島社
岡村豊太郎（1989）　私の実践しているメンタルトレーニング　コーチングクリニック第3巻第1号　ベースボール・マガジン社
岡沢祥訓（1989）　ソウルオリンピック卓球代表選手のメンタルトレーニング　コーチングクリニック第3巻第1号　ベースボール・マガジン社
加賀秀夫（1989）　スポーツ選手のメンタルトレーニングをどのようにとらえるか？　コーチングクリニック第3巻第1号　ベースボール・マガジン社
乾孝（1979）　おもしろい心理学：錯覚と盲点のトリック　KKベストセラーズ
貫行子（1987）　脳波α波に及ぼす鎮静的音楽の効果：音楽大学生と一般学生との比較　日本バイオミュージック研究会誌第1号　p.81-85
吉廣紀代子（1988）　わたし流、プレッシャー物語：オリンピックの女たちの素敵な生き方　日本文化出版
久保正秋（1998）　コーチング論序説：運動部活動における「指導」概念の研究　不昧堂出版
宮下桂治（2001）　強靭な肉体をつくる即効スポーツトレーニング　成美堂出版
宮村実晴他（1998）　呼吸：運動に対する応答とトレーニング効果　ナップ
宮本貢（1993）　メンタル・タフネス読本：スポーツで勝つ心のトレーニング　朝日新聞社
原辰徳（1998）　一流になる人はここが違う　日新報道
原野広太郎（1987）　セルフコントロール　講談社現代新書
五十嵐透子（2001）　リラクセーション法の理論と実際：ヘルスケア・ワーカーのための行動療法入門　医療薬出版
江川玟成（1990）　実践スポーツ心理学　大日本図書
江川玟成（1990）　勝利への条件　チクマ秀版社
江川玟成（1992）　勝利への実践メンタルトレーニング　チクマ秀版社
江川卓（2001）　マウンドの心理学　ザ・マサダ
高橋安幸他（2001）　イチロー取材ノートIN JAPAN　白夜書房
高妻容一（1989）　試合で勝つためのメンタルトレーニング　格闘技通信第4巻第12号　ベースボール・マガジン社
高妻容一（1989）　スポーツ心理学の武道への応用・武道学研究　日本武道学会　第22巻1号
高妻容一（1989）　スポーツ心理学の世界的研究動向　スポーツ心理学研究　日本スポーツ心理学会　第16巻第1号
高妻容一（1991）　精神力のトレーニング　スポーツ心理学研究　日本スポーツ心理学会　第18巻第1号
高妻容一（1991）　コーチのためのスポーツ心理学　コーチングクリニック第5巻2号　ベースボール・マガジン社
高妻容一（1991）　野球選手とメンタルトレーニング入門編　ベースボールクリニック第2巻第4号　ベースボール・マガジン社
高妻容一（1991）　野球選手とメンタルトレーニング応用編前編　ベースボールクリニック第2巻第5号　ベースボール・マガジン社
高妻容一（1991）　野球選手とメンタルトレーニング応用編後編　ベースボールクリニック第2巻第6号　ベースボール・マガジン社
高妻容一（1991）　ハイパフォーマンス発揮のためのリラックスとコンセントレーション　コーチングクリニック第5巻第4号　ベースボール・マガジン社
高妻容一（1991）　第1回世界メンタルトレーニング学会　体育の科学　杏林書院　第41巻第12号
高妻容一（1992）　メンタルトレーニングその現場での応用　コーチングクリニック第6巻第3号　ベースボール・マガジン社
高妻容一（1993）　海外メンタルトレーニング事情　メンタルタフネス読本　朝日新聞社
高妻容一（1993）　メンタルトレーニングの柔道選手への応用　柔道・講道館　第64巻第4号
高妻容一（1993）　海外遠征の心理学的側面　Japanese Journal of Sport Sciences　ソニー企業株式会社　第12巻第4号
高妻容一（1994）　1カ月で「勝つための心」をつくるメンタルトレーニングに挑戦　トライアスロンJAPAN　第10巻第11号　ランナーズ
高妻容一（1994）　第1回メンタルトレーニング応用スポーツ心理学研究会報告　コーチングクリニック第8巻第11号　ベースボール・マガジン社

高妻容一（1995-1999）　メンタルトレーニング　コーチングクリニック　ベースボール・マガジン社
高妻容一（1995）　明日から使えるメンタルトレーニング　ベースボール・マガジン社
高妻容一（1996）　メンタルトレーニング「こころ」の仕事　アクロス　p.126-137
高妻容一（1999-2002）　野球のメンタルトレーニングプログラム（連載中）　ベースボールクリニック　ベースボール・マガジン社
高妻容一（2000）　応用スポーツ心理学とメンタルトレーニング　Sportmedicine Quarterly 第12巻第2号　p.12-23
高妻容一（2001）　強靭ボディーはハートから内から鍛えるメンタルトレーニング格闘技トレーニングリアルファイター肉体改造ブック　辰巳出版　p.153-165
高妻容一（2001）　世界のメンタルトレーニングの最新情報　体育の科学第51巻第11号　杏林書院　p.852-855
高妻容一（2002）　サッカー選手のためのメンタルトレーニング　TBSブリタニカ
高妻容一他（1997）　ユニバーシアード'95福岡大会：日本代表サッカーチームの科学的サポート・支援部隊その3；メンタルトレーニングと心理的サポート　サッカー医・科学研究Vol.17　日本サッカー協会報告書編集委員会
高妻容一他（1998）　サッカーチームにおけるメンタルトレーニングの実践その1：心理的コンディショニングのプログラムとその実践について　サッカー医・科学研究Vol.18　日本サッカー協会報告書編集委員会　p.103-112
高妻容一他（1999）　大学サッカーチームにおけるメンタルトレーニングの実践その1：競技力向上のプログラム　サッカー医・科学研究Vol.19　日本サッカー協会報告書編集委員会　p.234-241
高妻容一他（2000）　継続的メンタルトレーニングの効果について：プロサッカー選手の実践例　サッカー医・科学研究Vol.20　日本サッカー協会報告書編集委員会　p.172-182
高妻容一他（2001）　東海大学サッカー部のメンタルトレーニングと心理的サポート　サッカー医・科学研究Vol.21　日本サッカー協会報告書編集委員会　p.129-138
宮崎純一他（1998）　サッカーチームにおけるメンタルトレーニングの実践その2：心理的コンディショニングの実践とパフォーマンスについて　サッカー医・科学研究Vol.18　日本サッカー協会報告書編集委員会　p.113-118
宮崎純一他（1999）　ユニバーシアード日本代表サッカーチームにおけるメンタルトレーニングの実践とその後の発展性について　サッカー医・科学研究Vol.19　日本サッカー協会報告書編集委員会　p.234-241
宮崎純一他（2000）　メンタルトレーニングの継続と競技意欲の向上について　サッカー医・科学研究Vol.20　日本サッカー協会報告書編集委員会　p.159-162
内藤秀和他（1998）　サッカーチームにおけるメンタルトレーニングの実践その3　サッカー医・科学研究Vol.18　日本サッカー協会報告書編集委員会　p.119-126
内藤秀和他（1999）　大学サッカーチームにおけるメンタルトレーニングの実践その3：心理的競技能力とパフォーマンスへの影響　サッカー医・科学研究Vol.19　日本サッカー協会報告書編集委員会　p.246-251
流郷吐夢他（1999）　大学サッカーチームにおけるメンタルトレーニングの実践その2：大会におけるメンタルトレーニングの例　サッカー医・科学研究Vol.19　日本サッカー協会報告書編集委員会　p.242-245
国分康孝（1985）　チームワークの心理学　講談社現代新書
佐久間春夫（1997）　スポーツ心理学・能力開発　スポーツ学のみかた　朝日新聞社　p.30-31
佐々木主浩（1998）　大魔神の優勝日記　ニッポン放送
山下泰祐（1993）　山下泰祐闘魂の柔道　ベースボール・マガジン社
山根成之（1994）　バスケットボールの心理学　不味堂出版
市村操一（1985）　勝つための「ゴルフの心理学」　PHP文庫
市村操一（1990）　プレッシャーに強くなる法　読売新聞社
市村操一（1993）　トップアスリーツのための心理学　同文書院
市村操一（1996）　勝つゴルファーになる心理学：スイングが変わるメンタル・テクニック　PHP文庫
市村操一（1998）　プロ研修生がたちまち変わった上級ゴルフ心理学　青春出版社
志賀一雅（1987）　集中力を高めるアルファ脳波術　ごま書房
資格試験研究会（1998）　2000年度版スポーツの資格オールガイド　実務教育出版

児玉光雄（1988）　イメージ・頭脳テニスの奇跡　祥伝社
児玉光雄（2001）　イチローに学ぶ「天才」と言われる人間の共通点　河出書房新社
時実利彦（1991）　脳と心、からだの不思議がわかる本　三笠書房
春山茂雄（1996）　脳内革命　サンマーク出版
春山茂雄（1996）　脳内革命②　サンマーク出版
小池能里子（1993）　自分を強くするセルフ・コントロール法　三笠書房
松田岩男他（1983）　スポーツ選手の心理的適性に関する研究第4報　昭和57年度日本体育協会スポーツ科学研究報告
松田岩男他（1985）　スポーツ選手のメンタルマネジメントに関する研究第1報　昭和60年度日本体育協会スポーツ医・科学研究報告
松田岩男他（1986）　スポーツ選手のメンタルマネジメントに関する研究第2報　昭和61年度日本体育協会スポーツ医・科学研究報告
松田岩男他（1987）　スポーツ選手のメンタルマネジメントに関する研究第3報　昭和62年度日本体育協会スポーツ医・科学研究報告
松田岩男他（1988）　スポーツ選手のメンタルマネジメントに関する研究第4報　昭和63年度日本体育協会スポーツ医・科学研究報告
新畑茂充他（1997）　実践的メンタルトレーニングの考え方・進め方　黎明書房
森昭胤（1991）　脳100の新知識：その形態・機能から疾患まで　講談社
深見悦治（2000）　野球が突然、うまくなる　成美堂出版
杉本英世（1991）　勝負強くなるゴルフ心理学　ベースボール・マガジン社
瀬戸環（2001）　井上康生：初心でつかんだ金メダル　旺文社
成瀬悟策（1988）　イメージの時代　誠信書房
成瀬悟策（1989）　自己コントロール法　誠信書房
石ノ森章太郎他（1989）　まんが能力開発　朝日出版社
石井源信、岡沢祥訓、猪俣公宏（1985）　集中力トレーニング（A.C.T.）の概要について　昭和60年度日本体育協会スポーツ医・科学研究報告　スポーツ選手のメンタルマネジメントに関する研究第1報　p.58-66
石井慎二（1990）　別冊宝島41　脳力トレーニングの技術　JICC出版局
石井慎二（1991）　別冊宝島130　スポーツ科学読本　JICC出版局
石井昂（2000）　イチロー総監督インパクト！　新潮45 4月号別冊　新潮社
石垣尚男（1998）　ボールが止まって見える！スポーツビジョン・レベルアップ講座　スキージャーナル
浅見俊雄（1987）　スポーツトレーニング　朝倉書店
前島孝（1991）　勝つためのイメージトレーニング法　ごま書房
霜礼次郎（1992）　メンタル・マネジメント　ブックハウスHD
多胡輝（1978）　深層心理術：他人の人柄・欲望を即座に見抜く法　ごま書房
多胡輝（1979）　心理トリック：人を思いのままにあやつる心理法則　ごま書房
多胡輝（1980）　ホイホイ勉強術：心理学が裏付けた試験必勝法　ごま書房
多胡輝（1980）　人間心理の落とし穴：心のメカニズムを知り自分を生かす法　ごま書房
多胡輝（1988）　集中力がつく本：頭脳効果を最大限に発揮する心理テクニック　ごま書房
竹中晃二（1998）　健康スポーツの心理学　大修館書店
竹内宏介（2001）　異能の改革者［イチロー］：その衝撃とプロ野球の行方　日本スポーツ出版社
中込四郎（1997）　スポーツカウンセリング　スポーツ学のみかた　朝日新聞社　p.28-29
中野東禅（1990）　よみがえる心の世界まんが・座禅入門　自由現代社
猪俣公宏（1985-2001）　メンタルマネジメント研究報告日本体育協会スポーツ科学研究報告集　日本体育協会スポーツ科学委員会
猪俣公宏（1991）　チームスポーツのメンタルマネジメントに関する研究　平成2年度日本体育協会スポーツ医・科学研究報告　p.1-107
猪俣公宏（1992）　チームスポーツのメンタルマネジメントに関する研究　平成3年度日本体育協会スポーツ医・科学研究報告第2報　p.1-78
猪俣公宏（1992）　プレッシャーに強くなる法　ごま書房
猪俣公宏、松田岩男、石井源信、内田晴龍、高妻容一、鶴原清志、岡沢祥訓（1986）　メンタルマネジメント・プログラムの開発に関する研究：特に'87ソウルアジア大会選手を対象に　昭和61年度日本体

育協会スポーツ医・科学研究報告　スポーツ選手のメンタルマネジメントに関する研究第2報　p.7-20
猪俣公宏他（1990）　チームスポーツのメンタルマネジメントに関する研究　平成2年度日本体育協会スポーツ医・科学研究報告
猪俣公宏他（1991）　チームスポーツのメンタルマネジメントに関する研究　平成3年度日本体育協会スポーツ医・科学研究報告
猪俣公宏編（1997）　選手とコーチのためのメンタルマネジメント・マニュアル　大修館書店
長谷川滋利（2000）　適者生存　ぴあ
椎原豊（1996）　格闘技「精神」革命：秘伝、奥義から科学的メンタル・トレーニングまで　福昌堂
鶴原清志（1989）　メンタルトレーニング・プログラムの検討　コーチングクリニック第3巻第1号　ベースボール・マガジン社　p.34-37
田口恵司（2001）　SOCCER日本代表マガジン2001夏　角川書店
田口耕二（1997）　メンタル野球への挑戦　ベースボール・マガジン社
田中誠一（1996）　ゴルフ上達の科学：ボールを打たずに名手になる方法　PHP文庫
田中良（2002）　ARTIST BODY DESIGN BOOK ベースボール・マガジン社
渡辺茂夫（1987）　音楽と1／fゆらぎ現象　日本バイオミュージック研究会誌第1号 p.75-80
渡辺茂夫（1988）　新・音楽健康法　誠文堂新光社
土屋敏明（1988）　ぐーんと能力があがるまんが集中力　徳間書店
島村俊治（1996）　勝者の条件：同じ実力がありながら、なぜ勝者と敗者に別れるのか　ごま書房
東京書店スポーツ・レジャー編集部編（1990）　スポーツ・インストラクターへの道　東京書店
藤田厚（1989）　メンタルトレーニング雑感　コーチングクリニック第3巻第1号　ベースボール・マガジン社　p.13-15
藤本正雄（1979）　催眠術入門：あなたも心理操縦ができる　光文社
徳永幹雄（1996）　ベストプレイへのメンタルトレーニング　大修館書店
徳永幹雄・橋本公雄（1988）　スポーツ選手の心理的能力のトレーニングに関する研究（4）：診断テストの作成　健康科学第10巻 p.73-84
日本YMCAウェルネスセンター編（1987）　これからのウェルネス：スタッフのためのハンドブック　日本YMCA同盟出版部
日本スポーツ心理学会（1998）　コーチングの心理Q&A　不昧堂出版
日本体育協会日本オリンピック委員会（1991）　スポーツ・カリキュラム・ガイドブック：ジュニア競技者のバーンアウトを考える　財団法人日本オリンピック委員会
白石豊（1992）　まんがスポーツ上達の基礎理論　自由現代社
品川嘉也（1987）　成功実現イメージ・トレーニング法：この全脳プログラムが、あなたの能力を引き出す　ごま書房
品川嘉也（1990）　右脳刺激で頭が驚くほど鋭くなる！　三笠書房
品川嘉也（1991）　右脳教授のおもしろ読本：頭のよくなる話　同文書院
品川嘉也（1991）　気功の科学　光文社
武田建（1999）　最新コーチング読本　ベースボール・マガジン社
文藝春秋編（1998）　中田語録　文藝春秋
平井富雄（1989）　善玉ストレス・悪玉ストレス　講談社
豊田一成（1993）　スポーツ心理学：スポーツ指導の社会心理　アイオーエム
豊田一成（2002）　イチローのメンタル　アイオーエム
堀内昌一（2000）　基礎からの硬式テニス　ナツメ社
有川秀之（1989）　メンタルトレーニング今後の課題と方向：選手の立場から　コーチングクリニック第3巻第1号　ベースボール・マガジン社　p.39-41
立花龍司（2002）　メジャー初コーチの「ポジティブコーチング」　講談社
齋藤勇編（1998）　対人心理学トピックス100　誠信書房

**【参考テープ】**
Unestahal, L.（1979）Peak performance: Mental training for sport, VEJE. Orebro, Sweden.
シーラ・オストランダー（1987）　スポーツに勝つ　朝日出版社
ジム・レーヤー（1988）　スポーツ心理学に基づく勝つためのメンタルトレーニング法　TBSブリタニカ

サクセス・カセットシリーズ（1988） スポーツに勝つための精神統一テープ 催眠文庫
Orlick, T.（1993） Free to feel great: Relaxtion and stress control activities for teenagers and adults. Creative Bound Inc. Ontario, Canada.
Orlick, T. & McCaffrey, N.（1993） Free to feel great: Relaxtion and life skills activities for children and youth. Creative Bound Inc. Ontario, Canada.

**【参考ビデオ】**
高妻容一（1993） Vol.8：メンタルトレーニング 科学的分析による野球のトレーニング体系 日本ビクター株式会社
高妻容一、松尾知之、宮崎光次（1993） Vol.9：イメージトレーニング・バッティング／走塁・科学的分析による野球のトレーニング体系 日本ビクター株式会社
高妻容一、松尾知之、宮崎光次（1993） Vol.10：イメージトレーニング・ピッチング／守備・科学的分析による野球のトレーニング体系 日本ビクター株式会社
高妻容一（2002） 高妻容一の実践！メンタルトレーニング初級編 ベースボール・マガジン社
中込四郎他（1992） 陸上コーチング13 メンタルトレーニング ソーケン通商株式会社

# 選手のためのメンタルトレーニング書き込み用紙

　この用紙は、メンタルトレーニング初級編の講習会用に作成された書き込み用紙です。

名　前：

年　齢：

所　属：

種　目：

開始日：

1回目：心理的競技能力検査（DIPCA）の総合点　　　　　点

2回目：心理的競技能力検査（DIPCA）の総合点　　　　　点

3回目：心理的競技能力検査（DIPCA）の総合点　　　　　点

東海大学体育学部　高妻容一　作成（2002年4月1日）

この用紙は、メンタルトレーニング初級編の講習会用に作成された書き込み用紙です。『今すぐ使えるメンタルトレーニング選手用』を読みながら選手が実践し、『コーチ用』を読みながらコーチが指導することで、両者がともにメンタルトレーニングをマスターできるようになっています。
　選手であるあなたが、これを書くことでメンタルトレーニングのテクニックを身につけ、目標に対して何をすればいいのかを理解することで、あなたの上達を助け、また勝利を得るために大きく役立ってくれるでしょう。これを機会にスポーツを科学的・理論的・系統的・段階的に考え、実施し、将来は指導できるようになりましょう。

## 書き込み用紙の使用法

**1**）この書き込み用紙を拡大コピーし、一選手につき3冊作成してください。
- プリテスト用（メンタルトレーニング開始前に使用）
- ポストテスト用（初級編終了後に使用：2～6カ月後）
- リテンションテスト用（中級・上級編終了後：1年後）

※毎年続けてリテンションテストを行ってデータベースを作成する場合は5冊以上を用意してください。

**2**）プリテストで心理テストを行い、書き込み用紙に書き込んだら、パソコンやワープロにあなたのデータをインプットし、データベースを作成していきます。

**3**）パソコンやワープロに入れたデータは、グラフやリストにまとめてフロッピーに入れ、いつでも取り出せるようにします。そのデータを見て、自分は心理的に、また知識として、どのような状態なのかをチェックします。そして何が足りないのか、何は十分なのかなど、これからの練習の資料とします。

**4**）コーチに従い（もしくは自分で）、メンタルトレーニング初級編を実施します。

**5**）初級編終了後（2～6カ月後）に、ポストテストとしてプリテストと同じように心理テストと書き込み用紙に書き込み、これもパソコンやワープロにインプットします。途中で試合があれば、試合前・後のチェック用紙に書き込み、毎試合の心理状態を確認して、データとして取っておきます。

**6**）中級・上級編では、このプリテストとポストテストのデータを比較して、あなたが自分で分析し、何が上達したのか？　何が足らないのか？　今後どのような練習を続けたり加えたらいいのかなどを考え、計画を立てます。

**7**）リテンションテストでまた書き込み、1年後、2年後の効果を確かめます。

**8**）あなたやチームのデータベースが出来上がり、あなたやコーチの今後の練習に役立てるようにします。

**9**）あなたは引退後、同じようにしてコーチとしても優秀になれるでしょう。

## メンタルトレーニング・プログラム実施記録と試合記録

日付（年月日）と何かコメントを書き込んでください。

|  | 年月日 | コメント |
|---|---|---|
| プログラム開始 |  |  |
| プリテスト開始 |  |  |
| プリテスト終了 |  |  |
| 初級編開始 |  |  |
| 初級編終了 |  |  |
| ポストテスト開始 |  |  |
| ポストテスト終了 |  |  |
| 中級編開始 |  |  |
| 中級編終了 |  |  |
| 上級編開始 |  |  |
| 上級編終了 |  |  |
| リテンションテスト1回目 |  |  |
| リテンションテスト2回目 |  |  |
| リテンションテスト3回目 |  |  |
| リテンションテスト |  |  |
| 完成・マスター |  |  |
| プログラム開始後 | 年月日 | 試合の成績・結果・記録・向上度 |
| 1回目の試合 |  |  |
| 2回目の試合 |  |  |
| 3回目の試合 または記録会など |  |  |

**自己分析用紙**

1）あなたは、試合で実力を発揮できますか？　　　　Yes　　　No

　　その理由は？

2）「心・技・体」と聞いて、あなたの感じる「試合」で一番重要なものは何ですか？　また、順番と割合（％）を書いてください。

　　「心」（　　　番）（　　　％）

　　「技」（　　　番）（　　　％）

　　「体」（　　　番）（　　　％）

　　その理由は？

3）「心・技・体」の中で、毎日の練習時間の順番と割合（％）を書いてください。

　　「心」（　　　番）（　　　％）

　　「技」（　　　番）（　　　％）

　　「体」（　　　番）（　　　％）

　　その理由は？

4）試合で重要な順番や割合（％）と、毎日の練習の順番や割合（％）は一緒ですか？

質問に答えてください。できるだけ全項目に答えてください。わからなくても、だいたいこんなものだろうという感じで書いてみましょう。

5) スポーツ心理学とは何か、知っていますか？　　　　　　　Yes　　　　No
　　どんなものだと思いますか？

6) メンタルトレーニングとは何か、知っていますか？　　　　Yes　　　　No
　　どんなものだと思いますか？

7) あなたはメンタルトレーニングをしたことがありますか？　Yes　　　　No
　　どのようにしていますか？

8) あなたは目的・目標をもって毎日練習していますか？　　　Yes　　　　No
　　どんな目的・目標ですか？

9) あなたは自分のスポーツに対してどう考えていますか？

10) 自分を分析してみると、スポーツに対するやる気などの態度はどうですか？

11) 試合であがりますか？　　　　　　　　　　　　　　　　　Yes　　　　No

12) 試合でプレッシャーを感じることはありますか？　　　　　Yes　　　　No

13) 試合でどれくらい自分の能力を出し切れますか？　丸をつけてみましょう。

　　　出し切れない　　　　　　　　　　　　　　　全力をいつも出し切れる
　　　　　　　1　　　　2　　　　3　　　　4　　　　5

**自己分析用紙**

　自分の心理・身体の状態を自分で分析し確認しましょう。

　失敗・最悪だった試合を思い出しながら、そのマイナスの原因を大きな順に書いてください。2つでも5つでも、原因があるだけ書いてみましょう。

**1）** 心理的な原因は？（気分がのらなかった・あがったなど）

　　①

　　②

　　③

　　④

　　⑤

**2）** 身体的な原因は？（ケガをしていた・疲れていたなど）

　　①

　　②

　　③

　　④

　　⑤

**3）** その他の原因は？


**4）** コーチの態度・言葉・アドバイスなどは？


**5）** 何でも気づいたことを書いてみてください。

成功・最高だった試合を思い出しながら、そのプラスの原因を大きな順に書いてください。2つでも5つでも、原因があるだけ書いてみましょう。

**1）心理的な原因は？（気分がのっていた・プレッシャーがなかったなど）**

　　①
　　②
　　③
　　④
　　⑤

**2）身体的な原因は？（調整がうまくいった・疲れがなかったなど）**

　　①
　　②
　　③
　　④
　　⑤

**3）その他の原因は？**



**4）コーチの態度・言葉・アドバイスなどは？**



**5）何でも気づいたことを書いてみてください。**

**心理的スキル理解度チェック**

　メンタルトレーニングの各テクニックについて質問します。これは自分の理解度を確認するためのものです。目的や方法・効果などについても書いてみましょう（プリテストのときはわからないと思いますが、自分の考えで書いてください）。

**1）** リラクゼーションとはどんなものですか？


**2）** サイキングアップとはどんなものですか？


**3）** リラクゼーションとサイキングアップのコンビネーションとはどんなものですか？


**4）** イメージトレーニングとはどんなものですか？


**5）** コンセントレーショントレーニングとはどんなものですか？


**6）** ポジティブシンキングとはどんなものですか？


**7）** セルフトークとはどんなものですか？

8 ）サイキアウトとはどんなものですか？

9 ）セルフ・コンディショニング・トレーニングとはどんなものですか？

10）試合のための心理的準備とはどんなものですか？

11）遠征・海外遠征のための心理的準備とはどんなものですか？

12）情報収集のための知的トレーニングとはどんなものですか？

13）コーチと選手のコミュニケーションとはどんなものですか？

14）それではメンタルトレーニングとはどんなものですか？

## 目標設定用紙（結果目標）

　最初に、人生の目標を上から順番に書いてください。人生の目標を下まで書き終わったら、自分で書いた人生の目標を見ながら、右のスポーツの目標を上から順番に書いてください。（＊制限時間10分）

|  | 人生の目標 | スポーツの目標 |
|---|---|---|
| 夢のような目標 |  |  |
| 最低限度の目標 |  |  |
| 50年後の目標 |  |  |
| 30年後の目標 |  |  |
| 10年後の目標 |  |  |
| 5年後の目標 |  |  |
| 4年後の目標 |  |  |
| 3年後の目標 |  |  |
| 2年後の目標 |  |  |
| 1年後の目標 |  |  |
| 今年の目標 |  |  |
| 半年の目標 |  |  |
| 今月の目標 |  |  |
| 今週の目標 |  |  |
| 今日の目標 |  |  |
| 今の目標 |  |  |

目標設定をした感想を書いてください。

1）スムーズに書けましたか？

2）あなたの人生についての感想は？　何歳まで生きるかわかりませんが、満足して死ねますか？

3）一流選手ほど、このようなことを考えて毎日の生活や練習をしているそうです。あなたは、満足のいく結果が出せそうですか？

4）スポーツを引退した後は、どうですか？　また、引退した後の目標はできていますか？

5）今思うことを感想として書いてください。

## 目標設定用紙(プロセス目標)

　前のページで書いた目標設定用紙(結果目標)を見ながら、その目標を達成するための(どうしたら、その目標が達成できるかの)プランであるプロセス目標をできるだけ具体的に書いてください。

|  | 人生の目標 | スポーツの目標 |
| --- | --- | --- |
| 夢のような目標 |  |  |
| 最低限度の目標 |  |  |
| 50年後の目標 |  |  |
| 30年後の目標 |  |  |
| 10年後の目標 |  |  |
| 5年後の目標 |  |  |
| 4年後の目標 |  |  |
| 3年後の目標 |  |  |
| 2年後の目標 |  |  |
| 1年後の目標 |  |  |
| 今年の目標 |  |  |
| 半年の目標 |  |  |
| 今月の目標 |  |  |
| 今週の目標 |  |  |
| 今日の目標 |  |  |
| 今の目標 |  |  |

自分の夢や目標を達成するためのプランを立てての感想を書いてください。

**1）**あなたの結果目標とプロセス目標を、①最終目標、②長期目標、③中期目標、④短期目標に分けてみてください。




**2）**自分の夢や目標を達成（ゲット）するプラン（プロセス目標・計画）を立ててみて、どのように感じたり、考え直しましたか？




**3）**あなたの夢は、確実に達成できそうですか？　それとも夢だけで終わりそうですか？




**4）**ここまで自分の目標について書いてみての感想を書いてください。

**引退までのプラン用紙**

　あなたは今、自分の「引退記念パーティー」の席上にいます。司会者があなたのスポーツ人生をパーティーの参加者に紹介します。あなたは、その司会者に自分のスポーツ人生（経歴）をどのように話してもらいたいですか？　これから先の自分の進む道をイメージして、プランしてみましょう。
　最初に、あなたがスポーツを始めたきっかけから書き始め、どのようにして今まで来たのか？　今までの記録や試合の成績はどうで、これからはどのような練習をして、どんな成績をあげ、どのような選手生活を送り、選手を引退したら、コーチとして、また日本代表の監督としてなど、あなたがスポーツから完全に引退するまでのストーリー（物語）を自由に書いてみましょう。できるだけ希望のある、明るい未来を夢見て書きましょう。

自分のスポーツ人生に対して、やる気と希望がわいてきましたか？

　　　　　　　　　　　　　　　　　　　　　　　　Yes　　　　No

### １年間のトレーニングスケジュール用紙

　自分の練習計画を明確にしましょう。目標設定や試合の予定に対して、あなたはこの１年間にどのようにトレーニングを展開し、調整をしていきますか？　シーズンオフには？　ウエイトトレーニングなどの補強運動は？　そしてメンタルトレーニングをどう取り入れていきますか？　あなたのチームのスケジュールを参考に、あなた自身のスケジュールを立てましょう。

### 【年間スケジュール】

|   | 試合の予定 | トレーニングスケジュール |
|---|---|---|
| 4月 | | |
| 5月 | | |
| 6月 | | |
| 7月 | | |
| 8月 | | |
| 9月 | | |
| 10月 | | |
| 11月 | | |
| 12月 | | |
| 1月 | | |
| 2月 | | |
| 3月 | | |

自分の年間トレーニングスケジュールを見て、次の質問に答えてください。

**1）** スムーズにトレーニングスケジュールが立てられましたか？　　Yes　　No
これを見た感想を書いてください。


**2）** あなたの目標設定とこのスケジュールを見て、何も修正するところはありませんか？　何か感じることがあったら書いてください。


**3）** あなたのスケジュールと、チームのスケジュールを見比べてください。チームのスケジュールの足らないこと、あなたの独特・秘密のトレーニングなどが盛り込んでありますか？　それは、どんなものですか？


**4）** チームのスケジュールに無理はありませんか？　また自分のスケジュールに無理はありませんか？　オーバートレーニングはありませんか？


**5）** どうすれば自分がもっと上達し、試合に勝てるようになると思いますか？



**6）** 自分のスケジュールに入れたいもの、省きたいもの、コーチにこれをやらせてほしいというものがあったら、本音で書いてみてください。


**7）** このスケジュールを1年間やることで、あなたはどれくらい上達しますか？


**8）** メンタルトレーニングは、どのようにスケジュールに入っていますか？

## 1週間のトレーニングスケジュール用紙

　今度は1週間のトレーニングスケジュールを立ててみましょう。皆さんが学校に行っていても、仕事をしていても、プロでやっていても、だいたい1週間のトレーニングパターンがあると思います。毎日の練習と1週間のトレーニングを考えてみましょう。

**【週間スケジュール】**

| 時間/曜日 | 月 | 火 | 水 | 木 | 金 | 土 | 日 |
|---|---|---|---|---|---|---|---|
| 午前5時 | | | | | | | |
| 6時 | | | | | | | |
| 7時 | | | | | | | |
| 8時 | | | | | | | |
| 9時 | | | | | | | |
| 10時 | | | | | | | |
| 11時 | | | | | | | |
| 12時 | | | | | | | |
| 午後1時 | | | | | | | |
| 2時 | | | | | | | |
| 3時 | | | | | | | |
| 4時 | | | | | | | |
| 5時 | | | | | | | |
| 6時 | | | | | | | |
| 7時 | | | | | | | |
| 8時 | | | | | | | |
| 9時 | | | | | | | |
| 10時 | | | | | | | |
| 11時 | | | | | | | |
| 夜12時 | | | | | | | |
| 1時 | | | | | | | |

自分の週間トレーニングスケジュールを見て、次の質問に答えてください。

1) スムーズにトレーニングスケジュールが立てられましたか？　　Yes　　No
これを見た感想を書いてください。

2) あなたの目標設定とこのスケジュールを見て、何も修正するところはありませんか？　何か感じることがあったら書いてください。

3) あなたのスケジュールと、チームのスケジュールを見比べてください。チームのスケジュールの足らないこと、あなたの独特・秘密のトレーニングなどが盛り込んでありますか？　それは、どんなものですか？

4) チームのスケジュールに無理はありませんか？　また自分のスケジュールに無理はありませんか？　オーバートレーニングはありませんか？

5) どうすれば自分がもっと上達し、試合に勝てるようになると思いますか？

6) 自分のスケジュールに入れたいもの、省きたいもの、コーチにこれをやらせてほしいというものがあったら、本音で書いてみてください。

7) このスケジュールを1週間やることで、あなたはどれくらい上達しますか？

8) あなたの練習時間は、多いですか、少ないですか？　睡眠時間は？

9) あなたの夢のような目標を達成するには、このスケジュールで十分ですか？　何が足りませんか？　どうすればいいと思いますか？

10) 毎日の練習で疲れが残りますか？　疲労回復法を何か実施していますか？

11) 食事に気をつけていますか？

12) メンタルトレーニングを意識的にやっていますか、無意識でやっていますか？

13) メンタルトレーニングは、どのようにスケジュールに入っていますか？

**練習日誌**

　目標設定用紙を大きく書き直して部屋の壁に貼り、また日誌の最初のページにも書き写し、それを見ながら練習日誌をつけましょう。これを書くときのコツは、楽しく冗談も交えながら書いていくのです。そうしないと飽きてくるし、やらなくてはいけない義務感にとらわれるようでは長続きしないからです。

- 書き込み例を参考に、2週間分の書き込み用紙を作成してください。
- チェック事項を確認して、5段階評価をしてください。
- 日誌の最初に昨日考えた今日の目標、最後に明日の目標を必ず書いてください。
- 今日の練習や試合のイメージトレーニングをしながらチェック、書き込み。
- 次に自分の意見と反省、希望、不平、不満と、最後は今度はうまくできるようにとプラス思考でまとめ。

**チェック事項**：1～5の5段階で評価してみましょう。

（1　最悪・2　悪い・3　普通・4　良い・5　最高）

① 今日の目標は達成できましたか？
② 心理的には？
③ 身体的には？
④ 練習内容は？
⑤ コーチの指導は？
⑥ チームの状態は？
⑦ 食事は？
⑧ 知的興味（読んだ本、情報など）は？
⑨ 練習以外の生活は？
⑩ その他

**グラフ作成**：日誌につけた5段階評価を、試合前の調整時期などにグラフにしてみましょう。確認したい項目をグラフにして、自分の心身の状態を確認していきます。試合日に自分の調整をピークにもっていけるように…

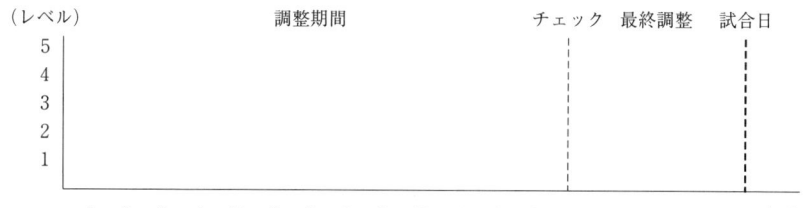

(レベル)　　　　　　　調整期間　　　　　　チェック　最終調整　試合日
5
4
3
2
1

　　1　2　3　4　5　6　7　8　9　10　11　12　13　14　15　16　17　18 (日)
試合前の練習日誌から作った目標達成レベル・心理状態の自己分析グラフ

(書き込み例)

2002年　4月1日　月曜日　　メンタルトレーニングを始めて　5日目

今日の目標：クラブの1時間前に行って、ウエイトトレーニングをする

| チェック項目 | 評価 | コメント |
|---|---|---|
| ①今日の目標は達成できましたか？ | 4 | 努力が足りなかった |
| ②心理的には？ | 5 | 気分は最高、やる気満々 |
| ③身体的には？ | 5 | ケガもなく体が軽かった |
| ④練習内容は？ | 3 | オーバートレーニング |
| ⑤コーチの指導は？ | 2 | うるさすぎる。怒るな |
| ⑥チームの状態は？ | 1 | チームワークがガタガタ |
| ⑦食事は？ | 4 | バランスよく食べた |
| ⑧知的興味(読んだ本、情報など)は？ | 5 | コーチングクリニックを読んだ |
| ⑨練習以外の生活は？ | 4 | パチンコをがまんした |
| ⑩その他 | 5 | 彼女とのデートが最高 |

明日の目標：朝ジョギングして、練習後にウエイトトレーニングをやる

自由に何でも書いてください。

　今日の練習は、やる気も気分も最高だったが、チームのS雄がやる気なくダラダラしてた。そのためコーチが怒って、説教が長かった。今度、チームメイトがやる気がなさそうだったら声をかけてやろう。
　1時間前にクラブへ行きウエイトトレーニングをプログラムに沿ってやった。専門家にプログラムを組んでもらうと効果がある。ベンチプレスで136kgを挙げられるようになった。彼女からも「体がかっこよくなってきた」と言われ、ますますやる気が出てきた。デートも栄養のことを考え、サラダバーのあるレストランへ行った。
　今日の練習は、オーバートレーニングだと思う。監督が怒り、無理な補強運動をやらされた。監督もスポーツ科学を勉強して、プログラム化した最適な練習内容を考えてほしい。やる気がないからと罰で無理な練習をさせればケガの原因になるし、みんなのやる気がガクッとなくなったのがわかった。僕の場合は、メンタルトレーニングセミナーでプラス思考やイメージトレーニングの活用方法を学んでいたので、気分よく切り抜けられた。やっぱり、メンタルトレーニングは、一流選手が使っているだけあって役に立つ。彼らもこうしてトップになれたのだと実感できる。
　夜、友達からパチンコへ行こうと誘われたが断った。試合前の2週間だ。今、自分をコントロールできれば、オリンピック強化選手になれる！　よーし！

　　　　年　　月　　日　曜日　　メンタルトレーニングを始めて　　日目

今日の目標：

| チェック項目 | 評価 | コメント |
|---|---|---|
| ①今日の目標は達成できましたか？ | | |
| ②心理的には？ | | |
| ③身体的には？ | | |
| ④練習内容は？ | | |
| ⑤コーチの指導は？ | | |
| ⑥チームの状態は？ | | |
| ⑦食事は？ | | |
| ⑧知的興味（読んだ本、情報など）は？ | | |
| ⑨練習以外の生活は？ | | |
| ⑩その他 | | |

明日の目標：

自由に何でも書いてください。

**練習日誌から作る2週間の自己分析グラフ**

　練習日誌で目標達成レベル・心理状態など10項目を毎日、5段階評価してきました。その結果をグラフにして、各項目の2週間の流れをチェックしましょう。

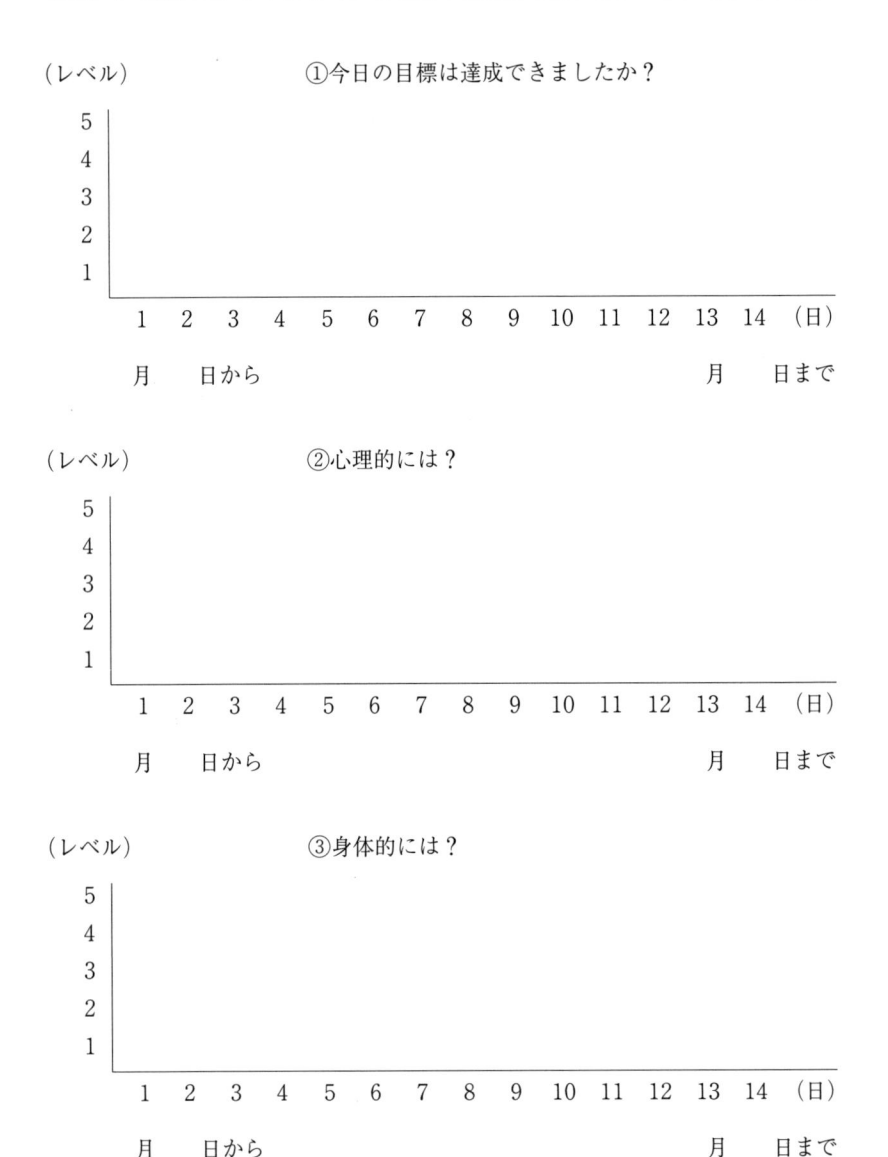

(レベル)　　　　　　①今日の目標は達成できましたか？

5
4
3
2
1

　1　2　3　4　5　6　7　8　9　10　11　12　13　14　(日)

　　月　　日から　　　　　　　　　　　　　月　　日まで


(レベル)　　　　　　②心理的には？

5
4
3
2
1

　1　2　3　4　5　6　7　8　9　10　11　12　13　14　(日)

　　月　　日から　　　　　　　　　　　　　月　　日まで


(レベル)　　　　　　③身体的には？

5
4
3
2
1

　1　2　3　4　5　6　7　8　9　10　11　12　13　14　(日)

　　月　　日から　　　　　　　　　　　　　月　　日まで

1）この2週間の自分の変化について書いてください。




2）もし「何も変化がなかった」と書いた人は、なぜ変化がなかったと思いますか？




3）日誌を毎日つけてなかった人は、なぜ書けなかったのですか？




4）練習日誌は必要だと思いますか？　　　　　　Yes　　　　No
　その理由を書いてください。

## 呼吸法の確認とコントロール

次のような状況ではどのような呼吸をしていますか？　丸をしてみましょう。

| 状　況 | 呼　吸 | | | |
|---|---|---|---|---|
| 安静時では？ | 速い<br>強い<br>長い | 普通<br>普通<br>普通 | 遅い<br>弱い<br>短い | 乱れている<br>シャープ |
| 腹式呼吸では？ | 速い<br>強い<br>長い | 普通<br>普通<br>普通 | 遅い<br>弱い<br>短い | 乱れている<br>シャープ |
| リラックスしているときは？ | 速い<br>強い<br>長い | 普通<br>普通<br>普通 | 遅い<br>弱い<br>短い | 乱れている<br>シャープ |
| 興奮しているときは？ | 速い<br>強い<br>長い | 普通<br>普通<br>普通 | 遅い<br>弱い<br>短い | 乱れている<br>シャープ |
| スピードを出すときは？ | 速い<br>強い<br>長い | 普通<br>普通<br>普通 | 遅い<br>弱い<br>短い | 乱れている<br>シャープ |
| 力を出すときは？ | 速い<br>強い<br>長い | 普通<br>普通<br>普通 | 遅い<br>弱い<br>短い | 乱れている<br>シャープ |
| 苦しいときは？ | 速い<br>強い<br>長い | 普通<br>普通<br>普通 | 遅い<br>弱い<br>短い | 乱れている<br>シャープ |
| 疲れたときは？ | 速い<br>強い<br>長い | 普通<br>普通<br>普通 | 遅い<br>弱い<br>短い | 乱れている<br>シャープ |
| 疲れを回復するときは？ | 速い<br>強い<br>長い | 普通<br>普通<br>普通 | 遅い<br>弱い<br>短い | 乱れている<br>シャープ |
| 集中力がないときは？ | 速い<br>強い<br>長い | 普通<br>普通<br>普通 | 遅い<br>弱い<br>短い | 乱れている<br>シャープ |
| 精神を集中するときは？ | 速い<br>強い<br>長い | 普通<br>普通<br>普通 | 遅い<br>弱い<br>短い | 乱れている<br>シャープ |

| 状　況 | 呼　吸 | | | |
|---|---|---|---|---|
| 平常心でないときは？ | 速い<br>強い<br>長い | 普通<br>普通<br>普通 | 遅い<br>弱い<br>短い | 乱れている<br>シャープ |
| 平常心を保つときは？ | 速い<br>強い<br>長い | 普通<br>普通<br>普通 | 遅い<br>弱い<br>短い | 乱れている<br>シャープ |
| リラックスしたいときは？ | 速い<br>強い<br>長い | 普通<br>普通<br>普通 | 遅い<br>弱い<br>短い | 乱れている<br>シャープ |
| 口ゲンカをしているときは？ | 速い<br>強い<br>長い | 普通<br>普通<br>普通 | 遅い<br>弱い<br>短い | 乱れている<br>シャープ |
| 気分がのっているときは？ | 速い<br>強い<br>長い | 普通<br>普通<br>普通 | 遅い<br>弱い<br>短い | 乱れている<br>シャープ |
| 落ち込んでいるときは？ | 速い<br>強い<br>長い | 普通<br>普通<br>普通 | 遅い<br>弱い<br>短い | 乱れている<br>シャープ |
| 気分をのせようとするときは？ | 速い<br>強い<br>長い | 普通<br>普通<br>普通 | 遅い<br>弱い<br>短い | 乱れている<br>シャープ |
| プレッシャーをはねのけるときは？ | 速い<br>強い<br>長い | 普通<br>普通<br>普通 | 遅い<br>弱い<br>短い | 乱れている<br>シャープ |
| あがっているなと思ったときは？ | 速い<br>強い<br>長い | 普通<br>普通<br>普通 | 遅い<br>弱い<br>短い | 乱れている<br>シャープ |
| コーチに怒られたときは？ | 速い<br>強い<br>長い | 普通<br>普通<br>普通 | 遅い<br>弱い<br>短い | 乱れている<br>シャープ |
| その他の心・身状況では？<br>（　　　　　　　　） | 速い<br>強い<br>長い | 普通<br>普通<br>普通 | 遅い<br>弱い<br>短い | 乱れている<br>シャープ |
| その他の環境状況では？<br>（　　　　　　　　） | 速い<br>強い<br>長い | 普通<br>普通<br>普通 | 遅い<br>弱い<br>短い | 乱れている<br>シャープ |

**1**）呼吸の確認とコントロールの表に丸をつけた後、表を見て感想を書いてみましょう。呼吸と身体の関係、呼吸と心の関係が理解できたでしょうか？

**2**）メンタルトレーニングであなたのコーチがしてくれる呼吸法の実験の感想を書いてみましょう。呼吸と身体・心の関係が理解できましたか？（最初のとき、この質問はメンタルトレーニングを開始してから書き込んでください）

## 音楽の利用

　スポーツや生活で音楽を利用しましょう。メンタルトレーニングでは、音楽療法の理論も応用しながら行います。次の表の質問に答えてください。

| 状況 | テンポやリズム | ジャンル | 曲名 |
|---|---|---|---|
| リラックスできる音楽 | 速い　遅い | | |
| 興奮できる音楽 | 速い　遅い | | |
| やる気が出る音楽 | 速い　遅い | | |
| 眠たくなる音楽 | 速い　遅い | | |
| 気が滅入る音楽 | 速い　遅い | | |
| 気分が悪いとき聴きたい音楽 | 速い　遅い | | |
| 楽しくなる音楽 | 速い　遅い | | |
| 疲れたとき聴きたい音楽 | 速い　遅い | | |
| のってくる音楽 | 速い　遅い | | |
| 気持ちを切り替えたい音楽 | 速い　遅い | | |

　次のような場面ではどんな音楽がいいと思いますか？

| 状況 | テンポやリズム | ジャンル | 曲名 |
|---|---|---|---|
| リラクゼーション | 速い　遅い | | |
| ウォーミングアップ | 速い　遅い | | |
| サイキングアップ | 速い　遅い | | |
| イメージトレーニング | 速い　遅い | | |
| 集中力のトレーニング | 速い　遅い | | |
| スピードトレーニング | 速い　遅い | | |
| パワートレーニング | 速い　遅い | | |
| 持久力トレーニング | 速い　遅い | | |
| ウエイトトレーニング | 速い　遅い | | |

**1）**あなたが書き入れた音楽の表を見て感想を書いてください。

**2）**コーチが実施してくれた音楽と呼吸の実験の感想を書いてみましょう。呼吸と音楽の関係が理解できましたか？（最初のとき、この質問はメンタルトレーニングを開始してから書き込んでください）

**コーチと選手のコミュニケーション**

　次の質問に答えてください。

**1）** コーチとのコミュニケーションは、うまくいっていますか？

**2）** どのようなコミュニケーションをしていますか？

**3）** コーチは選手の意見も取り入れてくれますか？

**4）** 練習のとき、コーチに何をしてほしいですか？　してほしくないですか？

**5）** 試合への調整期間、コーチに何をしてほしいですか？　してほしくないですか？

**6）** 試合前、コーチに何をしてほしいですか？　してほしくないですか？

**7）** 試合中、コーチに何をしてほしいですか？　してほしくないですか？

**8）** 試合後（勝ったとき）コーチに何をしてほしいですか？　してほしくないですか？

**9）** 試合後（負けたとき）コーチに何をしてほしいですか？　してほしくないですか？

**10）** 次の試合に対して、コーチに何をしてほしいですか？　してほしくないですか？

11) あなたが上達するために、勝利を得るために、夢を実現させるために、コーチに何をしてほしいですか？ してほしくないですか？

12) チームが上達するために、勝利を得るために、夢を実現するために、コーチに何をしてほしいですか？ してほしくないですか？ 何をすべきですか？

13) あなたがコーチの不平や不満を言っても、コーチは受け入れ対策を立ててくれると思いますか？ またどう反応すると思いますか？

14) あなたはコーチの不平、不満、注意を素直に受け入れられますか？ そしてそのことに対して対策を立て前向きに実行できますか？

15) あなたはコーチに何を言っても無駄だと思っていませんか？

16) あなたはコーチに対していつも「はい！」だけではないですか？

17) コーチに対して疑問があるとき、どうしますか？

18) コーチを尊敬していますか？ 他のコーチの指導も受けてみたいですか？

19) あなたのコーチがあなたの能力を最高度まで引き上げてくれると信じていますか？ どうすれば、自分が最高能力を発揮できると思いますか？

20) あなたもコーチも本気で勝ちたいと思っていますか？

**知的トレーニング調査用紙**

次の質問に答えてください。

1 ）あなたは自分のスポーツに関して、どこから情報や知識を得ますか？

2 ）どのような雑誌や本をよく読みますか？　自分の練習に役立てていますか？

3 ）どのようなマンガが好きですか？　誌名は？　タイトルは？　何か学べますか？

4 ）どのようなテレビ番組をよく見ますか？　役立てていますか？

5 ）コーチが教えてくれる情報や知識をどう思いますか？

6 ）あなたが行っている練習は最新の情報が取り入れられていますか？

7 ）学会、講習会、研修会に参加したことはありますか？　どんなものですか？

8 ）どのような情報や知識が必要だと思いますか？

（コーチの聞きたいことを何でも付け加えてください）

9 ）

10）

11）

12）

### 試合前のチェック用紙

　試合前に試合のための心理的準備ができているかを確認し、試合で最高能力を発揮するために何が必要か思い出しましょう。試合前のちょっとした空き時間に、イメージトレーニングやセルフトークを使いながら、自分の状態に当てはまる程度の番号に丸をして、準備完了か確認しましょう。

試合名：　　　　　　年　　月　　日

|  | 最悪 | 悪い | 普通 | 良い | 最高 |
|---|---|---|---|---|---|
| 1）よく寝られましたか？ | 1 | 2 | 3 | 4 | 5 |
| 2）夜のセルフ・コンディショニングは？ | 1 | 2 | 3 | 4 | 5 |
| 3）朝、気持ちよく起きられましたか？ | 1 | 2 | 3 | 4 | 5 |
| 4）朝のセルフ・コンディショニングは？ | 1 | 2 | 3 | 4 | 5 |
| 5）朝のイメージトレーニングは？ | 1 | 2 | 3 | 4 | 5 |
| 6）朝のセルフトークは？ | 1 | 2 | 3 | 4 | 5 |
| 7）朝ごはんはおいしく食べられましたか？ | 1 | 2 | 3 | 4 | 5 |
| 8）体調は？ | 1 | 2 | 3 | 4 | 5 |
| 9）心理状態は？ | 1 | 2 | 3 | 4 | 5 |
| 10）この試合の達成目標に対する自信は？ | 1 | 2 | 3 | 4 | 5 |
| 11）リラクゼーションの程度は？ | 1 | 2 | 3 | 4 | 5 |
| 12）サイキングアップの程度は？ | 1 | 2 | 3 | 4 | 5 |
| 13）自分の理想的な心理状態の程度は？ | 1 | 2 | 3 | 4 | 5 |
| 14）この試合のプラスイメージは？ | 1 | 2 | 3 | 4 | 5 |
| 15）この試合の集中力の程度は？ | 1 | 2 | 3 | 4 | 5 |
| 16）プラス思考の程度は？ | 1 | 2 | 3 | 4 | 5 |
| 17）プラスのセルフトークは？ | 1 | 2 | 3 | 4 | 5 |
| 18）コーチとのプラスのコミュニケーションは？ | 1 | 2 | 3 | 4 | 5 |
| 19）自分は天才だよな？ | 1 | 2 | 3 | 4 | 5 |
| 20）試合がやりたくて待ちきれない？ | 1 | 2 | 3 | 4 | 5 |
| 21）楽しめそうかい？ | 1 | 2 | 3 | 4 | 5 |

**試合後のチェック用紙**

　この試合で良かった点を確認し、反省点を見つけ、次の試合を成功させるための心理的準備を今から始めましょう。試合後、できるだけすぐに次の質問に答えてください。

試合名：　　　　　　　年　　月　　日　　　　結果・成績：

1）この試合のあなたの目標は何でしたか？　目標はどの程度達成できましたか？

2）この試合のあなたの成績・記録・勝利はどうでしたか？

3）この結果に何が満足で、何が不満足ですか？

4）この結果にコーチはどんな態度・言葉・気持ちを示しましたか？

5）心理的にどうでしたか？　何が十分で、何が不十分でしたか？

6）身体的にどうでしたか？　何が十分で、何が不十分でしたか？

7）技術的にどうでしたか？　何が十分で、何が不十分でしたか？

8）体力的にどうでしたか？　何が十分で、何が不十分でしたか？

9）リラックス、興奮、理想的心理状態でしたか？

10）リラクゼーション、サイキングアップの成果はどうでしたか？

11）イメージトレーニングの成果はどうでしたか？

12）平常心で自分をどれくらいコントロールできましたか？

13）試合前にどのような不安がありましたか？

14）集中力の発揮に、どこが満足でどこが不満足ですか？

15）心理的調整、身体的調整はどれくらい満足していますか？

16）自分の能力はどれくらい発揮できましたか？

17）自信はどれくらいありましたか？

18）自分の能力以上のものがどこで発揮できましたか？

19）試合前の心理的準備はどれくらいうまくいきましたか？

20）どれくらいやる気がありましたか？

21）試合が始まる前、何を考えていましたか？

22）試合中、強気か弱気になった場面がありますか？　その結果は？

23）試合中、何か予測していないことが起こりましたか？

24）観客やコーチなど邪魔になったり、気になることはありませんでしたか？

25）試合を楽しめましたか？

試合の感想文を書いてみましょう。

この試合の反省から、どこをどうすれば、あなたはもっと上達し、勝利をつかみ、夢の達成に近づくと思いますか？

**プラス思考用紙**

　これは、プラス思考とはどんなことなのかを理解するために作成しました。50問ある質問に答えていくうちに、自然とプラス思考になれるようにしてあります。次の質問に答えて、必ず「Yes」か「No」のどちらかに丸をつけてください。もし、どちらに丸をするか迷ったり、本当は「Yes」なんだけどやっぱり「No」だな、と考え込んですぐに丸をつけられない質問が、あなたの問題点だと思います。マークをつけておきましょう。

1）チーム内に不平・不満があると、やる気や集中力などの練習の「質が低くなり」、いくら練習をしても上達につながらないと思う。
　　　　　　　　　　　　　　　　　　　　　　　　　　Yes　　　No

2）チーム内に不平・不満があれば練習の質が低くなり、結局は試合にも勝てないと思う。
　　　　　　　　　　　　　　　　　　　　　　　　　　Yes　　　No

3）不平・不満があるということは、自分が悪いのではなく誰かが悪いのだと思う。
　　　　　　　　　　　　　　　　　　　　　　　　　　Yes　　　No

4）自分でなく誰か（他人）が悪いのだから、自分は反省する必要がないと思う。
　　　　　　　　　　　　　　　　　　　　　　　　　　Yes　　　No

5）反省がなければ、人間は努力をやめてしまうし、そこには上達はないと思う。
　　　　　　　　　　　　　　　　　　　　　　　　　　Yes　　　No

6）やる気がないのは、自分のせいだと思う。　　　　　　Yes　　　No

7）練習が楽しくないのも、今やっているスポーツが楽しくないのも、自分のせいだと思う。
　　　　　　　　　　　　　　　　　　　　　　　　　　Yes　　　No

8）チームの雰囲気が悪いのも人のせいだし、このまま自分が泥沼にはまり込んでも仕方がないと思う。
　　　　　　　　　　　　　　　　　　　　　　　　　　Yes　　　No

9）どうせやる気がないし、練習ものらないから、楽しくないこの状況を誰かが何とかしてくれるだろう。
　　　　　　　　　　　　　　　　　　　　　　　　　　Yes　　　No

10）勝てないのは監督のせいだから、監督の考えが変わるのを待とう。いつまでも！

　　　　　　　　　　　　　　　　　　　　　　　　　　　　　　Yes　　No

11）メンタルコーチ（または誰か）が何かしてくれるだろう。　　Yes　　No

12）今の状況でやれることをやるしかない。　　　　　　　　　　Yes　　No

13）人に流されるのも、頼りにするのも、結局は自分次第だ！　　Yes　　No

14）何でも人のせいにしたり、不平・不満を言うのは、マイナス思考だ。

　　　　　　　　　　　　　　　　　　　　　　　　　　　　　　Yes　　No

15）マイナス思考では、何も解決できないと思う。　　　　　　　Yes　　No

16）どうせやるなら、楽しいほうがいいに決まっている。　　　　Yes　　No

17）私は、何をすればプラス思考で、楽しくプレーをできるか知っている。

　　　　　　　　　　　　　　　　　　　　　　　　　　　　　　Yes　　No

18）練習、試合、チームメイト、先輩、後輩、監督、コーチが好きだ。

　　　　　　　　　　　　　　　　　　　　　　　　　　　　　　Yes　　No

19）自分は上（18）の意見に賛成できないマイナス思考人間だ。

　　　　　　　　　　　　　　　　　　　　　　　　　　　　　　Yes　　No

20）自分のマイナス思考は他人に絶対迷惑をかけないと宣言します。

　　　　　　　　　　　　　　　　　　　　　　　　　　　　　　Yes　　No

21）他人に迷惑をかける（足を引っ張る）ようならクラブをやめます。

　　　　　　　　　　　　　　　　　　　　　　　　　　　　　　Yes　　No

22）自分のマイナス思考で、人には絶対迷惑をかけていない。　　Yes　　No

23）自分のプラス思考は、チームに貢献していると思う。　　　　Yes　　No

24）今やっているスポーツが好きだ。　　　　　　　　　　　　　Yes　　No

25）今やっているスポーツが好きなら、練習も楽しいはずだ。　　Yes　　No

26) 練習が好きなら、うまくなるはずだ。　　　　　　　　　Yes　　No
27) 試合が好きなら、勝つ可能性も高まるはずだ。　　　　　Yes　　No
28) 勝ちたければ、練習が基本となるべきだ。　　　　　　　Yes　　No
29) 勝ちたければ、私生活も節制すべきだ。　　　　　　　　Yes　　No
30) 勝ちたければ、授業・仕事・生活などすべての内容も役に立てるべきだ。

　　　　　　　　　　　　　　　　　　　　　　　　　　　Yes　　No
31) 勝ちたければ、監督を信頼すべきだ。　　　　　　　　　Yes　　No
32) 勝ちたければ、監督とコミュニケーションをとるべきだ。　Yes　　No
33) 勝ちたければ、チームメイトとコミュニケーションをとるべきだ。

　　　　　　　　　　　　　　　　　　　　　　　　　　　Yes　　No
34) 勝ちたければ、勝つための練習をすべきだ。　　　　　　Yes　　No
35) 勝つために、毎日練習している。　　　　　　　　　　　Yes　　No
36) 勝つことより、大切なことがある。　　　　　　　　　　Yes　　No
37) 勝つための努力をすることで、何かを学ぶことができる。　Yes　　No
38) 異性との交際、パチンコなどのギャンブル、バイトで大学生選手がダメになるケースが多いと言われている（高校生はゲームなど、プロや社会人は酒などに置き換えてください）。たしかにそうだ。

　　　　　　　　　　　　　　　　　　　　　　　　　　　Yes　　No
39) 異性との交際やパチンコ、ゲーム、マンガなどは気分転換として有効だ。

　　　　　　　　　　　　　　　　　　　　　　　　　　　Yes　　No
40) 異性、ギャンブル、バイトなどで自分がダメになることは絶対にない。

　　　　　　　　　　　　　　　　　　　　　　　　　　　Yes　　No
41) 毎日の生活が楽しくて仕方がない。　　　　　　　　　　Yes　　No

42）高校・大学生・社会人・プロ生活が送れるのは、親のおかげだし感謝している。

　　　　　　　　　　　　　　　　　　　　　　　　　　　　Yes　　No

43）スポーツができることに感謝している。　　　　　　Yes　　No

44）学校・寮・会社・チームでの人間関係は、将来役に立つと思う。

　　　　　　　　　　　　　　　　　　　　　　　　　　　　Yes　　No

45）スポーツ界の体質は会社組織と同じなので、社会に出るための準備となる。

　　　　　　　　　　　　　　　　　　　　　　　　　　　　Yes　　No

46）体育会系の先輩・後輩制度は、社会の縮図（社会の形態と同じ）である。

　　　　　　　　　　　　　　　　　　　　　　　　　　　　Yes　　No

47）卒業後・現役引退後に自分のやりたいことは決まっている。　Yes　　No

48）今やっているスポーツが将来に役に立つ。　　　　　Yes　　No

49）自分の人生に、今やっているスポーツは必要なものである。　Yes　　No

50）今、スポーツをやることが、自分の人生を豊かにしてくれるだろう。

　　　　　　　　　　　　　　　　　　　　　　　　　　　　Yes　　No

ここまで50の質問に答えて、あなたはプラス思考になれましたか？

　　　　　　　　　　　　　　　　　　　　　　　　　　　　Yes　　No

その理由は何ですか？　何を感じましたか？　感想を書いてください。

**メンタル面の哲学的トレーニング用紙**

次の質問の答えて、考え、何かに気づいてください。

**1）** あなたは、自分のやっているスポーツが好きですか？

   Yes　　No

**2）** そのスポーツのどこが好きですか？



**3）** そのスポーツの何が楽しいですか？



**4）** そのスポーツのどこがおもしろいですか？



**5）** 試合は好きですか？

   Yes　　No

**6）** 試合のどこが好きですか？



**7）** 試合の何が楽しいですか？



**8）** 試合のどこがおもしろいですか？

**9**）練習は好きですか？

　　　Yes　　　No

**10**）練習のどこが好きですか？


**11**）練習の何が楽しいですか？


**12**）練習のどこがおもしろいですか？


**13**）以上の質問に答えたら、何かを考え、何かに気づいたと思います。あなたは何を考え、何に気づき、これから何をやりたい、やるべきだと思いましたか？








**14**）この質問に答え、書いてみて、やる気が出てきましたか？

　　　Yes　　　No

〔※ここからはポストテストから書いてください。プリテストでは必要ありません〕

## メンタルトレーニング・プログラム初級編（中級・上級編）終了後の評価用紙

　何カ月（1年）かメンタルトレーニング初級編を行ってきました。このプログラムを振り返り、あなたの考えをまとめ、理解がどれくらい進んだかを確認してみましょう。また、これは中級・上級編を進めるための参考にもなるでしょう。

1）メンタルトレーニングを始める前と今では、考え方や練習にどんな違いがありますか？

2）世界の一流選手は、このようなトレーニングを20〜40年も前からやっていました。そのことについてどう感じますか？

3）あなたにとって何が一番役に立ちましたか？　役に立ったものから順番に書いてみてください。またどのように役に立ちましたか？

　①
　②
　③
　④
　⑤

他に何か？

4）今後、何をもっと洗練したいと考えていますか？

5）このプログラムで必要ないと思うテクニックは何ですか？

6）メンタルトレーニングをマスターしてくると、無意識で行えるようになります。最初は意識しないとできませんが、あなたはどれくらい身についてきたと思いますか？

7）コーチとのコミュニケーションは、どう変わりましたか？

8）チームメイトとのコミュニケーションは、どう変わりましたか？

9）ガールフレンド、ボーイフレンド、家族、友達などとのコミュニケーションや人間関係は、どう変わりましたか？

10）今、初級編（または中級・上級編）が終わり、もっと練習や試合で役に立たせるには中級編・上級編、そして応用や活用と進んでいく必要があります。今後どのようにやりたいですか？

11）（コーチの質問に答えてください）

**12）** メンタルトレーニングに関する感想を何でも書いてください。

**13）** 身体トレーニングとメンタルトレーニングの割合・比率はどれくらいでしたか？ プログラム開始前、初級編のとき、また今後どのようにしたいですか？

| メンタルトレーニングプログラム | 開始前 | 初級編 | 中級・上級編 | 今　後 |
|---|---|---|---|---|
| 身体トレーニングの割合・比率 | ％ | ％ | ％ | ％ |
| メンタルトレーニングの割合・比率 | ％ | ％ | ％ | ％ |

**14）** このプログラムを始めてから、コーチの指導法や態度がどのように変わりましたか？

**15）** このプログラムを始めてから、あなたのやる気、態度、練習方法はどのように変わりましたか？

**16）** このプログラムを始めてから、あなたのチームや練習仲間のやる気、態度、練習方法はどのように変わりましたか？

**17）** 試合や記録会などでの成績や結果はどうでしたか？

**18）** 自分の能力を、いつでもどこでも発揮できるようになりましたか？

**19）** コーチは、このメンタルトレーニングを真剣に指導してくれましたか？

**20）** あなたは、本気でこのプログラムを行いましたか？

**21）** 何が一番難しかったですか？

## 最後に

　この選手の書き込み用紙に書いたことや心理テストのデータを、パソコンやワープロに入れてまとめ、いつでもフロッピーから取り出せるようにしましょう。データマネジャーなどにデータのインプットや整理・まとめを頼んでもいいですが、本気で一流選手や将来コーチになりたいならば、自分でパソコンかワープロを買って自分で自分のデータをインプットし、整理・分析をしてみましょう。

　プリテスト（プログラム開始前）とポストテスト（初級編終了後）、リテンションテスト（中級・上級編終了後）のデータを比較すると、メンタルトレーニングによる効果や考え方・知識などが変化していることに気づくと思います。プログラム開始後の試合での結果や記録、あなたの気持ちの持ち方、自分の最高能力をプレッシャーなしに発揮できたか、なども確認できるはずです。

　またチームのデータと自分のデータを比べることで、チームの中でのあなたの考えや、チームメイトの考えなどが理解でき、どうすればチームが、またあなたが勝てるかのヒントを与えてくれるでしょう。そしてこのデータをどう活用するかで、あなたの将来はまったく違った希望のあるものになることは間違いないと確信しています。

　初級編が終わったら『今すぐ使えるメンタルトレーニング　コーチ用』を購入し、あなたがコーチの立場で読んでみてください。今後の練習やメンタルトレーニングの上達の役に立つと思います。

---

　　メンタルトレーニングとは、世界の一流選手が実施しているテクニックを集めたものです。一流選手になるための本質でもあります。

---

　最終的には、あなたのスポーツに合う、あなた自身のオリジナルプログラムを作り、自分から実行し、勝利成功へと導いてください。

　皆さんがこのプログラムを実行して出てきた疑問や意見、またこのように改良してうまくいきましたなど、聞かせていただけるとうれしく思います。

　私は、あなたがオリンピックの表彰台で、プロスポーツのドラフトで、大きな・小さな試合の後、スポーツニュースで、「メンタルトレーニングのおかげで勝つことができました」というコメントをすることを夢に見ています。

東海大学体育学部　高妻容一
〒259-1207　神奈川県平塚市北金目1117
tel　0463-58-1211(内線3572)

## 高妻容一（こうづま・よういち）

1955年、宮崎県生まれ。福岡大学（体育学部体育学科）卒。中京大学大学院（体育学研究科体育心理学）修了後、フロリダ州立大学へ留学（スポーツ心理学など）、博士課程中退。1993年、州立フロリダ大学へ1年間の研究留学。近畿大学教養部助教授を経て、現在、東海大学体育学部教授。

1985〜2001年、日本オリンピック委員会のメンタルマネジメント研究班員。1994年からメンタルトレーニング・応用スポーツ心理学研究会をスタート。所属学会は「国際メンタルトレーニング学会」など10を数える。

著訳書に「トップレベルのメンタルトレーニング」、「大リーグのメンタルトレーニング」（ともに共訳）、「明日から使えるメンタルトレーニング」、「今すぐ使えるメンタルトレーニング コーチ用」（著）、「実践！メンタルトレーニング」（ビデオ、以上ベースボール・マガジン社）など多数。

空手歴は、全九州、全日本、フロリダの各空手道選手権大会で優勝。現在6段。

メンタルトレーニング・応用スポーツ心理学研究会ホームページ
http://www.mental-tr.com/mental/

SSKホームページ（高妻容一のメンタルトレーニング）
http://www.webleague.net/

---

## 今すぐ使えるメンタルトレーニング 選手用

2002年10月15日　第1版第1刷発行
2007年 6月20日　第1版第10刷発行

| | |
|---|---|
| 著　　者 | 高妻容一 |
| 発 行 人 | 池田哲雄 |
| 発 行 所 | 株式会社ベースボール・マガジン社 |

東京都千代田区三崎町3-10-10　〒101-8381
電話　03-3238-0285（出版部）
　　　03-3238-0181（販売部）
振替　00180-6-46620
http://www.sportsclick.jp/

本文製版　株式会社吉田写真製版所
印刷・製本　大日本印刷株式会社

©Yoichi Kozuma, 2002
Printed in Japan, ISBN 978-4-583-03713-4 C2075
＊定価はカバーに表示してあります。
＊乱丁・落丁が万一ございましたら、お取り替えいたします。